—Filmar lo que no se ve

–Filmar lo invisible

Una manera de hacer documentales
PATRICIO GUZMÁN

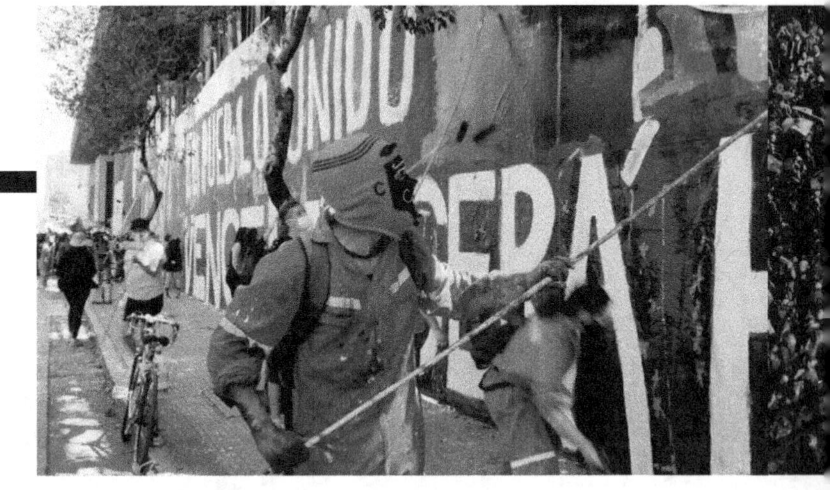

—Filmar lo que no se ve

—Filmar lo invisible

Una manera de hacer documentales
PATRICIO GUZMÁN

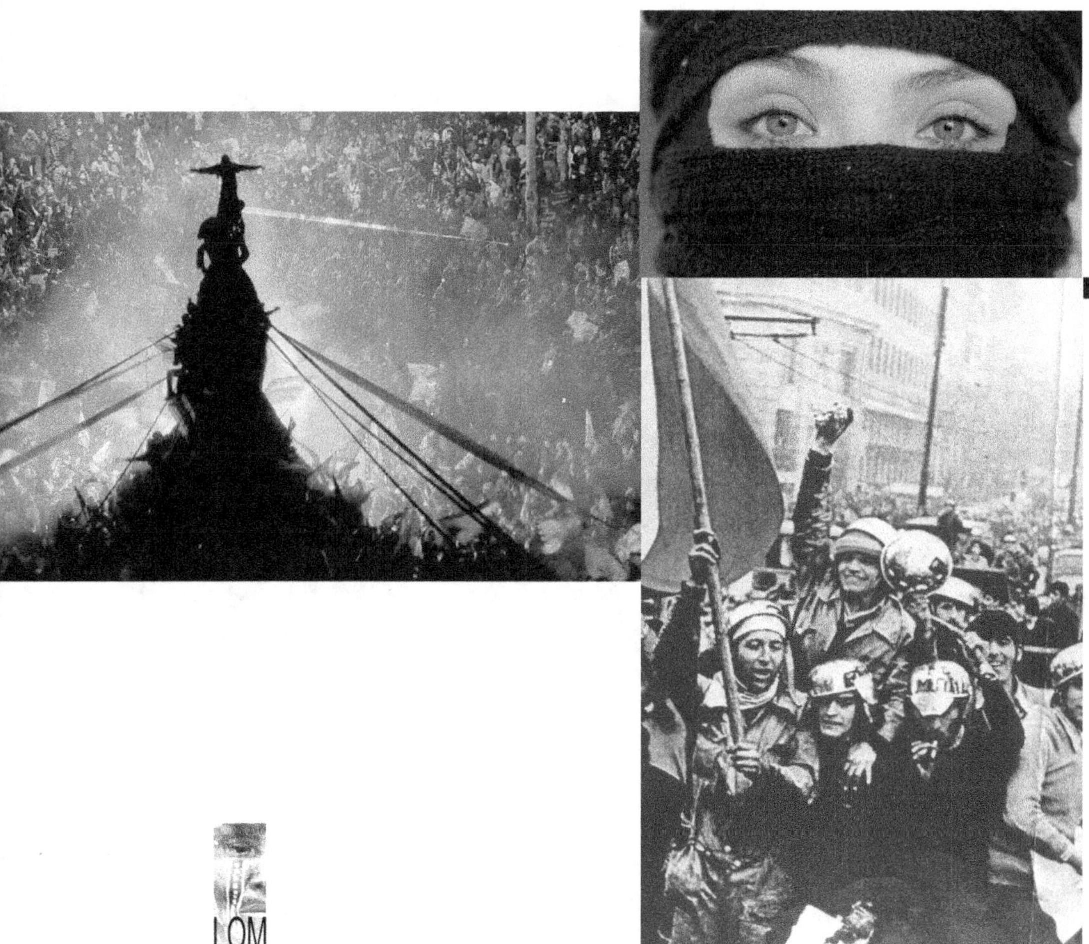

LOM EDICIONES

Lom
PALABRA DE LA LENGUA
YÁMANA QUE SIGNIFICA
Sol

Guzmán Lozanes, Patricio
Filmar lo que no se ve. Filmar lo invisible: Una manera de hacer documentales [texto   impreso] / Patricio Guzmán Lozanes.— 1ª ed. – Santiago: LOM ediciones, 2023.
276 p.: 17 x 24 cm.

ISBN : 978-956-00-1648-5

1. Cine documental-Producción y dirección I. Título.

Dewey: 791.436.-- cdd 21
Cutter : G993f

Fuente: Agencia Catalográfica Chilena

© **LOM ediciones**
Primera edición, 2023
Impreso en 1.000 ejemplares

ISBN: 978-956-00-1648-5
RPI: 2022-A-9899

Diseño y diagramación: Ángela Aguilera

LOM ediciones. Concha y Toro 23, Santiago
Teléfono: (56-2) 28606800
lom@lom.cl | www.lom.cl

Impreso en los talleres de Gráfica LOM
Miguel de Atero 2888, Quinta Normal
Santiago de Chile

Índice

8 / Método,
una manera de hacer documentales

9   Presentación
10   El comienzo
10   Átomos
10   Realidad
11   ¿Cuánto mide?
11   Orientación
12   Punto de vista
12   Distancia
12   Escritura
13   Subjetividad

16 / Escritura

17   Introducción
17   Excepciones
18   ¿Por qué se escribe?
18   Etapas
19   Idea
19   Sinopsis
19   Investigación
20   Documental de autor y reportaje
21   El reportaje literario
22   El viaje previo
22   Guion imaginario
23   Grabación o filmación
24   Evaluación
25   Dispositivo
25   Ejemplos de dispositivos
28   Dispositivos generales
29   Cuando no hay dispositivo

30 / Recursos narrativos del rodaje

31   Descripción
32   Imágenes verdaderas
35   Acción
37   Personajes
42   Elegir a los personajes
42   El contacto con la cámara
43   Ética
43   Entrevistas
45   Intimidad
46   Requisitos
46   Antes y después
47   Espacio
48   Fotos, objetos
50   Reconstrucciones
50   Docudrama

53 / Montaje

53   Guion final
53   Versiones
54   Montador
54   Reflexiones de un montador
55   Límites
56   Plan
56   Conducta
56   Forma

58 / Recursos narrativos del montaje

58   Comentario
60   Sin comentario
61   Grabación

61   Música
63   Atmósfera sonora
64   Archivo
65   Fotos fijas, ilustraciones
66   Trucajes
66   La mezcla final de sonido

68/ Sinopsis
68   Resúmenes
71   Salvador Allende
73   Recuerdos de un rodaje
84   El botón de nácar
85   Sinopis
85   La patagonia occidental
91   La cordillera de los sueños
95   Granma
99   Historia de dos soldados
104 Madrid
108 Nostalgia de la luz
117 Safari de la memoria
121 Winnipeg

128/ Artículos
129 Presentación
130 Las películas
     que me marcaron para siempre
131 Chile era una fiesta
135 Un festival de cine documental
139 Jorge Müller
143 Un largo exilio
145 Mi fugaz experiencia como exhibidor

147 Otra manera de reaccionar
148 Mi primera superproducción
150 Las imágenes perdidas
151 La importancia del cine documental
153 El olvido como tema central
155 Pedro Chaskel
156 La música de cámara
158 La velocidad del tiempo
160 Manchas en el negativo
162 Pedazos de vida
164 En la esquina de mi casa
165 La odisea de
     Nostalgia de la luz
168 Carta abierta al ministro de Cultura
170 Algunos personajes
173 Libertad para dos cineastas
174 La detención de Pinochet
176 El miedo cotidiano
178 Una lejanía que está cerca

180/ Reseñas
181 Presentación
183 Muestra de documentales
     chilenos en París, 2008
189 Programa del
     Festival Internacional

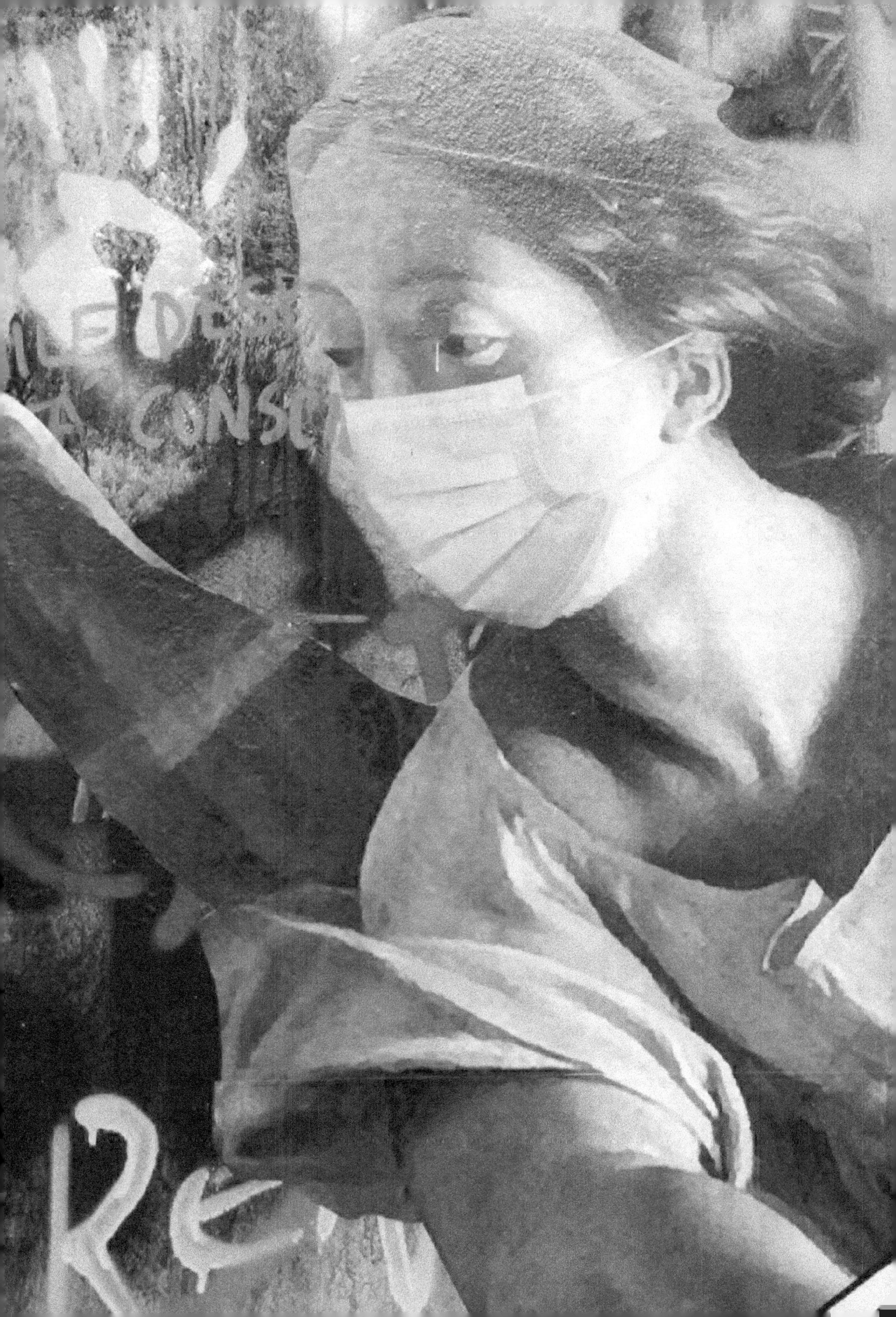
CONSU
Re

—Método, una manera de hacer documentales

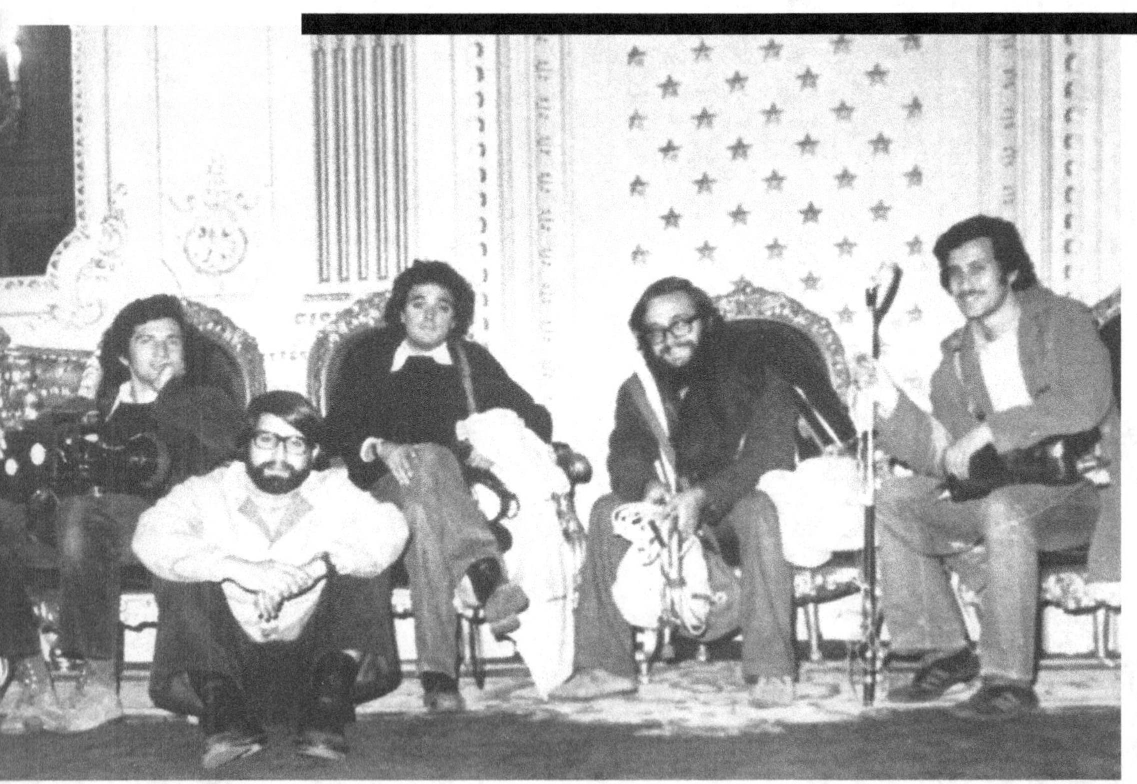

PRESENTACIÓN

El presente escrito está dedicado a los amantes del género documental, tanto profesionales como aficionados. Es un manual sencillo sobre los agentes narrativos del documental. No es un estudio teórico. Es más bien un texto práctico. Habla del corazón de un filme y también habla de lo que hay más abajo: los ladrillos, la materia, los átomos, los sonidos, que dan vida a una obra.

A medida que uno adquiere experiencia, uno se da cuenta de que la realización de un documental no admite una sola receta de fabricación. No he encontrado todavía un conjunto de normas fijas para filmar, montar o sonorizar una película documental. Siempre uno se topa con obras que contradicen las normas que uno daba por buenas. Además, el documental avanza sin pausa: cada temporada surgen otros agentes narrativos que señalan otros caminos. Hay un estilo inglés de hacer documentales, un estilo francés de hacer documentales, un estilo ruso y una manera latinoamericana de hacer documentales, etc.; igual como existe una literatura alemana, una arquitectura japonesa, una pintura mexicana. Por lo tanto, nos alejamos aún más de la opción de englobar todos los casos en un solo modelo.

Me gusta hablar del lenguaje directamente, sin la polvareda teórica. Me apasiona explicar el idioma del documental de manera sencilla, como un orfebre. La teoría es importante y forma parte del aprendizaje; sin embargo, pienso que el documental se mueve muchas veces de forma inesperada y una parte de los análisis teóricos enmudece; en el fondo llegan muy tarde... Mis ideas se apoyan en el cine de *autor*, es decir, en los cineastas independientes. Nuestra aspiración nace de la subjetividad. Fabricamos obras porque nos empuja una visión poética del mundo. Somos libres y nos movemos en el ámbito del instinto.

Al hablar de esta forma, tal vez consiga la complicidad de algunos cineastas. Este pequeño texto está inspirado en mis clases que inicié en 1983 y que fueron perfeccionándose año tras año. Es probable que yo esté fascinado por algunos detalles que para otros no valgan tanto. No puedo abandonar mi subjetividad. Tampoco puedo terminar de hacerme la misma pregunta: ¿por qué hay películas documentales buenas y otras que no lo son?

El comienzo

ÁTOMOS

La vida, la existencia, la realidad, están formadas por miles de pequeños «átomos» dramáticos que pasan delante de nosotros y nos miran de reojo... A veces nos siguen. Se mueven cerca de nuestro camino, se cruzan con uno, se interponen, no nos dejan pasar. De repente desaparecen.

¿Cómo podríamos definir un átomo dramático?... ¿Qué son?... ¿Dónde están?... Yo creo que son puntos efímeros. Son *apariciones* que brotan delante de nuestra vista... Aquella mujer que se ha parado en medio de la acera, que mira el pavimento agachada como si hubiera perdido una moneda. Esos obreros en el décimo piso que dejan caer un martillo por error. Esa pareja de enamorados que cruza una avenida sin mirar a ningún lado. Esa joven madre que ha perdido la llave de su automóvil y que trata de abrir la puerta con un alambre, mientras su hijo se escapa.

También hay átomos que no se mueven, como esos lápices que hay sobre la mesa, el abrigo colgado detrás de la puerta, el árbol solitario que hay en el patio.

Esos átomos, en el fondo, son un puñado de letras sueltas, un abecedario que vuela por todas partes; una lluvia de letras, vocales y consonantes que giran. Estirando el brazo, uno puede tomar algunas... Con esas letras uno puede formar palabras. Con esas palabras uno puede construir frases. Con esas frases aparece un relato. Poco a poco van fabricando una historia.

Este es el secreto documental.

No existe otra manera más sencilla para explicar el *fenómeno* documental. Si pudiéramos escribir un libro de una sola página, yo daría por concluido este libro, ya que no hay otra cosa verdaderamente básica que añadir.

Se puede decir que el cine documental es uno de los géneros del cine más fáciles de hacer, a condición de que el cineasta sepa atrapar los átomos que pasan por su lado.

REALIDAD

En 1942 apareció un libro de cuentos titulado *Crónicas Marcianas* que escribió Ray Bradbury. Una de las primeras narraciones se llama «La tercera expedición». En ella un cohete aterriza en Marte, tripulado por 17 astronautas deseosos de salir a explorar la superficie, donde reina una atmósfera distinta pero respirable. «La tercera expedición» es la historia más alarmante de este volumen», escribe Jorge Luis Borges.

Por la tarde los primeros hombres salen de la astronave. En el valle descubren un pueblo que tiene la apariencia de un pueblo terrestre. A corta distancia se ve una casa silenciosa, a la luz del sol. Los astronautas se quedan petrificados. ¿Cómo es posible encontrar una casa terrestre en un paisaje marciano?... El cielo está tranquilo y sereno. La hierba verde apaga el sonido de las botas. En el aire hay un olor a césped recién cortado. Los astronautas entran en el porche y van hacia la puerta de alambre. Los pasos resuenan en las tablas del piso. En el interior de la casa hay una lámpara de cristal. Se alcanza a oír el tintineo de unos trozos de hielo en una jarra de limonada. Hace calor, y en la cocina alguien prepara un almuerzo frío. La sala está fresca. Las paredes están cubiertas de libros...

He parafraseado este texto de Bradbury para insistir en que, a veces, la realidad parece una ilusión. Los marcianos, en este caso, han ideado un plan para atrapar a los terrícolas: han construido la imagen de un pueblo terrestre. También nosotros, alguna vez, nos hemos preguntado de repente si la realidad es *real* o no. Quizás estamos en un mundo donde todas las cosas son un sueño colectivo.

En concreto, para nosotros, la realidad es la *materia*.

...hay que tener una opinión, una apreciación, un parecer sobre la realidad, para descubrir cuáles son los encuadres, los movimientos y los colores que debería tener nuestra imagen antes de ser filmada. El llamado "punto de vista" nos aclara.

La realidad es un montón de *materia* que nos rodea. Es una verificación de la mirada, del tacto, del oído, del olfato, de nuestra sensibilidad... Incluso puede afirmarse que hay muchas «realidades», pues cada persona puede imaginar una *materia* distinta.

Y si cada individuo observa una realidad distinta... ¿cómo definirla?

¿CUÁNTO MIDE?

¿Existe una manera de medir la realidad?

En la manzana que hay cerca, hay varios kilómetros de realidad: plaza, restaurante, café, pavimentación, supermercado, carga, descarga, andamios, mudanzas, correo, escuela. La gente dice que es una manzana tranquila. Pero pasan tantas cosas que no es posible recordarlas al final del día.

ORIENTACIÓN

Si la realidad es un caos... ¿cómo se puede seleccionar lo que uno quiere filmar? ¿Cómo separar las imágenes principales de las imágenes secundarias? Nosotros, los cineastas, con frecuencia vivimos en ciudades muy pobladas, llenas de transformación. Y junto con la realidad hay muchos espejos de ella: los ordenadores, las tabletas, los televisores, etc. Estas imágenes ocupan tanto espacio en nuestra cabeza como la realidad misma... ¿De qué manera uno puede ordenar esta información tan amplia que nos entrega la vida? Yo creo que hay dos brújulas para encontrar el camino:

1 *El punto de vista*
2 *La distancia*

PUNTO DE VISTA

Hay que tener un punto de vista para encontrarle un sentido a la realidad. Es decir, hay que tener una opinión, una apreciación, un parecer sobre la realidad, para descubrir cuáles son los encuadres, los movimientos y los colores que debería tener nuestra imagen antes de ser filmada. El llamado «punto de vista» nos aclara.

Pero también hay cosas que se filman sin tener ninguna intención, sin comprender en realidad casi nada de los detalles que estamos grabando. Nos sentimos guiados por la intuición, por el impulso, como una respiración. A veces uno filma objetos sin ninguna causa. Es un punto de partida.

DISTANCIA

Para tener más exactitud, más claridad, hay que mantener una cierta distancia, hay que ver las cosas de lejos... Si uno está demasiado cerca pierde el horizonte, pierde información.

No obstante, este concepto de la «distancia» es algo ambiguo, porque uno siempre trata de acercarse lo más posible a las cosas que nos interesan. Uno filma las cosas que nos gustan, que nos seducen. Uno filma objetos o personas –a veces– sin ninguna lógica, simplemente porque nos atraen.

Ahora bien, ¿cómo *alejarnos* de algo que nos subyuga?

ESCRITURA

Escribiendo un poco sobre el tema, incluso en forma desordenada, uno empieza a conocer mejor la situación. Casi siempre uno se *aleja* para descubrir los detalles... La escritura permite estudiar con más hondura al sujeto. La escritura nos ayuda a cuestionarlo, desmenuzarlo, detectar sus flaquezas. La escritura mejora la vista. Algo que parecía bueno se derrumba cuando está escrito. La escritura despeja el horizonte. La escritura «destruye» un poco pero también mejora las cosas

Por ejemplo, para poder hablar de Chile –mi país de origen—he tenido que aplicar casi siempre una distancia máxima para evitar los lugares comunes. Mis películas tienen un punto de vista exterior a Chile (una mirada de forastero) que neutraliza mi identidad.

En todo caso, desde pequeño yo siempre he mirado la realidad con una distancia natural, sin que me lo hubiera propuesto. Era un niño distraído que se quedaba estático en el patio mirando el juego de los otros. No participaba mucho del recreo, aunque miraba mucho. Viviendo en varios países, siempre he repetido el mismo procedimiento: miro desde lejos un territorio que no es el mío. Observo una sociedad desde afuera; oigo un idioma que no entiendo del todo y que, sin embargo, me permite captar mejor la esencia de esa sociedad, que está situada en la penumbra de los sentidos.

Yo estoy seguro de que, viviendo lejos de Chile, capto cosas que los chilenos no ven. Sin embargo –al vivir lejos–, no puedo distinguir los detalles, no conozco los olores, ignoro muchas cosas. No tengo la experiencia de la vida cotidiana. Sólo me queda el camino de la intuición, de la deducción o de las metáforas.

SUBJETIVIDAD

Precisamente, desde hace casi cien años hemos venido escuchando una discusión bizantina sobre la «objetividad» en el cine documental... Es un asunto cíclico que aparece y desaparece cada cierto tiempo. Alguien, un periodista, un político o una institución, vuelve a instalar el tema.

Probablemente, para cada generación existe una historia distinta sobre el origen de la objetividad. En cada continente ocurrió de manera diferente. En Europa, las televisiones estatales proclamaron la objetividad en los años cuarenta y cincuenta. Según se dice, estos monopolios querían ofrecer programas neutrales, ecuánimes, ya que vivían de los impuestos de los contribuyentes.

En el mundo documental, el género se apoyó en los grandes autores personales y subjetivos (Robert Flaherty, Dziga Vertov, Walter Ruttmann, Bert Haanstra, Joris Ivens, Jean Rouch, Chris Marker), pero también fue manipulado por la política y la industria. Esto duró mucho tiempo; fue una forma de anular al documental. En los años noventa, sin embargo, no se pudo seguir negando la subjetividad. Hoy en día, la mayoría de los funcionarios (de la televisión, del cine) saben que los filmes documentales reflejan la opinión de un autor.

He copiado, más o menos al pie de la letra, algunas ideas de Alan Rosenthal y Bill Nichols[1] que hablan de la subjetividad. Las obras documentales –dicen ellos– no son fotocopias de la realidad, sino más bien son representaciones de ella. El cineasta es un testigo que participa; un observador activo que toma posición –un fabricante de significados–, que nos entrega una obra personal, un discurso cinematográfico que va más allá de la mirada de un observador neutral. Jean-Louis Comolli decía hace unos años: «Ninguna situación de la realidad puede ser filmada sin alterar una parte de su estado original»[2].

---

[1]   Alan Rosenthal: *New Challenges for Documentary*, University of California Press, 1988; Bill Nichols: *La representación de la realidad*, Paidós, 1991.

[2]   «*Le detour par le direct*», de Jean-Louis Comolli, *Cahiers du cinéma* N° 209, febrero 1969.

El documental le ofrece un espacio de reflexión. Esto es mucho más importante que la objetividad. Y este espacio de reflexión nace cuando el creador disfruta de plena libertad.

Las opiniones de la directora Claire Simon son claras: «El documental –dice ella– está perseguido por la noción de *documento*, de *prueba*. Creo que se trata de un malentendido. Yo siempre veo mis películas como metáforas, sean documentales o no[3]. Un documentalista interpreta la realidad. Nos entrega una visión libre y subjetiva. No siempre el documental es una mirada pedagógica, educativa o científica», añade ella.

El realizador Nicolas Phillibert dice algo parecido, al defender la expresión autoral del documental: «Ficción o no, una película es siempre una reinterpretación, una reescritura del mundo –dice él–. Desgraciadamente los documentalistas estamos perseguidos por la noción de que filmamos la realidad bruta y mucha gente descalifica los documentales como películas, como obras, como metáforas capaces de narrar el mundo, igual como lo hace la ficción».

Filmada con entusiasmo, con vehemencia, la imagen documental adquiere un contenido que convence más. La mirada *da forma a lo que mira*... Nunca el documental ha sido un espejo neutro, sino una visión singular de la realidad. Todo el mundo sabe que los documentalistas intervenimos, que damos nuestro parecer. Sin embargo, cuando yo era joven no se podía hablar de la subjetividad abiertamente. La subjetividad era un tabú.

En 1975, cuando yo mostré *La Batalla de Chile* por primera vez a la televisión de Suecia –una exhibición privada para algunos ejecutivos importantes– el jefe me dijo al terminar: «Es una película interesante pero desequilibrada»... Se produjo un silencio en la sala y yo me deprimí. No supe defenderme y me quedé callado. De todos modos, ellos compraron la película. Pero en ese momento yo pensé que la venta había fracasado.

Realmente, con la perspectiva de los años, ahora pienso que esos funcionarios no hubieran sido capaces de hacer un documental como *La Batalla de Chile*. Probablemente ellos lo sabían. Ellos querían comprar una película simétrica, con un 30% de opiniones de la izquierda, un 30% de opiniones del centro y un 30% de opiniones de la derecha. Esto es

---

[3]   *Pensar el documental*, folleto editado por la Cineteca Distrital de Bogotá, en 1998, en el marco de un seminario sobre el guion documental.

absurdo, no tiene sentido. Es como pedirle a un pintor que haga un cuadro trabajando con el mismo porcentaje de rojo, verde o amarillo.

La Batalla de Chile, en cambio, entra en el torbellino de una revolución. Es una obra empujada por una marea humana; muestra una aceleración de la historia: cuando miles de hechos culminaron en un violento golpe de Estado. Transmitía –y aún sigue transmitiendo– una carga de energía que supera cualquier programa informativo clásico y, además, mi posición siempre estuvo cerca de Salvador Allende.

Lo más importante de un documental de este tipo, en mi opinión, no es su carácter neutro o aséptico... sino su fuerza, su autenticidad, su credibilidad, su disposición para comunicar al espectador un fenómeno, y dejándole un espacio para que él mismo saque sus propias conclusiones. El documental le ofrece un espacio de reflexión. Esto es mucho más importante que la objetividad. Y este espacio de reflexión nace cuando el creador disfruta de plena libertad.

En el caso de *La Batalla de Chile* quise dar la palabra a los dos bandos que luchaban entre sí: a los simpatizantes de Allende y los adversarios de Allende. Los primeros mostraban alegría, humor, entusiasmo. Los otros manifestaban rabia, desprecio, intolerancia. No había que explicar nada, sólo había que filmarlos.

La mayoría de las obras documentales valiosas (producidas, casi siempre, lejos de la industria) nacieron gracias al empuje de un director independiente o gracias a la autonomía de un grupo de cineastas que trabajaban por su cuenta.

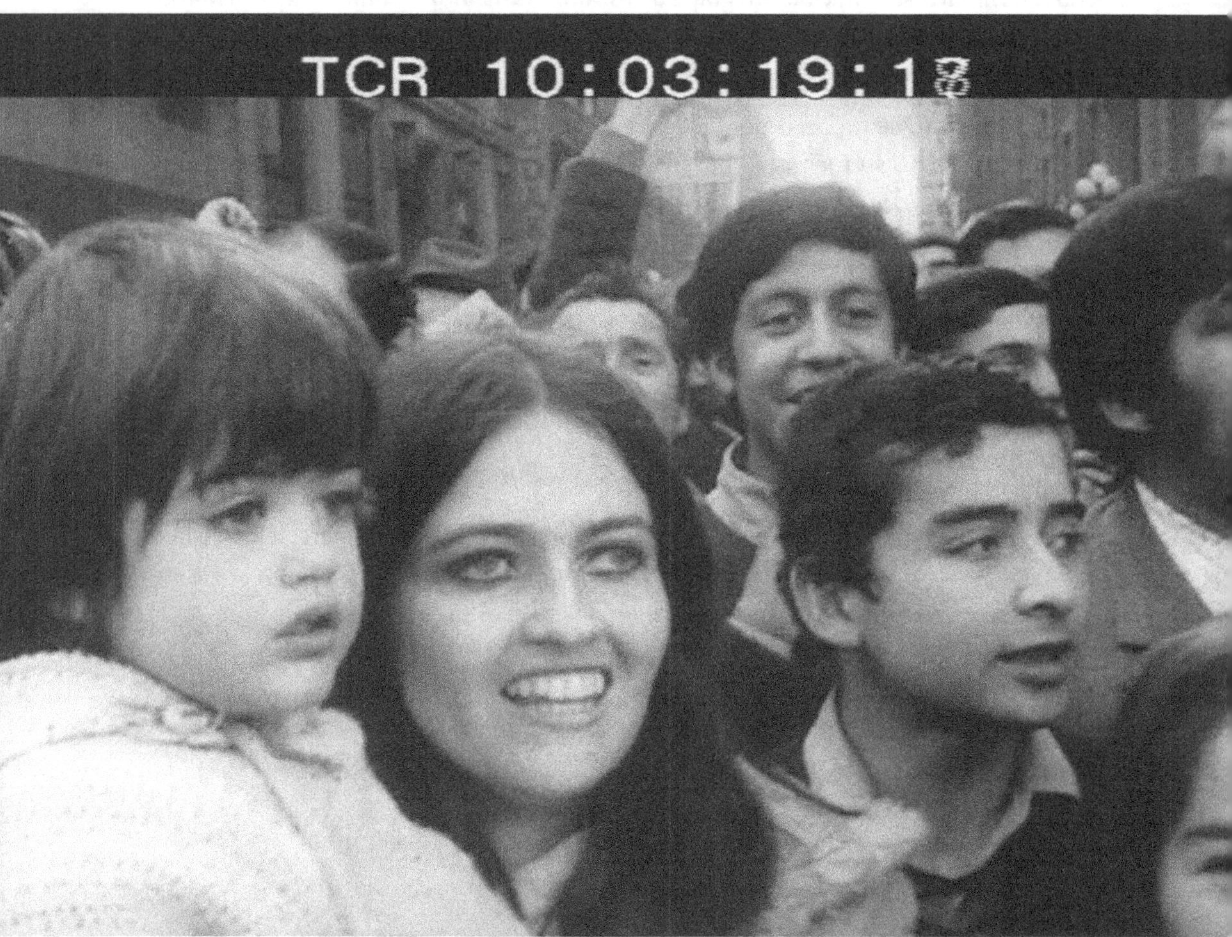

Público en
Santiago en *La
Batalla de Chile*,
el 21 de mayo de
1972.

—Escritura

INTRODUCCIÓN

Mucha gente cree que el guion documental no existe. Tal vez tengan razón. Sin embargo, un proyecto documental necesita una pauta, algunas anotaciones, unos apuntes, una lista de secuencias.

Algunos realizadores, más obsesivos, van más lejos y con frecuencia escriben un texto especial, con un desarrollo preciso y hasta con un desenlace señalado. Sin embargo, creo que esto no es útil en el campo documental. Los *guiones* documentales deben ser algo más tentativos, más abiertos, por razones obvias. Si la pauta es demasiado cerrada, anula el factor sorpresa. Si es muy libre, supone un riesgo de dispersión.

EXCEPCIONES

Para muchos, escribir un guion no es una solución única. Una parte de los directores escribe, pero sobre cosas muy diversas; anotan lo que quieren encontrar, sobre sus dudas, personajes, situaciones, ambientes. Con esas dudas se puede redactar un documento útil. Pero ellos repudian la tentativa de hacer una suerte de guion «en el aire»; es decir, escribir sobre cosas que no saben, aventurar un desarrollo inseguro, redactar un texto sin certeza y en el fondo fantasear. Lo importante es la realidad, no la pauta que uno haya anotado en la cabeza.

Por ejemplo, para hacer *El País de los Sordos*[4], Nicolás Philibert dice: «Yo establecí algunas líneas de narración. Pero siempre dejé la puerta abierta. No me gusta sentirme prisionero de mi propio proyecto». Algo parecido dijo Philibert más tarde sobre *La Casa de la Radio*[5].

Hace poco Frederick Wiseman me habló de una película que estaba montando, *National Gallery*, sobre la pinacoteca de Londres. Me dijo más o menos lo siguiente: «Cuando filmo no tengo nada preparado. El rodaje es libre; es el descubrimiento de lo que va a pasar. Esto me entusiasma, no tengo ideas preconcebidas, filmo lo que me parece interesante. Después, en la mesa de montaje organizo la película».

---

[4]   *Le pays des sourds* (1992) de Nicolas Philibert.

[5]   *La maison de la radio* (2013) de Nicolas Philibert. *National Gallery* (2014) de Frederick Wiseman.

Más tarde, me dijo que los cuadros eran como «historias» dentro del museo. Entonces yo le mencioné mi definición de los *átomos dramáticos*. Los cuadros –le dije– son como palabras que están escritas en las paredes del museo. «Sí», me respondió.

Este tipo de creadores, en resumen, va desarrollando su obra a medida que va trabajando. Ellos establecen unas «líneas de narración», como decía Philibert, y se mueven al mismo tiempo que la realidad se mueve. Ellos suben los peldaños de una escalera invisible, utilizando sus reflejos de cineasta.

¿POR QUÉ SE ESCRIBE?

Mi caso es al revés, aunque no completamente... Yo nunca puedo empezar una película sin escribir un poco. No puedo avanzar si no hago ciertos apuntes, a veces sin mucho orden. A veces no tienen forma. Sin embargo, he llegado a escribir muchísimas páginas. Tengo archivado un proyecto que tiene cincuenta folios, lo cual es una exageración.

Uno trata de escribir lo que desea hacer. Tal vez uno lo hace para *fijar* la obra. O bien uno escribe para clavar las ideas principales en la cabeza. También se escribe para transmitirla a los otros. Si uno no escribe nada, todo se reduce a una historia memorizada. Cada vez que uno la cuenta a otra persona, la historia se va llenando de alteraciones. El proyecto cambia, se modifica a medida que uno lo expresa. Se construye y se destruye a la vez.

La película se convierte en un «punto de arranque» sin límites, una especie de fábrica de variaciones. Por otra parte, no es suficiente una pequeña cantidad de párrafos para convencer a los demás. Es necesario avanzar un poco. Hay que esbozar el desarrollo de una historia que ciertamente no conocemos del todo.

Siempre se puede intuir para «adivinar» el guion. Si la película ocurre en una isla, podemos imaginar lo que pasa allí. Si pasa adentro de una mina, podemos suponer lo que pasa allí. Si se desarrolla en medio de una revuelta social, también podemos vislumbrar muchos detalles. Es un buen ejercicio de imaginación.

ETAPAS

Según mi experiencia, las distintas fases de la escritura atraviesan varias etapas. Primero se escribe el hallazgo de una idea y después uno trata de desarrollarla, de extenderla. Se atraviesa por varios momentos, que son más menos los siguientes:

- idea
- sinopsis
- investigación
- localización de escenarios
- guion imaginario
- dispositivo

IDEA

La «idea» debe contener una especie de relato, un cuento o una crónica. Es lo principal. Tiene que estar preñada de una fábula, de una narración (algo parecido a un átomo, pero más grande). Debe transportar una historia, aunque sea una historia breve, elíptica, apenas insinuada, algo que a veces no aparenta ser una historia.

En caso contrario no sirve para nada.

No hay que confundir las ideas con las listas temáticas. Muchos realizadores dicen: «Mi próximo documental tratará el poder político»... «Haré una obra sobre la discriminación»... «Me apasiona el tema nuclear»... Detrás de estos enunciados no hay nada concreto. No hay una historia. Además, las ideas también se «mueven». Uno empieza con una noción y a menudo ésta nos conduce a otra. Es otra razón que justifica escribirlas: se escriben para *fijarlas*.

Si uno no escribe nada, todo se reduce a una historia memorizada. Cada vez que uno la cuenta a otra persona, la historia se va llenando de alteraciones. El proyecto cambia, se modifica a medida que uno lo expresa. Se construye y se destruye a la vez.

SINOPSIS

La sinopsis tiene mucha importancia práctica. Cuenta lo más destacado del filme en no más de cuatro páginas. Visualiza los elementos principales. Hace posible la ejecución de un presupuesto aproximado. Permite hacer circular el proyecto. A veces, la sinopsis nunca es superada por otras versiones sucesivas, pues contiene toda la energía del primer momento. Permite imaginar, soñar, más que las versiones «definitivas», demasiado retocadas. Presenta la idea en un tono «abierto», de tal manera que cada uno puede imaginarla a su manera. En muchas ocasiones no hay que redactar nada más.

La sinopsis permite además clasificar el proyecto... ¿Es un documental de archivo? ¿Es una biografía? ¿Es un documental de autor? ¿Dónde será realizada? ¿Tiene muchas entrevistas? ¿Se filmará de un tirón o por etapas?

La sinopsis también ayuda a definir la estrategia. ¿Cámara al hombro? ¿Cámara fija? ¿Luz natural? ¿Luz artificial? ¿Con *travelling*? ¿Equipo grande o mínimo?

INVESTIGACIÓN

Siempre se «investiga» en el arte. El novelista busca documentación para su novela. El dramaturgo encuentra a sus personajes, profundiza, lee, analiza, etc. Supuestamente, el

Hay un momento en que una entrevista se transforma en una secuencia cinematográfica, atraviesa una línea invisible y se aleja del periodismo.

documentalista debe investigar mucho más porque es un fabricante de «documentos». Sin embargo, la exploración documental es bastante sencilla.

Un guion ofrece un conjunto de imágenes, impresiones, dudas o reflexiones. Pero al revés que algunos trabajos científicos, no tiene por qué contener una lista de etapas (una *exposición*, un *análisis* y una *conclusión*). Hay guiones abiertos, completamente libres.

El documentalista estudia los pormenores de su tema, no solo para ahondarlo, sino para tener una mayor libertad de acción. Mientras más amplia sea su investigación, mayores posibilidades tendrá para improvisar en el rodaje. No sólo hay que investigar entre cuatro paredes, sino visitar archivos, museos, bibliotecas, centros de documentación o entrevistarse con los entendidos.

DOCUMENTAL DE AUTOR Y REPORTAJE

Muchas veces se piensa que el documental de autor es *superior* al reportaje. Ciertamente, los dos desarrollan un trabajo parecido. Sin embargo, el hecho de que haya factores comunes no suprime las diferencias. Hay una frontera clara, que es el tiempo de trabajo. El tiempo determina la frontera de la investigación y el tipo de lenguaje. El periodista está obligado a concluir el programa porque tiene un plazo fijo. Delante de él está el *cierre* de la emisión. Tiene la obligación de entregar el material. Aun cuando algunos reportajes se preparan con antelación, los plazos son fijos.

El documentalista autor puede tomarse más tiempo. Puede repetir o volver a grabar algunas cosas ya hechas, con modificaciones. En la mesa de montaje puede cambiar el ritmo, el comentario, el orden de las secuencias o la banda sonora, etc. Hay una cuestión de «cocina creativa» que es diferente. El periodista está obligado a cumplir un convenio; el documentalista menos.

Más allá del nombre –*documental de autor*, un nombre pretencioso–, esta forma tiene efectivamente más espacio artístico donde uno puede llegar más lejos, un espacio que no se da en el reportaje (excepto en el *periodismo de investigación*, en algunos casos).

El realizador autor se mueve en el campo del cine: experimenta con el sonido, la iluminación, el montaje, el ritmo, etc. Digamos que se mueve más en el terreno creativo, que se aleja del terreno informativo. Hay un momento en que una entrevista se transforma en una secuencia cinematográfica, atraviesa una línea invisible y se aleja del periodismo.

Al contrario, el reportaje tiende a uniformar algunos agentes narrativos: el presentador, la voz en *off*, por ejemplo, a menudo lee sin sencillez, y esta particularidad lo aleja de la poesía y las metáforas. El documental de creación, en cambio, hace el camino contrario. La voz en *off* se parece al narrador de una novela.

¿Quién inventó el nombre?

Este apelativo –*documental de autor*– apareció en 1986 en el seno de una discusión de productores y realizadores en Francia. No había teóricos entre ellos. En ese momento la oficina estatal del cine (el CNC, el Centro Nacional de Cinematografía), unificó la ayuda para los productores independientes. Y en ese momento se hizo necesario redefinir el género.

A este respecto el productor Yves Jeanneau escribió:

> «*Las discusiones fueron largas* –en 1986– *cuando se trató de definir este concepto*». Había que diferenciar el documental y los reportajes, «*que tratan la realidad con puntos de vista periodísticos y no cinematográficos*». Según Jeanneau, el documental de autor se dintigue por la maduración del tema y el sello fuerte del director. La frontera es delicada y se mueve siempre entre ambos dominios[6].

EL REPORTAJE LITERARIO

En mi caso, siempre he sentido una poderosa atracción por los reportajes escritos. Mi generación se educó en cierto modo leyendo reportajes. En el mundo literario, en efecto, no existían otras palabras para designar este trabajo. Me acuerdo de los viejos artículos de la revista *Reader's Digest,* en especial los números de la posguerra, en los años cincuenta, que yo me conseguía prestados con los padres de mis amigos. Aunque era una publicación abiertamente de propaganda estadounidense, tenía reportajes impresionantes sobre la guerra con excelentes dibujos.

Durante mi primera estancia en Madrid (1966-1971) conocí la revista *Triunfo*, un semanario sobresaliente que contribuyó a mi formación política y jugó un papel central en España en los últimos años de Franco, con reportajes de autores notables como Eduardo Haro Tecglen, Ramón Chao y otros que después continuaron escribiendo en *El País*. Apareció una generación formada por Rosa Montero, Maruja Torres, Manuel Vicent, Ernesto Ekaizer, etc., que creó una escuela española de reportajes. Por otra parte, personalmente, siempre me atrajo el periodismo de Carlos Fuentes, Octavio Paz y los primeros libros de Oriana Falacci.

---

[6] Definición de Yves Jeanneau en su libro *La Production Documentaire* (1997): «El documental de creación se refiere a la realidad, la transforma por la mirada original de su autor y da prueba de un espíritu de innovación en su concepción, realización y escritura (…). Se distingue del reportaje por la maduración del tema tratado y por la reflexión compleja y el sello fuerte de la personalidad de su realizador o autor».

Sin embargo, en el terreno audiovisual, el reportaje se transformó en un producto de *marketing* en el mundo anglosajón, especialmente en la *BBC* y *Discovery Channel*. El mundo de la imagen de esos países se presta a los excesos de la manipulación. Ellos producen series de divulgación rápidas, esquemáticas, efímeras,con música estrepitosa, casi permanente, que describen cualquier cosa: la vida de un Nobel, un accidente aéreo, el deshielo de Groenlandia, los hallazgos de Einstein, todo con mucha belleza plástica, con velocidad rápida, con un guion resumido, un número innecesario de planos (tomas aéreas, tomas polares, tomas submarinas), en alta definición... Me pregunto ¿para qué sirve este despliegue de belleza sin una reflexión? ¿Por qué gastar tanto dinero para decir cosas tan simples? ¿Después que uno apaga el televisor qué queda en la cabeza?

No hace mucho se difundió «La fabulosa historia de las ciencias»[7] (2012) en el canal franco-alemán ARTE, que trata de explicar seis mil años de desarrollo científico humano en seis horas. El texto empieza con una voz apasionada que parece perder la respiración: «¿Qué es el universo? ¿De dónde venimos? ¿De qué materia está hecho nuestro mundo?»... Cada capítulo resume mil años de descubrimientos en 52 minutos. Se trata de una síntesis enteramente imposible. A esto han llegado algunos falsos *documentales de autor* en televisión.

EL VIAJE PREVIO

Nosotros, por el contrario, estamos acostumbramos a hacer viajes de preparación mucho más modestos. Incluso a veces no tenemos dinero para hacer ninguno. Nuestros propósitos, sin embargo, también son ambiciosos. No queremos tocar un tema, sino profundizar y transmitir esa emoción indefinible que siempre aparece. En la medida de lo posible, yo recomiendo no renunciar a este viaje previo. Es provechoso viajar antes de grabar; conocer los lugares de rodaje. Todo cambia en ese tanteo. Uno ve por primera vez el «espacio de la película». La realidad confirma o contradice lo que uno pensaba... Aparece un proceso de revisión para reacomodar las deducciones. Hay que estar vigilante, interesado en todo. Hay que sentir, escuchar, escribir o grabar con una cámara pequeña. Si estamos en un lugar ordinario (una casa, un pueblo, un negocio, un taller, un árbol, un bosque, una fábrica), es recomendable acudir muchas veces para impregnarse. Si es un sitio lejano ,hay que ir por lo menos una vez y establecer un contacto con alguien para que nos proporcione datos regulares. La creatividad hace el resto. Somos creadores tranquilos, no necesitamos empujones.

GUION IMAGINARIO

En este momento ya se puede fabricar un «guion imaginario», un texto *adivinado*, una estructura *inventada*, basándonos en lo mucho o poco que sabemos. Es una especie de

---

[7]   *La fabuleuse histoire de la science* (2010), de Naomi Law y Jeremy Turner, BBC.

historia «ideal» que reemplaza la realidad real por una realidad imaginada, donde aparece lo que uno quiere, lo que uno anhela encontrar.

En mi caso, a veces, he concebido personajes y secuencias completamente inventadas a partir de la investigación. Personajes y entrevistas que no existían aún, pero que estaba seguro que encontraría después. Este ejercicio es útil también para el equipo. Hacer o no hacer este «guion» es algo personal. Muchos dirán que no tiene sentido, que no es útil ni práctico.

GRABACIÓN O FILMACIÓN

Con este guion en la cabeza (o sin él, pero con las ideas más o menos evidentes) uno empieza el rodaje de manera controlada. Si uno actúa demasiado apegado a los papeles corre el riesgo de ignorar los hechos inesperados. Un documental es una excursión, donde los imprevistos son tan atractivos como las ideas preconcebidas.

El «guion imaginario» no elimina la espontaneidad.

Hay que estar vigilante, interesado en todo. Hay que sentir, escuchar, escribir o grabar con una cámara pequeña. Si estamos en un lugar ordinario (una casa, un pueblo, un negocio, un taller, un árbol, un bosque, una fábrica), es recomendable acudir muchas veces para impregnarse.

No es un *guion técnico* (esos guiones donde aparecen los movimientos de cámara, la duración de la imagen, la descripción de los planos, etc.). Me parece que estos guiones no sirven para nada. El «guion imaginario» es mucho mejor. Es una forma de *imaginar libremente* la obra antes de hacerla. Es como escribir un cuento aproximado, un relato de prueba, una historia tentativa.

Después, durante la grabación, hay que desprenderse de todos los papeles. Hay que dejarlos en el hotel. Hay que trabajar con las manos libres.

Cuando uno empieza una obra, nadie sabe lo que va a pasar. La realidad no se adivina. Sólo se presiente. Tampoco la forma se puede prevenir con exactitud: ¿hago un plano abierto como había pensado o hago un plano cerrado? ¿Lo hago con trípode o con la cámara en la mano? ¿Utilizo las luces que hemos traído?... Hasta las cosas más sencillas provocan una duda. Aquel árbol no se ve porque está lloviendo. Aquel plano subiendo la escalera no se puede hacer porque los vecinos se quejan. Entonces la realidad abre y cierra varios caminos, como una puerta giratoria.

El *cameraman*, el realizador, el ingeniero de sonido, tienen que estar conectados por un cable imaginario que amarre la cabeza de los tres. Una vez «conectados», los tres tienen que moverse a la misma velocidad, con el mismo ritmo. Abrirse a la improvisación no significa abandonar la buena factura.

EVALUACIÓN

Uno tiene que evaluar la calidad del material que está entrando por la cámara. Uno tiene que darse cuenta de que la entrevista de ayer fue mala; que la descripción de hoy es pobre; que el personaje principal se está yendo por las ramas. Uno se siente ufano porque *trabaja*. Pero a veces durante una jornada no pasa nada. Con frecuencia uno se mete en situaciones completamente improductivas, se da cuenta de que ciertos lugares son débiles; y uno los graba «por si acaso». Es como introducir hojas secas en un saco a medida que se atraviesa un parque. Uno tiene que saber cuáles hojas valen la pena. Uno tiene que detectar cuáles son las imágenes provechosas y cuáles son puro relleno. Si el balance es negativo, hay que renovar la orientación: cambiar de lugar, cambiar de personaje, de idea o detener la filmación para pensar, para explorar otras pistas… Si el realizador no es consciente de qué clase de cosas están entrando por la cámara, la grabación puede ser un desastre (por más «guiones» y papeles que uno tenga en la cabeza o en el bolsillo).

A veces hay que repetir muchas cosas. Incluso se pueden repetir algunas entrevistas, si el personaje acepta. En ciertos casos hay que volver a filmar algunos fracasos, porque la luz era mala, porque había mucho ruido, porque nadie se sentía bien ese día. La realidad no se ha movido. ¿Por qué no volver atrás para mejorar algo?

Asimismo, hay que respetar la frontera económica –el presupuesto– que muchas veces es aproximado. Hay que jugar con los números, permutando una secuencia por otra, cambiando una escena vieja por otra nueva, sin asfixiar los recursos y, sobre todo, hablando con el productor (si hay productor) cuando sobrevienen los cambios.

Parece difícil, a primera vista, encontrar una suerte de armonía entre el «dinero» y la «improvisación». Pero no lo es tanto. La gran virtud del género es su flexibilidad. Casi todo se puede alterar. Las obras documentales pueden tomar varios caminos sin traicionar su significado. La estructura es rectificable. Una historia documental sigue abierta después del rodaje y sigue abierta después del montaje[8]. Esto permite hacer cambios, variaciones, reajustes, para reconducir la historia y su presupuesto (al menos mucho más que en la ficción).

Como dije al principio, hacer o no hacer este «guion imaginario» es una cuestión puramente personal. Hay quienes jamás lo harían porque lo considerarían superfluo. Para unos es una suerte de negación de la *esencia* documental, y comprendo muy bien su

---

[8]   La mezcla de sonido marca el final.

opinión. Para mí es algo importante, lo que no significa que para los demás sea importante.

Mucho más tarde, cuando el trabajo está terminado, el primitivo «guion imaginario» no se parece mucho a la película terminada... Pero en el fondo, muy adentro, muy abajo, hay un vínculo, una analogía, una conexión interna entre los dos.

DISPOSITIVO

Las mejores ideas –tal vez las más eficaces– son las ideas que suelen acomodarse adentro de un denominado «envoltorio narrativo». También podemos llamarlo «dispositivo de narración». Se le puede denominar «estuche narrativo» por su capacidad de guardar cosas.

A modo de ejemplo, si queremos hacer un documental sobre la infancia, lo primero que hay que hacer es buscar un lugar donde los niños pasan la mayor parte de su tiempo, por ejemplo, la escuela (donde ellos guardan sus cosas).

Aquí descubrimos varias secuencias de cajón: el recreo, la clase de dibujo, la clase de música, la clase de gimnasia, una reunión de padres y apoderados, una entrevista con la directora, una entrevista con un profesor.

Muy bien. Si colocamos estas imágenes en orden y añadimos un poco de música, un comentario, unos cartones de títulos, podríamos decir que la obra está concluida.

Sin embargo, no tiene *estructura* dramática. En realidad, tiene la forma de un tren. Adelante está la máquina, luego vienen los vagones de primera clase, los vagones de segunda clase y los vagones de tercera. Una mayoría de documentales que conocemos son trenes.

Examinemos ahora otro punto de vista.

En lugar de acudir a una guardería infantil busquemos otro lugar. Invitemos a un niño a dar una vuelta por el bosque. Con un micrófono inalámbrico sujeto a su ropa, el niño se mete entre los árboles. Camina por su cuenta y se pierde entre la vegetación. Al cabo de unos metros se inclina para mirar el suelo. La cámara se acerca y descubrimos que habla con un escarabajo. Luego conversa con el agua y también con los árboles... Este podría ser un excelente documental sobre la infancia.

EJEMPLOS DE DISPOSITIVOS

Las ideas más prácticas, más funcionales, son las ideas que caben dentro de un *dispositivo*. Echemos un vistazo más directo a lo que quiero decir. Se puede afirmar que el «dispositivo» es algo que pone ruedas a la historia, que empuja la historia. Algunas veces, cuando aparece un *dispositivo,* hace las veces de cauce, de sendero, de camino, para entrar en la historia, y todo parece más claro. El realizador parece más resuelto. El equipo comprende mejor lo qué está haciendo.

Veamos algunos ejemplos.

El amor (según Heddy Honigmann).

¿Cómo hacer un documental sobre el amor?... Aparentemente es fácil. Podemos entrevistar a una pareja de enamorados, a una pareja de divorciados, a una pareja de viejos casados, a una niña de 8 años, a una monja de 40 años, a un solterón de 60 años, etc.

Es un tema atractivo, incluso algo cómico Con estas entrevistas podemos armar algo interesante. Sin embargo, también es un tren.

¿Qué hizo Heddy Honigmann?... Descubrió un libro de poemas pornográficos realizados por un prestigioso escritor brasileño, Carlos Drummond de Andrade (1902-1987). Este hombre elegante escribió un libro erótico que apareció en 1992: *O Amor Natural*, un texto inesperado.

La directora eligió algunos poemas (los más ardientes), y recorrió varios lugares de Río de Janeiro con el libro en la mano. En una playa encuentra a una señora de unos 50 años, y le pregunta más o menos así: «Señora, estoy haciendo una película sobre el amor. ¿Podría leer para mi cámara un poema de Drummond de Andrade?»... La señora responde: «Si, por supuesto. Es un escritor que yo admiro y que estudiamos en el colegio».

A continuación, la señora empieza a leer:

A medida que avanza su rostro se asombra un poco. El segundo párrafo le produce un ligero rubor en la cara. Después abre los ojos con sorpresa. Entonces empalidece. Pierde la respiración, se detiene. Parece envuelta en un torbellino de recuerdos, de turbación... La directora repite este mismo recurso con muchas otras personas, en general gente madura, hombres y mujeres de distinta condición social, y utilizando otros poemas. Las reacciones cambian. Pero todas revelan el mundo oculto, de los recuerdos amorosos de cada uno. He aquí una película lúcida sobre el amor, que atrapa a los espectadores desde el inicio. Heddy Honigmann siempre utiliza dispositivos ejemplares[9].

Un país (según Rithy Panh).

Hacer un documental sobre un país es bastante más difícil. ¿Empezar con un mapa?... ¿Buscar los mejores escritores para que hablen del país?... ¿Conversar con los historiadores?... ¿Entrevistar al presidente de la república?

Rithy Panh aprovechó el tendido de un cable de fibra óptica que cruza el territorio de Camboya de frontera a frontera. Aparecen cientos de trabajadores. Todos evocan las guerras del pasado más reciente. Al excavar encuentran granadas, minas, balas de cañón

---

[9]   Heddy Honigmann, una de las grandes figuras del género documental, de nacionalidad holandesa. Pero vivió en el Perú hasta su adolescencia. Algunas de sus obras son: *Metal y Melancolía* (1994), *O amor natural* (1996), *La orquesta subterránea* (1998), *Forever* (2006), *El Olvido* (2008), etc.

que no estallaron. En la retaguardia vienen las mujeres, los niños, los abuelos. A veces encuentran cadáveres sin sepultura. El cable es un pretexto para mirar el pasado mientras la población actual vive en la miseria. El tendido del cable nos muestra el presente, sus dificultades, sus dramas. Es una película asombrosa, que avanza con el cable y se llama *La tierra de las almas errantes*[10].

El fútbol (según Stéphane Meunier y Michael Koch).

En 1998, con la ayuda de una pequeña cámara de video, Stéphane Meunier filmó la actuación del equipo de fútbol de Francia durante el Campeonato Mundial. Hasta aquí no hay nada especial. Sin embargo, el director se encerró en los vestuarios y nunca mostró el campo. La película se desarrolla en el túnel, los pasillos, los interiores invisibles de un estadio. Consigue una fuerza dramática mucho mayor, capta los diálogos y comentarios que nunca oímos, elude los lugares comunes y se convierte en una película de autor de gran éxito popular. Además, consigue narrar el torneo sin tener que pagar los derechos de imagen inalcanzables del fútbol. La película se llama *Los ojos en los azules*[11].

Otro realizador, el suizo Michael Koch, hizo un cortometraje de 20 minutos, *Fieles hasta la muerte*, donde asistimos a un partido de fútbol sin verlo nunca. El director utiliza dos cámaras. Con una enfoca a los hinchas y con la otra muestra al director de la hinchada. Todos cantan, baten palmas y levantan los brazos. No hay comentarios ni explicaciones. El equipo gana el partido. La euforia se apodera de todos. Pero nosotros no hemos visto absolutamente nada de lo que pasa en la cancha.

Los agricultores (según Ariane Doublet).

Un eclipse de sol va a ocurrir dentro de un año en una zona del campo francés. La directora aprovecha este fenómeno para filmar por donde pasará la sombra. Pero empieza mucho antes. Primero muestra la vida y el trabajo de los agricultores. Poco a poco, como una especie de amenaza, la proximidad del eclipse comienza a impregnar la historia. Si no fuera por este fenómeno, el eclipse, la crónica de los campesinos sería incapaz de sostener 90

---

[10] Rithy Panh, director de cine camboyano y también uno de los grandes documentalistas del mundo sobre el tema de la memoria histórica, que analiza y profundiza la temática del genocidio de Kampuchea. Ha realizado ficción y documentales.

[11] Stéphane Meunier, director, camarógrafo, guionista y reportero francés. Ha sido corresponsal de guerra en diferentes conflictos (Líbano, Irán-Irak). Pertenece a la agencia CAPA y es autor y realizador de numerosos documentales muy galardonados en Francia, y también ha hecho series para la televisión. Michael Koch es un joven director suizo, también camarógrafo y montador.

minutos. Pero el eclipse se va a acercando y todo el mundo cambia. Esta película excepcional se llama *Los terrícolas*[12].

La memoria (según Susan Meiselas).

Esta fotógrafa estadunidense publicó un libro de fotos sobre la lucha del Frente Sandinista de Liberación, a finales de los setenta. Mucho tiempo después regresó a Nicaragua
para filmar a los mismos personajes. Pero la revolución ha sido olvidada y el país vive en
la pobreza de siempre. Con el libro en la mano ella viaja sola, de aldea en aldea, y pregunta a la gente si conocen a los personajes que aparecen en su álbum. Lentamente van
surgiendo de la sombra las mismas personas (ahora con más edad) que ella captó con su
cámara. La película se llama *Fotos de una revolución*[13].

DISPOSITIVOS GENERALES

El escritor Jorge Luís Borges decía que cientos de novelas podrían caber en dos o tres
estructuras universales. De cierta manera, también puede afirmarse que casi todos los
documentales se desarrollan tomando como base solamente estos tres «dispositivos»:

Un personaje

Hacer una película alrededor de una persona, cualquier tipo de persona, ya sea anónima
o famosa, mantiene (sujeta, soporta) la narración de un documental. Concebir un retrato, una biografía, una trayectoria humana, es una fórmula que permite desplegar el proyecto. También hay personajes que no son seres humanos, sino que son cosas, objetos o
paisajes, como las montañas, un desierto, una máquina de escribir, un helado de fresa.
Estas cosas también son personajes.

Un hecho

Cualquier hecho, desde una revuelta popular hasta el nacimiento de un bebé; desde una
fiesta de cumpleaños hasta la demolición de una casa; desde la publicación de un libro
hasta la llama de un fósforo. Un hecho cualquiera, conocido o desconocido, importante
o no.

Un viaje

Existe un número incontable de documentales que narran una expedición, un recorrido
por tierras familiares o ignoradas, que se miran como las páginas de un libro de aventuras. Pero también existen los viajes imaginarios. Se puede viajar por el tiempo. Se puede

---

[12]   Ariane Doublet, realizadora, guionista y montadora francesa.

[13]   Susan Meiselas, fotógrafa estadounidense, autora de álbumes sobre Chile, Nicaragua, El Salvador y un trabajo
        monumental sobre el Kurdistán, entre muchos otros. Miembro de la agencia Magnum y directora de documentales.

ir hacia delante o hacia atrás en el tiempo. Se puede viajar por adentro de uno mismo. Se puede viajar por el interior de una casa, por el interior de una escuela, un parque, un hospital, un cuartel.

CUANDO NO HAY DISPOSITIVO

Si no se encuentra un «dispositivo» concreto, se produce un pequeño problema. Pero hay una gran cantidad de buenos documentales que no tienen dispositivo; o bien utilizan muchos dispositivos que, a la vez, se van aplicando a medida que la obra avanza.

No hay recetas en este campo. Cuando me he referido a los «trenes» (y que he descalificado con tanta rapidez), debo confesar que también hay buenos trenes… Todo depende del ímpetu que el director deposite en la obra. En el dominio de la creación artística lo único relevante es la energía, el talento, el sello personal del autor. Los mecanismos de fabricación pasan a segundo término cuando estamos en presencia de un buen realizador.

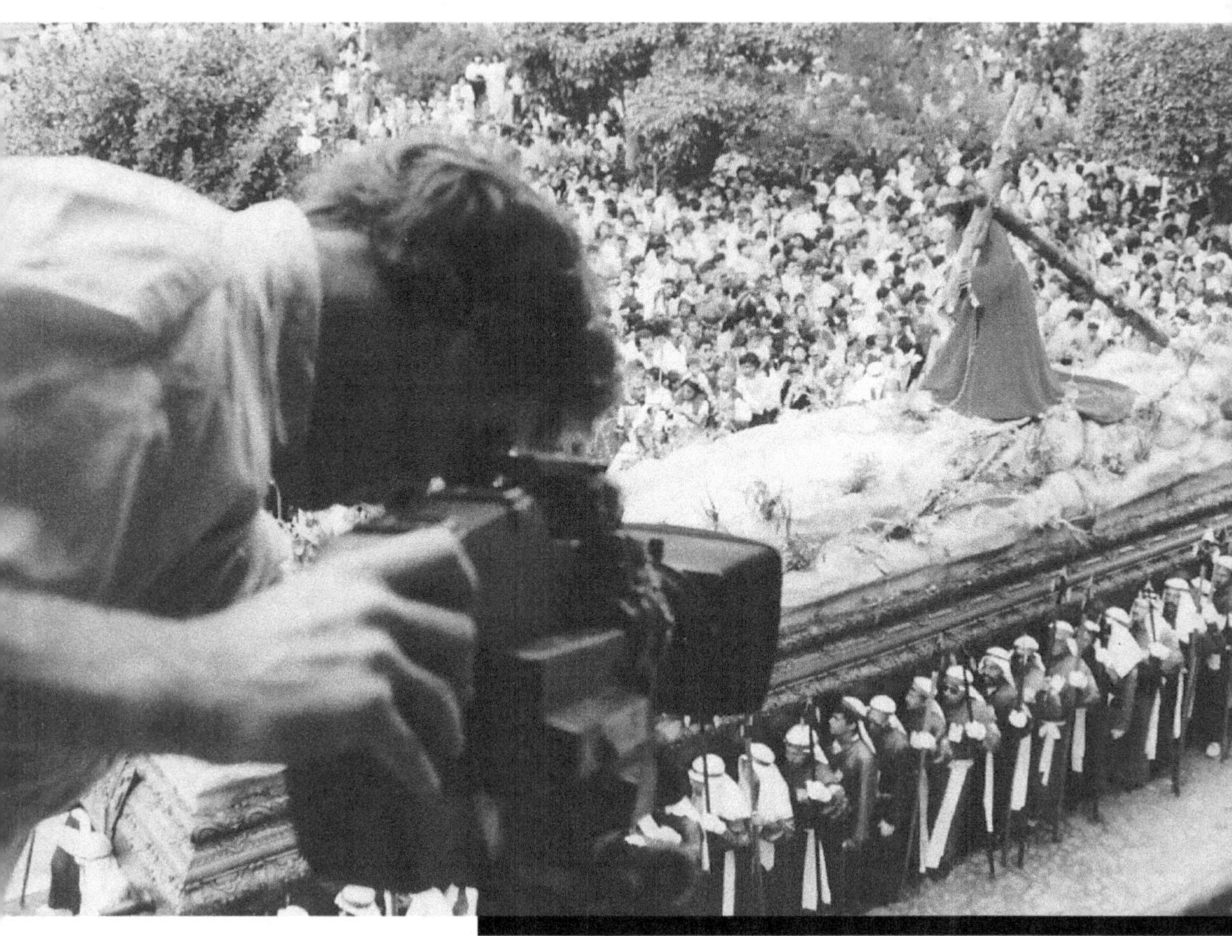

–Recursos narrativos del rodaje

Cuando la cámara se pone en marcha aparece de *golpe* la realidad. ¿Qué es la realidad?... Es algo parecido a una ventana que se abre ante nosotros... ¿Qué hay detrás de esa ventana?... Muchas cosas: paisajes, calles, un rostro, una sombra. Y cuando uno respira, la realidad respira. Cuando uno se mueve ligeramente, la realidad se mueve ligeramente.

Para atrapar esa *realidad* hay que instalar un mueble con muchos cajones. Lo que cuenta es el nombre de cada cajón:

Descripción

Acción

Personajes

Entrevistas

Fotos fijas

Objetos

Reconstrucciones

No existe ningún recurso narrativo *principal*, dominante, superior a otros. Todos son iguales. No hay ningún recurso narrativo decisivo, capital. Todos poseen el mismo valor. Se los puede confrontar, pero no compiten entre sí. Estos recursos narrativos aparecen en cada filme.

¿A qué se parecen?

Son iguales a los colores que tiene la paleta de un pintor: negro, verde, rojo, amarillo, azul, etc... Tal vez son seis o siete (quizás muchos más). Se los puede utilizar separados y también juntos... Dependen de la opción de cada realizador. Cada cineasta elige los recursos narrativos que quiera.

Como dije, lo primero es disponer de un mueble con varios cajones. Hay un cajón para las entrevistas, un cajón para las acciones, un cajón para las descripciones, etc. Veamos.

DESCRIPCIÓN

La descripción es tal vez el agente narrativo más antiguo del cine documental. Como decía Robert Flaherty, *al principio todo era imagen*[14].

---

[14] Velu Viswanadahn, autor de algunas películas de descripciones, sin comentarios, sin explicaciones, sin texto. Estas son: *Bhumi* (tierra), *Yala* (agua), *Agní* (fuego), *Vaiú* (Aire), *Akashá* (éter) y de *Retorno a los elementos*. Robert Flaherty, el pionero del documental, autor de *Nanouk, Moana, Tabú, El hombre de Aran*, etc.

No existe una sola fórmula para definir la descripción. Describir es grabar lo que registran nuestros ojos. Es contemplar el mundo sin más alteración que la propia visión, con sus silencios, sus rumores, sus colores. En sí misma, la mirada puede convertirse en un único recurso narrativo.

Mirar
Escuchar
Recorrer
Acompañar
Examinar

En el cine documental, regularmente, la descripción es sencilla. Es como asomarse a una ventana: ¿qué pasa, qué cosas ocurren?... El tiempo no se detiene, no se interrumpe, continúa avanzando. La descripción no altera nada. Los ojos pueden seleccionar con calma lo que miran. La cabeza puede desplazarse buscando los ángulos para registrar algo. El oxígeno llega lentamente al cerebro. Nos desplazamos a la velocidad de 5 kilómetros por hora.

Contemplar las nubes que avanzan, aquella cortina que se mueve, las gotas que caen, nos conectan con el tiempo. Los humanos sentimos la marcha del tiempo sin darnos cuenta. Nos relaciona con el movimiento del planeta, la fuerza de gravedad y el peso del cuerpo.

IMÁGENES VERDADERAS

Nuestras películas contienen imágenes sólidas y también atraviesan desiertos de imágenes sin contenido, como los trozos malos de las novelas buenas, que podrían eliminarse. ¿Tal vez los párrafos mediocres son básicos para resaltar los buenos? La descripción en el cine documental es un detector, un señalador, para medir la calidad de las imágenes.

¿Cómo se buscan las imágenes? ¿De qué dependen? ¿Del encuadre, de los colores, de los sonidos? ¿De cierta *energía* que emana de las cosas? ¿En qué se diferencia una imagen estable, definitiva, sólida, de las imágenes triviales que parecen postales?

Leamos una descripción que imaginó Dziga Vertov hace un siglo:

«Un día de la primavera de 1918 regreso de la estación. Todavía siento en mis oídos los suspiros, el ruido del tren que se aleja... Risas... silbidos... voces... campanadas en la estación... la respiración de la locomotora... Mientras hago el camino, pienso: es preciso que termine por encontrar un aparato que no describa, sino que *inscriba*, que fotografíe estos sonidos. Si no, resulta imposible organizarlos, montarlos. Se escapan como se escapa el tiempo. ¿Una cámara, quizá?... *Inscribir* lo que se ha visto... ¿Organizar un universo no audible, sino visible?...».[15]

---

[15] Extracto de un artículo de Dziga Vertov escrito entre 1923 y 1926, extraído del libro *El Cine Ojo*.

Vertov habla de «inscribir» en lugar de «describir», que es todavía ir más lejos, puesto que inscribir significa tallar, cincelar, imprimir.

A veces uno hace descripciones sin ningún propósito real, igual como hacen los fotógrafos atravesando un parque. Uno aprovecha el vaivén de la vida, los movimientos de la ciudad, igual como Tarzán utilizaba las lianas para saltar entre los árboles. La cámara se desplaza de un detalle a otro. Uno no sabe para qué está haciendo eso, aunque es probable que esas imágenes sirvan para algo un tiempo más tarde.

Filmando en el desierto de Atacama, hace poco, me deslumbraba la inmensidad del paisaje, los grandes espacios, el horizonte infinito y la transparencia del aire. Uno tiene la sensación de que estirando la mano se puede tocar las montañas que están a cien kilómetros.

Al cabo de unos días, sin embargo, empezamos a filmar lo contrario. Nos atrajeron las cosas más pequeñas: las grietas en el suelo, las piedras con formas misteriosas, la sombra de los guijarros, el movimiento de la arena. Sin querer empezamos a filmar la parte más chica, los accidentes minúsculos, las huellas de los insectos, los moluscos petrificados, o bien los signos de los caminos humanos más antiguos.

Cuando uno está absorto, pensativo, la intuición va por delante de la razón. Buscábamos la materia del desierto, pero también la materia de la Tierra y de los huesos humanos. La materia del páramo y también la materia de las estrellas, para hablar del pasado

Cuando uno está absorto, pensativo, la intuición va por delante de la razón. Buscábamos la materia del desierto, pero también la materia de la Tierra y de los huesos humanos. La materia del páramo y también la materia de las estrellas, para hablar del pasado[16]. Era probable que ninguna de esas imágenes sirviera para nada. Pero era una manera de concentrarse. Era la forma de rastrear las pisadas de un animal imaginario.

La «descripción» es uno de los factores más expresivos e imprescindibles del cine documental. Hay por lo menos tres agentes narrativos que se «apoyan» en ella: 1) la música, 2) los efectos, y 3) el comentario.

[16] *Nostalgia de la Luz* 2010, del autor.

Debajo de las imágenes de edificios, calles, casas, coches, campos, árboles, se pueden poner todos los sonidos que uno quiera: ambientes, rumores, melodías, voces o el silencio.

Leamos algunas reflexiones de Jean Louis Comolli[17]:

Tomarse su tiempo
filmar el tiempo que pasa
los silencios
los vacíos
los tiempos muertos
filmar unas cuantas cosas
acompañar
hacer un seguimiento
hacer compañía
quedarse con alguien
ocuparse de lo que está vivo.
El cine documental
en una palabra
se interesa por la parte no
acabada del mundo.

No es fácil describir. A veces nos exige mucho (nos exige todos los conocimientos de la imagen que uno posee, que siempre son pocos). Uno duda... ¿qué hacer?... ¿cómo grabar este museo o esta pirámide en ruinas? ¿Qué hago? ¿Me desplazo con la cámara? ¿Me quedo quieto?

Algunos preferirán instalar el trípode para hacer tomas fijas. Estamos en un museo vacío. Aquí no se mueve nada (ni nadie). Delante de nosotros hay salones, columnas, cúpulas, largos corredores sin fin. El encuadre, la composición, son un regalo para la cámara.

Las cosas se complican delante de una pirámide medio destruida. ¿Hay que moverse con la cámara en el hombro? ¿Hay que utilizar una grúa hidráulica, que tiene un brazo gigantesco y cuesta un ojo de la cara? ¿Hay que usar una máquina voladora, un dron?

Siempre son recomendables las soluciones sencillas.

Cada lugar estimula la imaginación: el eco de unas pisadas que suben por una escalera de piedra, el ruido de algunos trozos de estuco que se desprenden y caen hacia abajo. Muchas imágenes que uno imagina son a veces incomprensibles. El entorno desarrolla la fantasía. Una cámara al hombro que oscila, junto al rumor de los pasos humanos. Estamos en el umbral de la acción.

---

[17]   Jean-Louis Comolli, escritor y realizador de documentales, texto de la revista *SCAM* 2010.

ACCIÓN

En una oportunidad, Chris Marker me dijo que era importante la «acción» adentro de un documental. Por ejemplo —me escribió en una carta–, si estamos haciendo una película sobre el cuerpo de bomberos, hay que mostrar un incendio completo, como mínimo, desde las primeras llamas. Nunca tendrá el mismo efecto para los espectadores filmar a posteriori los restos humeantes de la casa destruida.

Más tarde comprendí un poco mejor lo que Chris me estaba insinuando: en el fondo hay que estar sumergido en el tema, hundido en el tema, hay que estar empapado en las situaciones hasta el punto en que uno puede alcanzar a filmar (en sentido metafórico) el comienzo de un incendio. Es como filmar el comienzo de un aplauso en una sala de conciertos. Hay que estar en estado de alerta.

Hace poco, dos directores jóvenes me confirmaron este concepto, al meterse de cabeza en el conflicto Israel-Palestina.

Filmaron doce meses en un pueblo de la franja de Gaza (llamado *Rafah*) en la frontera con Egipto. Es un lugar plagado de túneles que los guerrilleros utilizan para introducir armas en la ciudad para resistir al constante ataque de Israel.

Los cineastas convivieron con la población: se impregnaron de sus vidas, sus problemas, su calvario. Se fundieron con el tema, que era la cercanía a la que se refería Marker. En esta película intensa, temeraria, aparece una imagen insólita. Durante un bombardeo israelita, la cámara enfoca una casa durante unos segundos y después la casa explota. La casa se convierte en una bola de fuego.

Hacer este plano es imposible si no se tiene un contacto muy cercano con el tema. Ellos sabían cuál casa podría ser bombardeada. Era una realidad bastante posible, como las manos antes del aplauso. Hay un vínculo entre el aplauso y la casa que estalla. Son la misma cosa. En decir, se puede filmar un incendio antes que aparezcan las llamas[18].

En muchas ocasiones, no se puede prescindir de la acción porque el documental es un género sobrecargado de imágenes estáticas: rostros inmóviles, personas que hablan sentadas, fotos fijas, dibujos inertes. En cambio, la acción dinamiza el relato, moviliza al espectador. Contribuye a estimular la línea del interés, activa la línea del desarrollo.

Pero la acción tiene que seguir el curso normal de la narración. No se puede transformar en un ingrediente separado. Hay que aceptarla cuando aparece, ni antes ni después. Hay un cierto tipo de documentalistas que intercala falsas acciones: barridos de cámara, contrastes musicales, cortes brucos de montaje, para elevar el ritmo de una película monótona.

---

[18]   *Rafah, crónica de una ciudad en la franja de Gaza*, 2007, de Stéphane Marcheti y Alexis Monchovet. Galardonada con tres primeros premios FIPA en 2007.

Muchas imágenes que uno imagina son a veces incomprensibles. El entorno desarrolla la fantasía. Una cámara al hombro que oscila, junto al rumor de los pasos humanos. Estamos en el umbral de la acción.

Hay algunos temas que están cerca de la acción y otros no (ver Frederick Wiseman[19]). Hay situaciones donde la acción es inexistente o mínima.

Una hoja de papel arrastrada por el viento, un lápiz que se mueve, una puerta que oscila, unos ojos que pestañean, tienen el mismo valor que un huracán, un *tsunami* o un temblor de tierra. Todo movimiento es acción. En muchos casos, es mucho más fácil captar una acción que hacer una descripción. La cámara se vuelve invisible cuando ocho obreros bajan un piano desde un quinto piso con la ayuda de unas cuerdas. Los peatones miran hacia arriba porque parece que el piano va a desplomarse de un momento a otro. Uno puede hacer las imágenes que quiera porque nadie presta atención a la cámara. Incluso algunos gritan con pánico al mirar el piano que choca contra la fachada. Lo más interesante de estos gritos es que también pueden considerarse como acciones. La palabra encendida puede transformarse en acción.

Cuando dos personas discuten ferozmente, con pasión, con rabia, en un espacio cualquiera, son también una forma de acción. Si alguien alza la voz en medio de una asamblea y dice un discurso impetuoso que convulsiona a la concurrencia, también es acción. Una persona que expresa su indignación, furia, cólera, es como si destrozara una puerta con las manos. Esa voz iracunda se transmuta en acción. La palabra inflamada es acción[20].

Cuando el director Avi Mogravi pierde la paciencia delante de un grupo de soldados israelitas y camina hacia ellos con la cámara en la mano, alzando la voz de manera desafiante, sin dejar de enfocar a los militares, criticándoles su falta de humanidad, su burocracia, su ineptitud, su falta de respeto con los niños palestinos que esperan detrás de una malla metálica, no solamente está describiendo para nosotros un momento de esa guerra, sino que nos entrega una de las mejores secuencias de acción de este conflicto y que nunca olvidaremos. Es uno de los más claros ejemplos de que

---

[19]	En *Boxing Gym* (2010) la acción no se detiene nunca durante 91 minutos, y en *Missile* (1987) hay interminables monólogos completamente estáticos. Ambas son de Frederick Wiseman.

[20]	En el filme *Por un solo de mis ojos* (2005), el realizador israelita Avi Mograbi muestra de qué manera la palabra se convierte en acción cuando él discute con una patrulla soldados.

la palabra encendida se transforma en acción. Tiene el mismo efecto que los gritos de las madres de la Plaza de Mayo, de las mujeres chilenas frente a los carabineros, de las abuelas de Grozni frente a las tropas rusas. Aquí no estamos evaluando la eficacia de esas acciones ni si Avi Mogravi cometió o no una falta de control durante la grabación. Lo que estamos valorando es que la voz humana, cuando estalla, se convierte en un aullido, se transforma en una de las acciones más poderosas que existen en el cine documental. Es una forma de acción pura. Es probable que todas las especies vivientes, cuando son acosadas, aúllan.

PERSONAJES

En las películas de ficción, la mayor parte de las emociones proviene del trabajo que hacen los actores y, también, de los vaivenes de la historia. Sin embargo, esta difícil tarea de los actores (una labor ensayada y planificada minuciosamente siguiendo las órdenes del director) no existe en los filmes documentales.

En los documentales, la única manera de transmitir sentimientos es aprovechando las condiciones espontáneas de las personas reales que uno filma. De modo que si estas personas se limitan a exponer y repetir de manera mecánica un tema, no podemos extraer casi ninguna emoción para los espectadores. No hay que olvidar que, en las obras documentales, los «acto-res» son personas comunes y corrientes. El director Rithy Panh nos advierte sobre esto. Dice: hay que «filmar personas, no personajes, filmar la vida y encontrar la dramaturgia que se transforma en historia, en una película. Yo no quiero filmar estos *personajes* como cuerpos-objeto: yo quiero que ellos sean los portadores del filme».

Es una buena reflexión para comprender la palabra «personaje». *Personaje* es un nombre técnico que viene del teatro y la literatura. Se emplea de manera útil cuando hablamos de las personas que participan en un documental. Es una convención que muchos de nosotros utilizamos.

En los filmes documentales, los personajes son casi insustituibles. Ellos organizan la historia, exponen las ideas y concretan el tema. A menudo son mejores que las ideas. Por lo tanto, su elección es clave. No sólo hay que buscar a los individuos que conocen el tema sino a los mejores expositores del mismo; a los que son capaces de transmitir una vivencia, implicándose, ofreciendo un testimonio poco común. Hay personas que reviven un instante y pueden *reconstruir* un recuerdo. Abandonan la silla, alzan la voz, caminan unos pasos, mueven los brazos, a veces gritan, abren un cajón y sacan unos papeles y se quedan mirándonos. Son las personas que tienen la capacidad de resucitar un instante del pasado.

Pero la inmensa mayoría describe un terremoto que arrasó una ciudad sin moverse del sillón, sin abrir los ojos, sin mover las manos, como si estuvieran hablando del cartero que cayó enfermo.

Si los personajes no son capaces de mostrar sentimientos delante de nosotros se convierten en personajes *secundarios*. Obligan a los otros recursos narrativos a efectuar un trabajo doble. Nos obligan a contar la historia sin sus apoyos naturales. La ausencia de protagonistas desequilibra el relato. Pero es un riesgo de todos los días.

Veamos ahora algunos personajes sacados de mi documental «El caso Pinochet». Son las madres y esposas de algunos presos que *desaparecieron* del mundo, capturados por el dictador[21]. Las opiniones de estas mujeres nos dan una idea de cómo debe ser, qué es y dónde aparece un personaje verdadero:

VICTORIA:

No quiero que otra generación tenga que sufrir lo que nos ha tocado vivir a nosotros. Yo perdí todo. A mí me quemaron mi casa... ¡cinco incendios!... Me intentaron secuestrar a mis nietos. Los hombres, a todos los sacaron para afuera, los que pudieron, mis hijos... Mi marido, le dio un estado... Murió, murió de pena, él no quería más seguir viviendo cuando ya no supo más de sus hijos, cuando ya no tuvimos casa. Las mujeres somos más, luchamos más, somos más sufridas... (busca en su cartera) ... Qué raro que no lo tenga... Aquí ando con paraguas. Te busco y no te encuentro. Cuando lo busco se me esconde en este baúl. Porque esta no es cartera es un baúl. Pero aquí me sirve mucho, porque llevo mis remedios, llevo mis cositas íntimas... así es que, si tengo que alojar en alguna parte, no tengo problemas, tengo todos mis remedios... Y aquí entre todos estos remedios se me pierde... ¡pero aquí lo encontré!... aquí está... ¡este es mi «santo»!... a él le rezo... Este es mi santo... No me abandona... Esta (foto) es ocho días antes de irse... ocho días antes de irse... por eso la ando trayendo... Ha recorrido el mundo... Pero no he encontrado ni justicia ni lo he encontrado a él.

NELLY:

Mi familia es una familia bastante grande, que fue bastante reprimida durante la dictadura... Hay muchos casos... Hemos contabilizado alrededor de diecinueve casos, dentro de lo que es mi familia, entre detenidos desaparecidos, ejecutados, gente que tuvo que salir al exilio, gente que fue torturada, que estuvo presa... Ahora, quizás debería remitirme más precisamente al caso de mi compañero, que se encuentra desaparecido desde el año 74... Él fue detenido por la DINA (policía política de Pinochet), por tres agentes de la DINA en mi casa, delante mío. Entraron en mi departamento, entraron en mi dormitorio, se instalaron ahí y se lo llevaron. Se lo llevaron y no supe nunca más de él, no lo volví a ver... Yo tenía una maleta donde tenía guardadas cosas para llevarle a mi marido cuando lo

---

[21] *El caso Pinochet*, 2001, una producción franco-chilena.

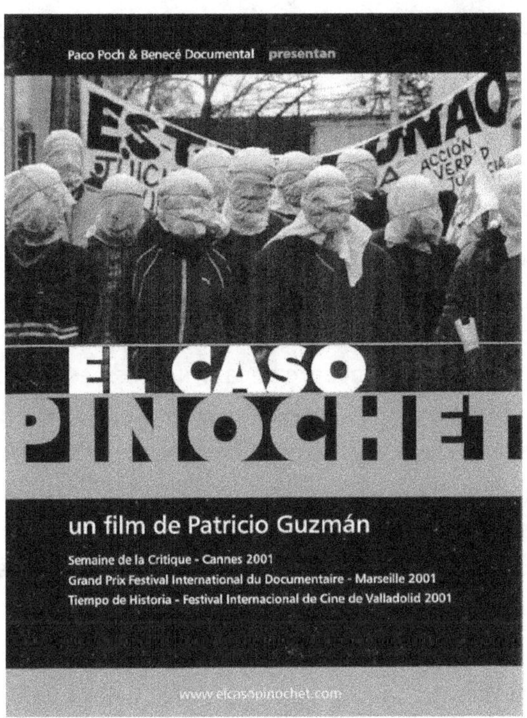

encontrara. Cuando yo lograra ubicarlo y lo encontrara en un campo de detención, mi esperanza era llevarle estas cosas. Estas cosas eran su ropa, algunas revistas que le gustaban, su chocolate favorito, unas almendras… Y empezó a pasar el tiempo y esa maleta yo la iba cambiando, iba cambiando las cosas porque se iban echando a perder… Bueno, mi esperanza también estaba muriendo. Mientras tenía esa maleta, también iba traspasando a mi hijo la esperanza de que su papá iba a volver, que su papá iba a llegar… Cuando él tenía como 4 años de edad, yo tuve la primera claridad de que ya no iba a poder ser. Recibí las primeras noticias de que efectivamente era posible que él estuviera muerto, y le dije. Lo enfrenté y le dije la verdad: «Mira, José Manuel, el papá no va a volver, el papá no va a llegar»… Y le expliqué en el lenguaje que podía explicarle a esa edad, qué es lo que había pasado… Entonces yo pensé, dije: ¿qué es lo que tengo que preservar con mi hijo?… Una cosa: que es la confianza… Yo, para que mi hijo tenga confianza en mí, yo tengo que decirle la verdad.

GABRIELA:

Cuando a uno le han puesto la corriente durante mucho, mucho rato, tú quedas como que no te puedes mover, como que tus brazos, tus piernas, como que no las puedes manejar… y estás casi como un trapo, y además supongo yo que también es el terror que uno tiene en ese momento… Entonces ahí el tipo este…

y curiosamente no como una forma de extraer información, sino directamente como una violación, me empezó a violar y yo... eso sí que tuve fuerzas para decirle: «yo soy una prisionera política; no soy, no soy para que usted abuse de mí»... y bueno... ahí... Como no sé, como tal vez yo no estaba como para una persona que puede ser violada... no tenía probablemente, no sé qué, las respuestas, entonces el hombre éste empezó a meterme su pene en la boca... y a tratar de obligarme... y yo lo único que hice... de eso sí me defendí... Ahora, yo sí noté que había algo raro, yo noté que esto no era parte del interrogatorio, sino que era parte de otra cosa... de la noción de que nosotros no éramos personas... cualquiera podía hacer cualquier cosa... y si yo era mujer... que fue el agravante de las mujeres... esta historia mía no es una historia singular, es una historia plural... Yo no creo, si bien siento que esto no era parte, yo creo que todo era parte de un intento de quebrarte... Ellos mismos te decían: «no importa que no digas nada ahora, yo tengo todo el tiempo del mundo... Nadie sabe dónde estás... no te pueden encontrar... Acá no pueden llegar los periodistas. Acá no pueden llegar los médicos. Nosotros te tenemos en nuestro poder»... ése era su discurso...

Yo, volvió la democracia a este país, o el inicio de la democracia a este país, y empecé a no poder dormir, lloraba todo el tiempo... y afortunadamente yo en mi trabajo había, tenía un colega que había trabajado apoyando, que trabajaba como médico apoyando gente que ha sido afectada por la represión, y él me dijo... Yo te puedo decir ahora que, incluso hoy, uno no habla mucho de haber estado preso, salvo con las que estuvieron presas... porque este país todavía es un país que niega su historia, que niega... y que nos niega además el derecho a la dignidad, porque... Perdona, yo no quería llorar en esto... Yo creo que eso es lo que más te duele... Lo que pasó en este país, que haya tanta gente que acepte y que le parezca bien que haya habido torturados, que haya habido desaparecidos, que haya habido muertos... Gente que te diga en tu cara: «el único problema de Pinochet es que no mató a todos los comunistas», o a todos lo que pensaban diferente... Yo creo que eso es mucho más duro... eso es más duro, porque es la continuación de la dictadura en personas que no son militares...

Yo me siento capaz de vivir con el pasado, capaz de vivir con el pasado. Sin embargo, se me viene a la mente esta pregunta que siempre la gente te hace: «¿no sería mejor que uno olvidase, no sería mejor que... hay que perdonar?» ... Yo lo he escuchado tantas veces: «hay que olvidar» ... Yo creo que los únicos que pueden perdonar son los que han sufrido, nadie más puede perdonar por ellos. Y yo creo que uno puede perdonar cuando alguien le pide perdón. Pero si alguien le está diciendo permanentemente en la cara a uno que eso estuvo bien, que fue bueno que se muriera tu hermano, que fue bueno que tú fueses torturado, que fuese bueno que tengas... como nos pasó a muchos, tener que haber visto matar gente a nuestro lado... Creo que eso es lo más duro de la tortura: el haber visto torturar a otro, o que

alguien muera a tu lado sin que tú puedas hacer ninguna cosa... Esa marca sí que yo
creo que no se va... esa no se va...

VOZ EN *OFF*:

Cuéntame cómo murieron tus hijos...

LUISA:

Mis hijos... murieron... a manos de la policía de Pinochet en el año 85... En ese año
el pueblo estaba con una fuerza enorme tratando de zafarse de esta dictadura
terrible... Pinochet dio la orden de acallar al pueblo, de bajar su perfil de lucha... Y
ese día 29 de marzo, la policía cumplió esa orden matando a mis hijos... A Eduardo
lo mataron por la espalda y a Rafael lo hirieron... y teniéndolo herido, a merced
de ellos, lo esposaron... y enseguida le pegaron un balazo en la nuca... Eso está
demostrado en la autopsia. Está demostrado por dos o tres testigos...

VOZ EN *OFF*:

¿Qué edad tenían tus hijos?

LUISA:

Mis hijos tenían 18 años Rafael y 20 años Eduardo, en el 85.

VOZ EN *OFF*:

Por lo tanto, tú no crees en la justicia local.

LUISA:

No... no creo... Lo que sí creo es... A ver si yo pudiera hablar de venganza... Mi
venganza es estar viva... es haberme parado de nuevo, fíjate... yo que estuve
muerta... estuve realmente muerta de dolor... Haberme parado de nuevo, sentirme
de nuevo una persona... esa es un poco mi venganza... Mi venganza es ver cómo
en el sector gente muy joven, jovencitos, niños casi, cuando hacemos algo por los
hijos, están ahí, quieren saber, con una tremenda... con un tremendo deseo de saber,
de conocer quiénes eran, por qué pasó esto... Tanta gente joven que está en este
momento organizada en el sector... Y esa es yo creo... mi mayor venganza... poder
decirles: ustedes trataron de eliminarnos, eliminarnos a nosotros... eliminar una
idea... trataron de eliminar de raíz una idea... de sociedad distinta, humana... pero no
lo consiguieron... no lo consiguieron, porque está ahí, yo lo veo en los jóvenes, en los
niños... y va a volver a nacer... sí, de eso estoy segura.

ELEGIR A LOS PERSONAJES

Creo que encontrar a los personajes es la ocupación más importante del director (y de su ayudante) cuando rastrean los lugares del rodaje. No sólo es el encuentro con personas vinculadas al tema, sino que es el descubrimiento de verdaderas *figuras*.

Lo primero que yo hago es buscar a estas personas y hacerles una larga entrevista, filmada o no. En ese momento uno puede evaluar muchas cosas: la cantidad de información que tiene, su forma de narrar, su aspecto físico, su sinceridad. Pero también hay que llegar más lejos: filmarlas trabajando, caminando, comiendo, viajando, durmiendo, a veces con su familia, con sus amigos, sus padres, etc. Los personajes son el cuerpo dinámico de la idea. Son los portavoces del guion y casi siempre son mucho mejores que el guion mismo.

Como es lógico, cada persona desplegará una barrera para proteger su intimidad. Hay personas mayores que hay que tratar con sumo cuidado. El primer contacto puede marcar el inicio de una amistad. Este vínculo es importante. Yo me sigo escribiendo con numerosos personajes del pasado. Con otros he perdido los vínculos porque viven muy lejos (pero no los he olvidado). No quiero decir con esto que la amistad sea un requisito indispensable. Cada uno tiene el carácter que tiene.

Pero el aspecto emotivo, insisto, es importante. Hacer documentales es ponerse en contacto con grupos, comunidades, individuos, personas que nunca hubiéramos conocido. Son encuentros que están marcados por la sorpresa y la emoción.

Lo más difícil es encontrar a protagonistas y antagonistas, personas que se enfrenten, que discutan entre sí, que discrepen uno delante del otro, que se impugnen con dureza delante de la cámara y entren en un *conflicto amistoso*, relativo.

A menudo aparece la amistad con los entrevistados. Se alcanza una cierta intimidad.

Con el tiempo esos sentimientos prevalecen. Resulta llamativo cuando uno, después de muchos meses, encuentra a un *personaje* por sorpresa en la calle... Como el proceso de montaje ha sido largo, uno corre para abrazarlo ante la sorpresa del otro, que ya casi no se acuerda de uno.

EL CONTACTO CON LA CÁMARA

No siempre los personajes principales ofrecen una rica acción para la cámara. Muchas veces no se conectan con uno. Narran su experiencia sin pasión, sin ninguna proyección. Hay gente que guarda silencio y te mira a los ojos. En realidad, esto es lo mejor, pues la sinceridad es lo que vale.

En algunos casos aparece la «fotogenia».

La fotogenia es un fenómeno indefinible. Hay personas que brillan frente a la cámara y otras que no. En el fondo no se sabe por qué.

Lo que tampoco tiene explicación son las personas que, sin calcularlo, se ponen en «contra» de la cámara. Es decir, agreden a la cámara. Miran para atrás, tropiezan con ella cuando avanzan, dan la espalda a la cámara cuando quieren mostrar algo. Nunca entran en armonía con ella. Igual como esas personas que en la vida cotidiana no saben elegir su lugar adentro de un grupo, que se acercan demasiado a uno, entonces uno está obligado a retroceder un poco.

Los personajes son el cuerpo dinámico de la idea. Son los portavoces del guion y casi siempre son mucho mejores que el guion mismo.

Por el contrario, hay personas que adivinan la cámara, la intuyen, se acomodan a sus movimientos, se desplazan en la misma dirección (la dirección que uno quiere). No lo hacen porque sean histriónicos, sino porque tienen una clase de intuición innata. Para ellos la cámara es una amiga.

ÉTICA

Los personajes en el cine documental no son pagados, no reciben salario. Para tomar algo de ellos hay que previamente convencerlos, persuadirlos. Esta aportación es siempre voluntaria y no se paga. En algunos casos, en el mundo indígena o agrícola, por ejemplo, se producen excepciones. Hay que pagar una suma o aportar materiales, sacos de alimentos, herramientas, utensilios, etc. Existen muchas fórmulas para hacer este tipo de remuneración especial.

Se habla mucho de la *ética* del documentalista. Es fundamental, por supuesto. Pero no es mayor que la *ética* de un médico, un abogado. No tenemos el monopolio de la ética.

Cuando yo filmaba *La Batalla de Chile*, con frecuencia me hacía pasar por un periodista del «Canal 13» (un canal de la derecha) para filmar las asambleas de los adversarios de Allende. Recorríamos las reuniones, entrábamos a los pasillos, hacíamos primeros planos, etc. Sin esa mentira inicial nunca nos hubieran dejado entrar. En cualquier momento nos podían echar. En el argot de los medios de comunicación esto se llama el *derecho a la información*, que es un concepto bastante ambiguo. Hay que utilizarlo con cautela (es un tema que dejo abierto al criterio de los lectores).

ENTREVISTAS

Antes de la aparición del cine sonoro, el cine era un homenaje a la imagen. No había nada que disminuyera la grandeza de la imagen. Todo era imagen. Pero cuando llegó el sonoro pasó todo lo contrario. La imagen desapareció, se borró, se desvaneció. Los documentales fueron cubiertos de palabras: fueron explicados, controlados, pulverizados y a veces gritados por las voces de los narradores, que eran casi siempre anglosajones –los *speakers*—. Fue la tiranía de la palabra. No había ninguna diferencia entre un documental y un programa de radio: los documentales podían haber sido escuchados en lugar de ser vistos. El texto en *off* hacía polvo el significado de las imágenes. La voz en *off* era una cuerda estirada donde se colgaban las imágenes.

Con la invención del sincrónico –entre los cincuenta y los sesenta– surgió el llamado cine *directo* y algunos documentales consiguieron expresarse por sí solos, sin comentario, sin *speakers*, y tampoco sin cartones escritos. Por primera vez se pudo atrapar verdaderos «pedazos» de la realidad, es decir, trozos de la vida *real* con su sonido *real*. Este era el sueño de muchos documentalistas del pasado –el primero en soñarlo fue Dziga Vertov–, un sueño que no se cumplía porque no existían todavía esas cámaras mágicas con sonido sincrónico. Cuando por fin aparecieron esas cámaras, livianas y fáciles de transportar y que funcionaban conectadas a un magnetofón –también ligero–, provocaron una revolución[22]. El hecho de poder unir estos *pedazos de vida* y fabricar con ellos una crónica, una historia, un relato, era sencillamente increíble. Apareció el *cine directo* que producía, según el crítico Louis Marcorelles, el «efecto realidad».

Durante veinte años florecieron incontables obras del *primer* cine directo. Veamos algunos títulos:

> *Les raquetteurs* (1958) de Michel Brault y Gilles Grouix; *Primary* (1960) de Robert
> Drew; *Crónica de un verano* (1961) de Jean Rouch y Edgar Morin; *Le Joli Mai* (1962) de
> Chris Marker y Pierre L'Homme; *Zoo* (1962) de Bert Hanstraa; *Pour la suite du monde*
> (1963) de Pierre Perrault y Michel Brault; *Hanoi, martes 13* (1965) de Santiago Alvarez;
> *Titicut Folies* (1967) de Frederick Wiseman; *79 Primaveras* (1967) de Santiago Alvarez;
> *Calcutta* (1969) de Louis Malle; *Salesman* (1969) de Albert y David Maysles; *Hospital*
> (1970) de Frederick Wiseman; *Woodstock* (1970) de Michael Wadleigh; *Basic Training*
> (1971) de Frederick Wiseman; *La Batalla de Chile I-II-III* (1972-79) de Patricio Guzmán;
> *Hearts and minds* (1974) de Peter Davis; *Comment Yu Kong Deplaça les Montaignes*
> (1975) de Joris Ivens y Marceline Loridan; *Welfare* (1975) de Frederick Wiseman;
> *Harlan County* (1976) de Barbara Kopple; *Milestones* (1976) de Robert Kramer y
> John Douglas; *Le fonds de l'air est rouge* (1977) de Chris Marker; *Grands soir et petits
> matins* (1978) de William Klein; *La voz de su amo* (1978) de Nicolás Philibert y Gérard
> Mordillat; *Model* (1981) de Frederick Wiseman; *From Mao to Mozart* (1981) de Allan
> Miller, etc.

---

[22] Acerca de los equipos ligeros: a partir de 1950 André Coutant y Jean Painlevet idearon las cámaras portátiles *Cameflex* en 35 mm. En 1960 André Coutant concibió la *Eclair* en 16 mm. Coutant inventó el chassis «coaxial» de esa cámara (un chassis separado que contiene la película y que se acopla al cuerpo de cámara en un instante).
A su vez, a partir de 1951 Andre Kudelski inventó el magnetofón sincrónico *Nagra 1* unido a la cámara por un cable. En 1962 apareció la *Nagra 3* sin cable. También al comienzo de los cincuenta apareció la cámara alemana *Arriflex* y el magnetofón estadunidense *Perfetone*, ambos livianos y móviles como los equipos antes citados.
A finales de los años setenta, inspirados en la cámara *Eclair*, Jean-Pierre Beauviala y su mujer Elianne de la Tour pusieron en marcha la cámara *Aaton* en 16 mm, la más perfecta de todas las anteriores.

Sin embargo, el sonido sincrónico nos trajo una calamidad inesperada: la enorme montaña de entrevistas que venían a remplazar a los antiguos *speakers*. Muchas películas se llenaron de entrevistas, rostros y palabras que echaron por tierra la evolución conseguida.

Recién inaugurada, la entrevista se vulgarizó y los realizadores abusaron de ella, incluso hasta hoy. Existen documentales que son una larga colección de entrevistas, una detrás de la otra, sin ninguna pausa. Un personaje expresa una porción de la idea y el siguiente completa la idea. Hablan a trozos, como los sobrinos del Pato Donald, que se comunican a base de fragmentos y cada uno dice una parte de la frase. Estos documentales no respetan el intervalo, ese espacio necesario que tiene que existir entre cada persona que habla.

Hay casos especiales. Cuando el tema es interesante y los personajes hablan con calma, cuando entre ellos hay una conexión, la fórmula puede cambiar. Esas personas permiten saltarse el intervalo y poner varias entrevistas sin pausa. A mí no me parece mal. Pero tampoco me parece bien.

Si el entrevistador tiene algunos papeles en la mano, distrae. Cuando pasa el tiempo, el entrevistador suele echar una ojeada a esos papeles en lugar de mirar a los ojos de su interlocutor, conectándose con él. Si esta conexión no se crea, la persona entrevistada se distrae.

INTIMIDAD

Por regla general, una verdadera entrevista abandona lo ordinario cuando desde ella empieza a surgir un personaje real, que nos conmueve. Dejamos atrás el periodismo y entramos en un espacio donde los silencios, las pausas, son tan necesarios como la palabra. Continúa llamándose una «entrevista» pero en realidad es una *secuencia*.

Veamos otros detalles. Si el entrevistador tiene algunos papeles en la mano, distrae. Cuando pasa el tiempo, el entrevistador suele echar una ojeada a esos papeles en lugar de mirar a los ojos de su interlocutor, conectándose con él. Si esta conexión no se crea, la persona entrevistada se distrae.

La situación se invierte.

El entrevistado es la única persona que se da cuenta de lo que pasa: observa al equipo mucho más de lo que el equipo lo observa a él. El equipo no sabe qué imagen proyecta de sí mismo. En cambio, la persona entrevistada lo capta todo. Percibe la tensión del equipo, si es que la hay. Se da cuenta de cuando el realizador se siente incómodo con el camarógrafo. Observa que el sonidista está cansado, que el ayudante de dirección habla por teléfono. En algunos momentos, el camarógrafo quiere corregir un reflector y hace señales con la mano al electricista que está al fondo. Todo esto es muy negativo. El entrevistado pierde la concentración, se siente incómodo (o impaciente). En este caso, el equipo pierde la prudencia, destruye la confianza.

REQUISITOS

Para que una persona se comunique bien hay que dedicarle la máxima atención, no interrumpirlo, ofrecerle el tiempo necesario. Ningún miembro del equipo debe hablar, ni hacer ruido, ni imponerse. Pero esto no significa crear un espacio falso, esto es peor aún.

Hay que respetar los titubeos del entrevistado. A veces un gesto, una incertidumbre, son mejores que todo lo demás. Cuando un silencio se prolonga más de la cuenta hay que esperar con paciencia a que la persona encuentre la idea siguiente. Esto se agradece mucho en el montaje: tener la opción de mostrar a una persona que piensa y habla después. Hay que eliminar la cadena: «pregunta-respuesta-pregunta-respuesta». Una entrevista es todo, menos un interrogatorio

Nunca debe tocarse el punto central del tema en la primera pregunta, ni en la segunda, ni en la tercera. El realizador debe avanzar despacio. Una entrevista es un camino de subida. Hay que empezar atrás en el tiempo: «¿cuál era el barrio de su infancia? ¿Qué hacían sus padres?», Y de manera escalonada acercarse a los puntos conflictivos (si los hay). Cuando existen episodios dramáticos hay que dejarlos para el final. Si la persona se resiste hay que volver al principio.

Una entrevista es una espiral: una serie de círculos concéntricos que se estrechan hasta el núcleo. Hay que tomar en cuenta el pudor y el recato. Mucha gente se pregunta hasta qué punto un cineasta tiene derecho a hurgar en la memoria de un entrevistado. Mi respuesta es sencilla: «no hay que tener falso pudor…». Yo creo que se puede preguntar casi todo a una persona, con tacto y consideración.

ANTES Y DESPUÉS

A veces, una entrevista comienza mucho antes del comienzo. Es decir, mientras el director conversa con el entrevistado previamente, antes de filmar o grabar, la entrevista ya ha comenzado. En este tiempo *muerto*, el camarógrafo limpia los objetivos, nivela el trípode, el ingeniero de sonido manipula los micrófonos.

Como se sabe, una entrevista contiene un desarrollo dramático en progresión; esto significa que tiene un inicio, un desarrollo, una culminación, etc. En consecuencia, el equipo tiene que estar alerta. El camarógrafo y la persona encargada del sonido tienen que escuchar esa conversación previa con atención, ya que puede tratarse de un diálogo casual, o bien aquí se está germinando la entrevista. De repente, sin que nadie lo adivine, la persona empieza a deslizar una información, luego otra, y aparece un detalle importante. Sin que nos diéramos cuenta, la entrevista ha empezado.

Mientras avanza el tiempo, el camarógrafo sigue alerta. Su interés le permitirá acercarse un poco (con el *zoom)* o retirarse muy despacio para volver al encuadre inicial. Puede tomar decisiones él solo.

Lo mismo ocurre al final. Después de tanta concentración la entrevista concluye. El director agradece la generosidad del invitado. El camarógrafo se pone de pie, se estira. El ingeniero de sonido empieza a retirar el micrófono del personaje. El equipo se relaja y en ese momento, de pie, el entrevistado recuerda espontáneamente otro detalle importante, y que ha olvidado señalar. En realidad, nadie debería moverse... el equipo debería seguir alerta hasta el final.

ESPACIO

Si estamos en el hogar del personaje, junto con filmar la entrevista, hay que filmar también todo lo que el personaje autorice filmar: la ventana por dónde se ven las montañas, algunos objetos del salón, las gafas colocadas encima de la mesa, el jardín, el patio que hay atrás, el perro, las fotografías, la cocina. Y el agua para el té que empieza a hervir. La amistad ha ganado terreno y la cámara puede recoger imágenes que están vinculadas a la vida de esa persona. Son importantes, ya que sin esos planos no se puede construir un personaje.

Elegir el espacio es intrincado.

La presencia de la familia puede ser negativa. Sin embargo, el domicilio de la persona es el lugar ideal. Allí están los papeles, los documentos, los libros, que el personaje necesita. Además, en su casa la persona se siente más confiada, a condición de que un intruso tenga la idea de mover los muebles para poner las luces, lo que se traduce en una invasión.

Para las entrevistas del *El Caso Pinochet*[23] tuvimos que recorrer tres ciudades buscando lugares (Londres, Madrid y Santiago de Chile). Las entrevistas iban a ser testimonios trágicos muy difíciles de situar. En muchas casas había un ambiente que se contradecía con lo recuerdos dolorosos de los personajes. Ciertos muebles, ciertas decoraciones, el color de las paredes, me molestaban. Muchos personajes eran femeninos, y sus trajes, el maquillaje, la bisutería, no tenían relación con sus palabras. No quiero decir que yo buscaba un ambiente fúnebre. Yo deseaba un espacio austero sin objetos que resaltaran. Y empezamos a buscar lugares. Visitamos algunos hoteles, salones para

---

[23]   «El caso Pinochet (1999-2001) de Patricio Guzmán.

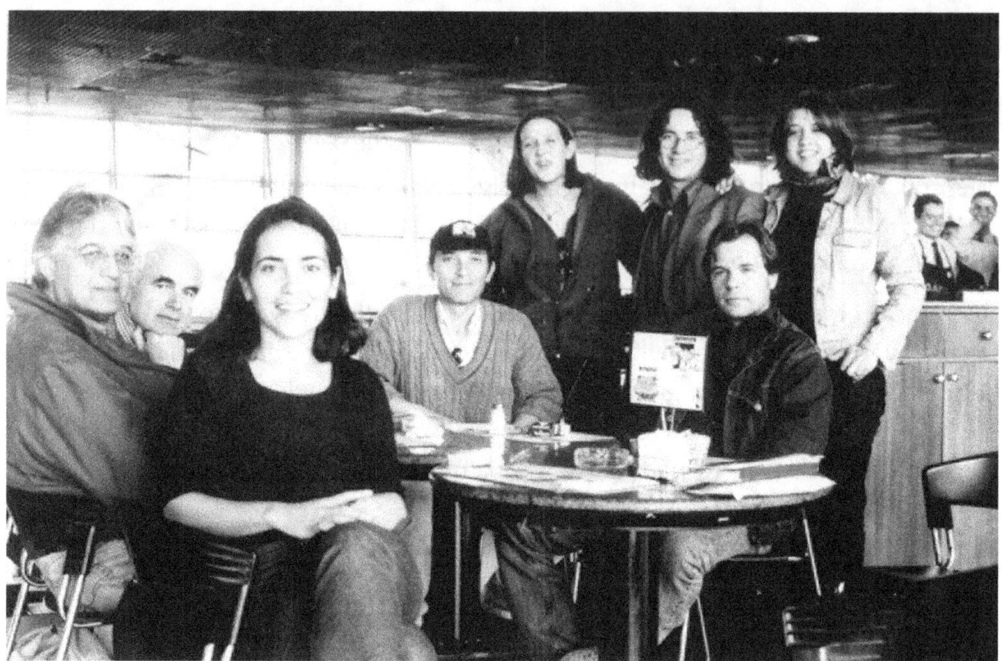

El equipo de *El Caso Pinochet* en Santiago, 2000.

bodas y banquetes, espacios neutros, durante varios días, hasta que nos cansamos. En cada uno había un problema: falta de luz, falta de silencio, falta de espacio.

Finalmente tuvimos que alquilar tres casas distintas, por algunas jornadas, en las tres ciudades. Casas sin muebles, vacías, donde se veían las marcas de los cuadros en los muros, con las ventanas medio cerradas, sin muebles donde depositar las cosas. Y en aquella atmósfera de ausencia, de abandono, las entrevistas encontraron el espacio adecuado. Estábamos en las casas de *nadie*. Me recordaron el último día de las casas donde uno ha vivido un tiempo, hasta que llega el día final cuando hay que entregar la casa. Uno termina de sacar las cosas personales y espera la llegada del dueño para entregarle las llaves. En ese momento la casa ya no es de nadie.

Pedí a las mujeres que tuvieran mucha paciencia, que se vistieran con colores sobrios y con pocos adornos. Tenían que verse bien, incluso elegantes. Estaban hermosas y sus ojos tenían intensidad. Pero no había nada en ellas, ni tampoco en la casa, en los pasillos, en los muros, que distrajera. Solamente había dos sillas, una colocada frente a la otra.

FOTOS, OBJETOS

Otro agente narrativo muy útil –y poco mencionado— son las fotografías fijas. Hace un tiempo se contrataba a un especialista para filmarlas

(En Francia estos especialistas se llamaban *operadores de banc-titre*). Ellos filmaban cuidadosamente las fotografías en una mesa, a veces fotograma por fotograma [24]. Sin embargo, ahora, es preferible filmar las fotos de una forma más espontánea.

Como ahora las cámaras son livianas y la mayoría tiene lentes de aproximación, muchos directores filman por su cuenta las fotos, a pesar de que se trata de un trabajo minucioso. También es atrayente recorrer las fotos pegadas a un muro, cámara al hombro, como una mirada subjetiva. Es provechoso filmar un montón de fotos sobre una mesa, desordenado, pasando de una imagen a otra, mostrando algunos detalles casi abstractos.

Este tipo de filmación nos lleva a descubrir el valor expresivo que tienen otros elementos, como cuadros, grabados, dibujos, láminas, acuarelas, etc. Poner en escena objetos, cosas, figuras, está en la base de las llamadas *naturalezas muertas* en la historia de la pintura.

Se pueden hacer secuencias de sacapuntas, cocinas, platos y revistas viejas. Estos elementos forman un camino para contar una historia. Algunos cineastas afirman que este cine de cine es *el más puro* cine documental.

Filmar la mesa de trabajo de un escritor es como explorar un pequeño universo. Hay lápices, estatuillas, carpetas, tijeras, cuadernos, cartas, postales. Se puede hacer un cine de objetos inertes: un cine de lámparas, techos, escaleras, paraguas, ceniceros y alfombras. Se pueden hacer secuencias de sacapuntas, cocinas, platos y revistas viejas. Estos elementos forman un camino para contar una historia. Algunos cineastas afirman que este cine de cine *es el más puro* cine documental.

También es interesante filmar personas estáticas, en posición frontal, mirando a la cámara como si estuvieran posando para un fotógrafo. Se trata de *retratos vivientes*. Es la imitación de la inmovilidad.

---

[24] Una mesa de animación está equipada con una columna de metal que sostiene una cámara que enfoca hacia abajo, hacia la mesa, donde se ponen las fotos. La columna permite subir o bajar la cámara según la dimensión de cada foto. Es una cámara que puede filmar cuadro por cuadro, lo que permite hacer movimientos suaves y exactos. William Klein inventó una colección de cortos llamada *Contacts* (1983). en ella varios fotógrafos de renombre comentan sus propias tiras de prueba. Estas pequeñas tiras de prueba fueron filmadas en una mesa de animación con gran meticulosidad. Godfrey Reggio hizo varios retratos vivientes en *Koyaanisqatsi* (1982). Por su parte, Nicolás Phillibert concluye *La Ville Louvre* (1990) con el mismo recurso, así como Serguei Loznitsa en *La Colonnie* (2004).

RECONSTRUCCIONES

Es frecuente que, adentro de una historia, haya un trozo que nunca se pudo filmar. Haya un pedazo que falta. Una parte del relato que está ausente. Tal vez se debe a un olvido o bien porque no hubo recursos para volver al lugar de los hechos. También puede ocurrir que nadie quiso referirse a esa parte de la historia.

Entonces lo más común es «reconstruir» lo que falta y rellenar ese hueco con algunos elementos variados, o bien con un parche de cine de ficción. Es recomendable ser austero en este tipo de parches. Con imaginación se puede recrear casi todo de manera simple. No obstante, cuando las reconstrucciones son intrincadas, afectan la unidad de la obra.

Pongamos un caso. Es frecuente hacer películas sobre un personaje del pasado, ya fallecido: las reconstrucciones, entonces, parecen inevitables o adquieren una significación importante. Si el personaje ha sido un artista célebre, un pintor por ejemplo, el realizador reúne numerosos materiales en relación a él: cuadros, fotos, bocetos, imágenes de archivo en su taller, en su casa, con su familia.

En un momento determinado, el director tiene una idea bastante práctica: se le ocurre incorporar algo «vivo» del personaje. Entonces filma una mano, que sostiene un pincel y que se mueve encima de una paleta, lo cual está bien. Luego, al cabo de un tiempo, siente la tentación de mostrar una parte del brazo, hasta el codo. Más adelante tiene la ocurrencia de mostrar la espalda del pintor. Esto ya es inquietante y uno se pregunta ¿de dónde salió esta espalda?... Un poco más adelante, «el pintor» se da vuelta y muestra su cara a la cámara. Para algunos espectadores, esta es una sorpresa agradable. Para otros no; al menos para mí, no. Me cuesta asociar al pintor auténtico con esta persona disfrazada de pintor. Se produce –en mi interior—una ruptura, una disonancia.

Las reconstrucciones funcionan bien cuando son imaginativas, sutiles, metafóricas. Cuando son demasiado directas o previsibles echan a perder la credibilidad. Aunque vivimos un tiempo de sumisión por parte de los espectadores (que aceptamos casi todo), mezclar, revolver los géneros, sigue siendo delicado. Por fortuna, hay muchos casos de reconstrucciones bien hechas. Un mosaico de voces, sombras, libros, pedazos muy breves de películas de ficción, etc., todo ello sirve para resucitar a un personaje.

DOCUDRAMA

El afán de «completar» una historia está en la base de los nuevos *docudramas* o *docuficciones*, que estuvieron (o están) de moda. Se trata de un género híbrido concebido para atraer al público. El procedimiento es simple: reconstruir por medios electrónicos lo que haga falta: veinte gladiadores romanos, treinta cazadores prehistóricos, doscientos soldados medievales, etc.

Para mantener el tono «documental», estas obras son comentadas por investigadores o bien profesores y hombres de ciencia (o simples figurantes que parecen serlo). Por ejemplo: un profesor de Oxford (con una pipa en la mano), explica la vida de un faraón delante de una hermosa pared llena de libros. Sin ningún intervalo pasamos a contemplar al faraón seguido de veinte sacerdotes con la cabeza rapada que avanzan majestuosamente. Se fabrica así un relato sobre la base de fragmentos inventados.

La producción televisiva se ha llenado de emperadores babilónicos, alquimistas rusos, guerreros aztecas. Se trata de episodios que ofrecen una simplificación alarmante de la historia y que no pertenecen al mundo documental.

Todos los
personajes de
Pueblo en Vilo
en México en
1995.

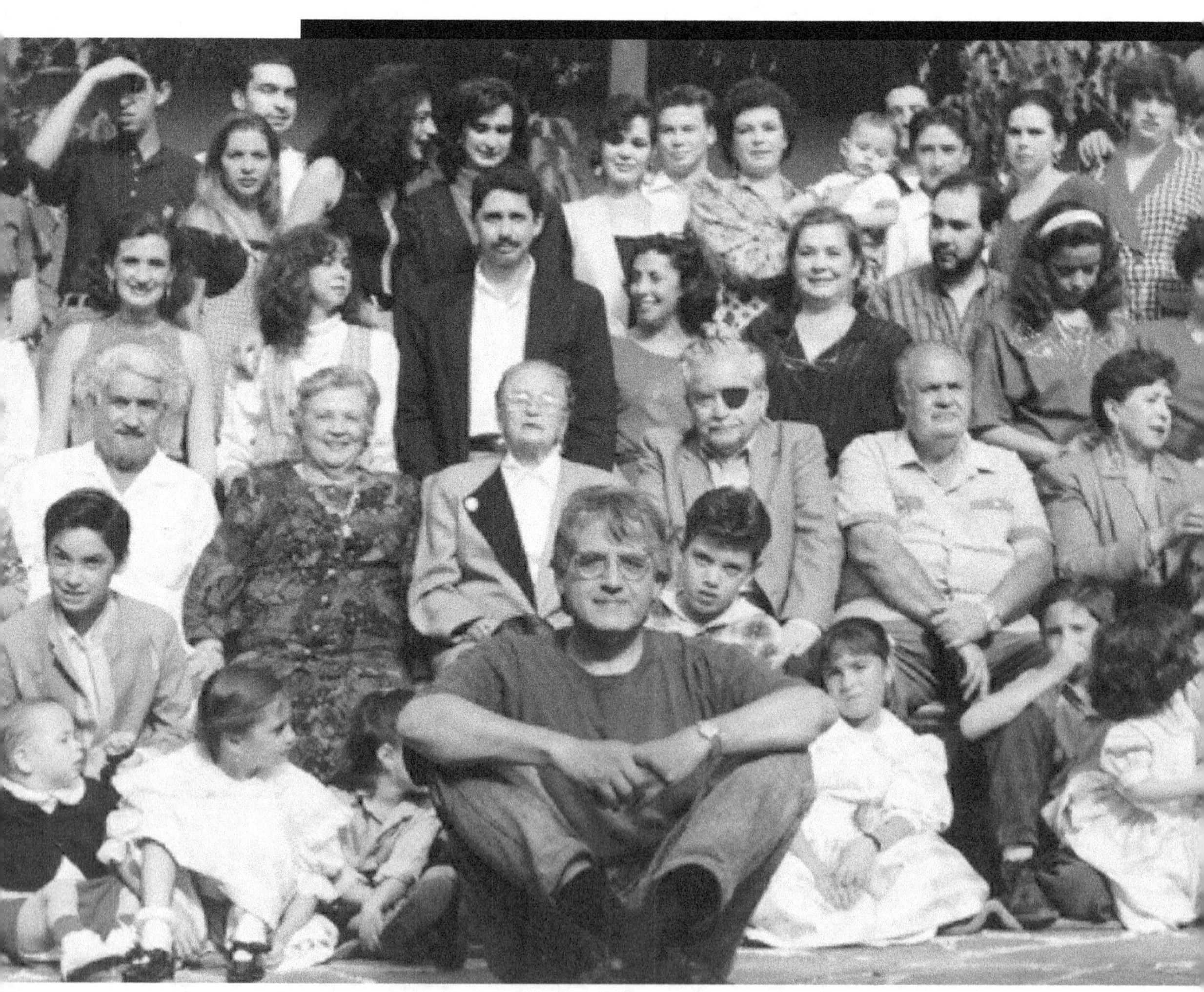

—Montaje

GUION FINAL

El guion definitivo se «escribe» en la mesa de montaje.

Uno entra a la sala con inquietud. Uno viene cargado de papeles, apuntes, libros, fotos, mapas y otras cosas que creemos útiles.

La montadora está lista para introducir las imágenes en los discos duros que hay en la sala. Estamos cerca de iniciar la fase más intrincada... Hay que considerar que la obra sigue abierta. Está «abierta» porque los resultados de la filmación han sido distintos que las premisas iniciales. Siempre ocurre así. Se filma libremente unas ideas que cambian un poco.

Entre las escaletas escritas y las imágenes grabadas hay un desplazamiento, un *décalage*, grande o pequeño. Además, ciertos personajes que eran importantes pasan a segundo plano. Algunos lugares confusos resultaron buenos. Apareció una secuencia nueva que eliminó otra antigua, etc.

Esto nos obliga a buscar una estructura distinta, organizando la película de otra manera. Incluso si no hubiera habido cambios, es necesario hacer otra ordenación. Mirar unas imágenes en movimiento es distinto que leer el guion escrito.

El montaje es peligroso. Las imágenes de buena calidad producen un buen montaje. Los materiales medianos mejoran un poco. Pero no hay milagros.

VERSIONES

En la práctica, muchas veces el montaje no tiene límites.

Sin embargo esta riqueza es peligrosa. Hay que tomar precauciones para no caer en la tentación de hacer dos o tres versiones distintas de la misma película. Esto es fatal.

En la práctica, uno debe ir creando una estructura que avanza, poco a poco, semana tras semana. Es un trabajo de orfebre, un tejido que va creciendo con lentitud, al ritmo de dos, tres, cuatro minutos por día. En la sala o fuera de ella se escriben muchas escaletas (o listas de secuencias). A pesar de que son un borrador, estos apuntes son la única estructura aproximada de la película.

MONTADOR

El montador se convierte en un *amigo* del proyecto. Es la única persona que puede mirar con *cariño* el material.

Casi siempre, el montador observa todos los fallos del rodaje: imágenes demasiado breves, movimientos de cámara equivocados, ambientes de sonido ausentes, preguntas mal formuladas, todo aparece de golpe. Hay detalles que aún son peores: cuando una película ofrece dos versiones distintas de lo mismo. El director se ha cubierto en exceso filmando sus propias contradicciones. El montador se da cuenta de cuándo el realizador tampoco tiene una idea clara de la película. También se da de cuenta cuando no tiene un compromiso fuerte con la obra. Hay muchos directores que abandonan su película. En resumen, el trabajo de montaje puede resumirse en una sola frase: respetar el material, extraer lo mejor que tiene.

Este trabajo tiene otro secreto importante y muy sencillo: saber cortar... Esta operación (saber cortar) está en la base del montaje. Los montadores saben dónde y cuándo cortar. Existen muchas fórmulas –a veces explicadas en textos importantes– que indican cómo cortar una imagen en movimiento: en muchos casos son estereotipos. Saber cortar es una facultad única (casi secreta) de los montadores. Una facultad que se tiene o no se tiene.

REFLEXIONES DE UN MONTADOR

Hace un par de años, en 2010, invité a un montador francés al festival de documentales que yo fundé en Santiago, el FIDOCS. Este gran cineasta se llama Jacques Comets[25]. Me impresionó por sus ideas, su sabiduría, su enorme franqueza, que son el contrapunto de tantos libros teóricos.

Casi de memoria transcribo algunas de sus palabras:

> *El montaje no es cuantificable –empezó a decir–, nunca el montaje se puede medir. No hay instrumentos que puedan medir el montaje. Existen aparatos para medir el sonido. Hay aparatos para medir la luz. Pero no existe una máquina que pueda medir el montaje. No hay ninguna fórmula, no hay ninguna solución previa, antes del hecho mismo de montar. El acto de montar es la única solución.*

> *Tampoco hay modelos de montaje. Cada película inventa su propio camino. Cada montaje es una aventura singular, que no busca la ayuda en otras experiencias, porque cada filme es una experiencia inédita.*

---

[25] Jacques Comets, gran montador de documentales y de ficción. Profesor de la escuela de cine de París, LA FEMIS.

Tampoco hay un estilo de montaje. Hay necesidades, pero no se puede imponer un estilo de montaje a una película. Por otra parte, no hay una única relación entre montador-director-guionista. Hay que ser humilde. Uno se siente el dueño del mundo cuando trabaja. Ya que cada película inventa su propia travesía.

LÍMITES

El montaje ocupa un lugar único. No hay ninguna otra cosa que esté a su altura. Para montar se necesitan semanas, meses, a veces años. Hay momentos en que el montaje se adueña de la película, avanza más allá de su propio terreno: entra en el espacio de la dirección y del guion.

No hay que alarmarse. No hay nada mejor que el trabajo en común. Casi siempre los miembros del equipo interfieren en el trabajo de los otros. A veces el camarógrafo actúa por su cuenta y se escapa del director. El sonidista graba muchas cosas que el director no le ha pedido. En el montaje pasa lo mismo: el montador vislumbra a veces conexiones que aparecen de repente, se lanza hacia delante y comienza a ensamblar algunas imágenes no acordadas, que no habían sido indicadas por nadie, que surgen de su propia inspiración.

Yo pienso que muchas películas documentales dependen del montador. También puede decirse que algunos documentales se montan solos. Esto es frecuente: a veces uno empieza fabricando pedazos sueltos, autónomos, en vista de que la estructura demora mucho en revelarse. Entonces uno va montando trozos, pedazos, secuencias, como si se tratara de una colección de cortos. De repente los fragmentos se fusionan unos con otros y empiezan a tener la forma de algo parecido a un relato. En cierto modo, el filme se está haciendo *casi* solo.

En el extremo opuesto hay casos terribles, complicados, cuando el montaje se estanca. Uno es incapaz de encontrar un hilo conductor y atraviesa semanas de confusión. Hay casos peores; cuando el montaje mismo deja de funcionar, cuando el montaje claudica. No me refiero a una eventual debilidad del montador, sino cuando verificamos que el hecho de cortar no tiene sentido.

Cuando la fuerza de las imágenes no admite ninguna manipulación, el montaje se detiene. Cuando la energía de una imagen está por encima de los cortes (cuando un plano no se deja cortar), el montaje se rinde. Esto ocurre cuando la vida supera al cine.

«...Tampoco hay modelos de montaje. Cada película inventa su propio camino. Cada montaje es una aventura singular, que no busca la ayuda en otras experiencias, porque cada filme es una experiencia inédita».

Veamos un ejemplo.

Hay algunas entrevistas de larga duración que tienen un contenido especialmente dramático. Cuando alguien ha sido maltratado o torturado y narra poco a poco su calvario, sin moverse casi, provoca una atención tan fuerte en quienes lo escuchan, una emoción tan indefinible, que rompe el ritmo *normal*. Este plano puede durar unos 10 minutos y es casi imposible de cortar, no se puede resumir, aligerar, porque todos los cortes destruyen la unidad interna que tiene. El plano, en sí mismo, constituye una obra. Su estructura ya está cerrada.

PLAN

Desde que empecé mi carrera, siempre he utilizado el plan dramático convencional («aristotélico») que consiste en contar una historia siguiendo el esquema clásico: *presentación, desarrollo, conflicto, culminación, desenlace, final.*

Aunque admiro las obras experimentales, nunca he asumido este tipo de lenguaje. Por el contrario, mi forma de contar es bastante lineal. Por otra parte, mis ideas sobre la estructura vienen de la música clásica. No nacen del estudio de los clásicos del cine, sino que nacen de la música. He aprendido a «estructurar» escuchando música clásica. No tengo una preparación técnica. No sé leer una partitura, no sé tocar un instrumento. Pero intuyo algunos secretos de la organización de la música.

CONDUCTA

Hay dos tipos de montadores.

Uno de ellos nos propone gentilmente un «guion». Estos montadores alargan la mano y nos entregan un esquema escrito: he aquí una primera estructura.

A pesar de sus buenas intenciones, que muestran sin ninguna duda el deseo de colaborar, estos montadores me inquietan, me alarman... ¿Por qué me proponen una estructura si yo tengo otra bastante buena y pensada desde hace tiempo?... Es evidente que todos los realizadores tenemos un esquema interesante para arrancar el montaje... Conclusión: es muy difícil aceptar a alguien que se mete en tu terreno.

Otros montadores, en cambio, tienen una actitud completamente distinta. Es como el encuentro de dos amigos que aún no se conocen. Te preguntan: ¿por dónde empezamos?... Me gusta este segundo grupo porque asumen desde el principio los mismos riesgos que uno. Es decir: *empezaremos juntos* a buscar una estructura en este océano de imágenes.

FORMA

Echemos un vistazo a los *principios* fundamentales de la forma. Son algunas sugerencias más o menos útiles.

UNIDAD:

Si adentro de un documental de estilo clásico aparece una imagen de estilo insólito, la unidad se rompe. La unidad es la concordancia (la armonización) de todos los elementos: unidad argumental, unidad de imagen, unidad de sonido, unidad de montaje.

RITMO:

Cuando un elemento se repite cada cierto tiempo aparece el ritmo. El ritmo es la repetición constante de un mismo elemento. Si la repetición es desordenada desaparece el ritmo.

VARIEDAD:

Cuando el ritmo no ofrece ninguna variación después de un tiempo, sobreviene la monotonía. Para combatirla existe la variedad, el cambio, que es la diferencia, la alteración.

DESARROLLO:

El desarrollo progresivo significa la subida del interés. Casi siempre (pero no siempre) un documental avanza de forma constante, de forma ininterrumpida.

CONTRASTE:

Para evitar la monotonía del tema principal, en la parte final de la obra o bien un poco antes, debería aparecer un segundo tema complementario. Con él aparece el contraste. Se trata de algo distinto, que sorprende, que tiene un desarrollo propio, pero que puede ser una variación del primer tema.

─Recursos narrativos del montaje

En mi opinión, los recursos narrativos del montaje son seis:

1 Comentario
2 Música
3 Atmósfera sonora
4 Archivo
5 Fotos fijas e ilustraciones
6 Animación y trucajes

El trabajo concluye con la mezcla de sonido.

COMENTARIO

Hay algunos cineastas que escriben el comentario con una calidad sorprendente. Son los llamados *cineastas de la palabra*, como Chris Marker, Pierre Perrault o Alain Cavalier. En estos casos, la voz en *off* tiene un gran nivel de comunicación.

En otros filmes, sin embargo, la narración es bastante simple. Sólo aparece cuando hace falta añadir un dato útil, para cubrir la ausencia de algo, para reconducir al espectador en otra dirección o, simplemente, para apoyar el relato de la película, ya que la *narración* es también la historia.

A menudo, el texto no debe contar lo mismo que estamos viendo. No hay que repetir lo que ya se ve. En lo posible, que hay apartarse de la imagen. Hay que evitar decir lo mismo que estamos observando.

Pero también hay textos *adheridos a la imagen* que son interesantes. Son textos que dicen más o menos lo mismo que estamos mirando y funcionan contra todo pronóstico. Por ejemplo, en *La odisea del corre-*

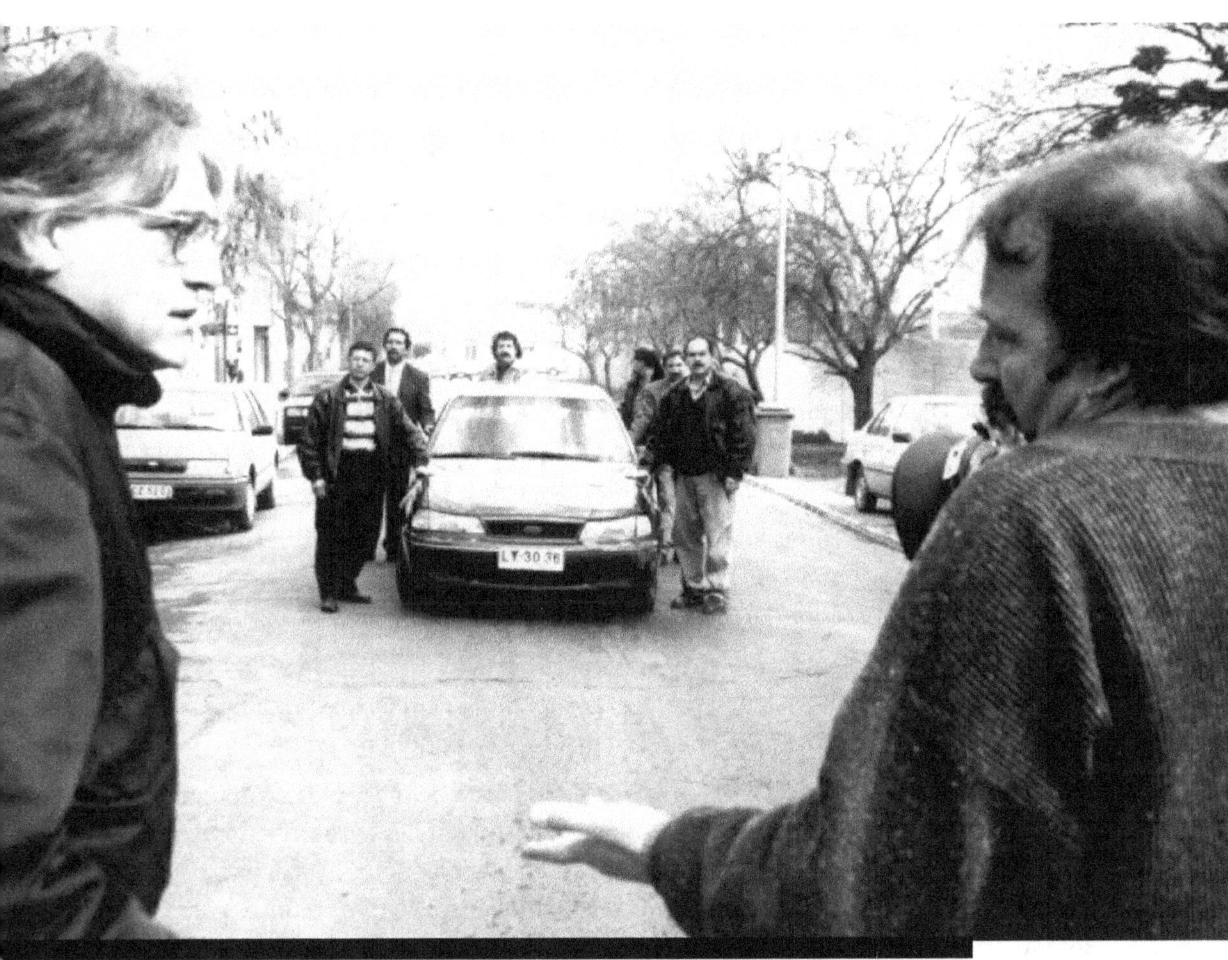

dor de fondo (de Jean-Christophe Rosé), la narración cuenta lo mismo que estamos viendo: el trabajo que hacen los corredores atléticos. No obstante, esta repetición multiplica el interés de la imagen. Uno siente agrado cuando es empujado, conducido, por las palabras que hay encima de las escenas. Las imágenes arrastran a las palabras y las palabras nos arrastran a nosotros.

Demanda mucho tiempo construir un texto de calidad, hay que darle muchas vueltas y correcciones. No sirven demasiado los textos sin ser verificados antes con la imagen. Hay que encontrar los términos, vocablos, sinónimos, frases que «conecten» con lo que estamos viendo. Esto depende también de la voz de la persona que dirá el texto.

En algunos casos, yo recomiendo que el realizador lea su propio texto. En cada país hay actores que podrían reemplazarlo, sin duda. Sin embargo, no me gustan esas voces estereotipadas, *importantes*. Los británicos y estadounidenses utilizan con frecuencia estrellas para narrar un filme documental. No me parece mal; pero tampoco me parece bien.

Las voces modestas, personales, son más útiles, porque son el testimonio auténtico del autor. Hay muchos tipos de comentarios: autobiográfico, poético, analítico, neutro, informativo, etc. Se puede afirmar que cada filme requiere una escritura singular.

Escribir el comentario es importante. No se puede dejar para última hora este detalle. Del texto va a depender una gran parte de la película. Desde el inicio hay que empezar a escribirlo. Yo lo voy redactando poco a poco, cada día, en la mesa de montaje. Escribo unas frases y las grabo, de tal forma que van quedando adentro del montaje. Muchas veces modifican y mejoran el filme. Hay realizadores que montan la película y dejan algunos huecos vacíos para hacer el texto más tarde. Cada cual tiene su método. Pero aislar la redacción del texto conduce a un divorcio con la atmósfera de la película. Es mucho más práctico hacer el texto a medida que la obra avanza.

En lo posible, hay que renunciar a los comentarios demostrativos. Hay que evitar dar lecciones al espectador. Con frecuencia algunos documentales tienen un elegante *costado didáctico*. Esto es un mérito. Pero la pedagogía anula un poco la poesía.

En todo caso, hay problemas mucho peores. Hay una cierta cantidad de películas atractivas que se anulan a sí mismas. Son grandes documentales cubiertos de palabras. Tienen un exceso de sustantivos, verbos, que están mal elegidos o sobran.

Hay que considerar que todo envejece. Cada época, cada período, cada temporada deja una huella imborrable en el comentario. Algunos documentales al cabo de un tiempo se hunden a causa del texto: un comentario que está colmado de énfasis y palabras raras que no tienen nada que ver con la imagen que estamos viendo. Algunos teóricos como Alan Rosenthal y Bill Nichols[26] afirman que cada generación necesita establecer un nuevo lenguaje definitivo, *pues el paso del tiempo modifica el tono del relato*. Ellos dicen que ciertas narraciones que nos parecían «austeras y sobrias» en 1950, hoy día nos parecen recargadas y demasiado pedagógicas. *El realismo de una generación parece un artificio a la siguiente*, afirman ellos. Mucho ojo con esto.

SIN COMENTARIO

Algunos realizadores prescinden del comentario. En este caso la historia queda en manos de los personajes y del montaje, que tienen que articular un relato sin la voz en *off*. Abundan obras notables en todas partes, empezando por las de Fred Wiseman.

Hay personas que no toleran la voz del comentarista, por bueno sea que el texto y/o la voz. Es una cuestión de gustos. En mi caso, por ejemplo, me agrada mucho la música, pero no aguanto la ópera. Es irracional, pero es así.

---

[26] Alan Rosenthal: *New Challenges for Documentary* ; Bill Nichols: *Representing reality*.

En América Latina hay una apreciable cantidad de directores que rehúsan el comentario y prefieren los requerimientos del montaje o apoyarse en las entrevistas. Yo no tengo nada que agregar sobre esta predilección, excepto respetarla.

La cuestión se vuelve problemática cuando una historia es imposible de ser contada sin la ayuda de un comentario, por breve que éste sea. Uno puede obstinarse en la sala de montaje: trabajar semanas para intentar narrar una obra solamente con imágenes y sonidos. Pero a veces aparece un tropiezo. Hay un pasaje que sigue quedando difuso, incomprensible. La solución puede ser una elipsis, una abreviación, saltarse un pedazo de la historia y dejar al espectador que deduzca lo que no está. O poner un letrero. Esto saca del apuro, pero no siempre.

GRABACIÓN

Hay muchas maneras de hablar la lengua francesa incluso adentro de Francia. Lo mismo ocurre con otros idiomas. El castellano

Algunos realizadores prescinden del comentario. En este caso la historia queda en manos de los personajes y del montaje, que tienen que articular un relato sin la voz en *off*. Abundan obras notables en todas partes, empezando por las de Fred Wiseman.

bate el record en este sentido, porque hay 35 formas de hablar el español. Se habla distinto en las regiones de España y en los países de América Latina. Hay que mantener, por lo tanto, un lenguaje *normal,* eliminando los localismos más chocantes, sin caer en un estilo neutro.

Lo principal, sin embargo, es encontrar el tono y el *tempo* que necesita la voz, como ya lo dijimos antes. Hay que repetir muchas veces un párrafo para llegar a un buen resultado. Es importante que una persona dirija la voz. A menudo uno pierde la perspectiva cuando lee en solitario. Es aconsejable que el ingeniero de sonido o un colaborador muy cercano controlen la grabación; ellos pueden sugerir modificaciones, retocar algunas frases o palabras. Es un trabajo que puede durar muchos días o semanas. Es necesario mirar la imagen al mismo tiempo que se graba, como si se tratara de un doblaje, porque ayuda a mantener el estilo.

MÚSICA

Con la música ocurre lo mismo que con el texto: es mejor ocuparse de ella antes de llegar al final. Mi consejo más directo es colocar los temas a medida que el montaje avanza.

Nada más útil que seleccionar en *Internet* algunos trozos que encajan con las secuencias y que poseen unidad de estilo. Se trata de algunos temas que pueden tomarse momentáneamente, que serán reemplazados más tarde por otros temas que compondrá el compositor del filme. Esto permite que uno vaya fijando la colocación de la música al mismo tiempo que la estructura crece. No es la música definitiva... pero *aparece*, es decir, la música está en su espacio.

Más tarde, el compositor se dará cuenta de qué tipo de música queremos. Nos propondrá algo diferente sin equivocarse en la intención, pues él ya tendrá una referencia clara.

Hay también algunas dificultades: a veces uno se acostumbra a escuchar la «primera» música y cuesta un poco adaptarse a la música definitiva. En todo caso, lo que es útil es que uno va creando la película con todos sus elementos: con sus imágenes, sus comentarios, sus efectos y la música. Uno puede *sentir* la película en su integridad. Uno puede masticarla, recoger opiniones, porque se trata de una obra casi concluida.

Lo anterior no despeja el factor principal... ¿Dónde la música vale y dónde hay que evitarla? Es bastante difícil estar seguro de dónde poner y dónde eliminar la música. No tengo una respuesta definitiva. Existe la intuición, el presentimiento, una ráfaga de claridad cuando uno echa de menos la música. No soy capaz de trasladar esto a un método. Sólo puedo decir que hay que atender lo que dice la intuición. La música debe salir del núcleo íntimo de una imagen. Sin embargo, algunas imágenes ya tienen una música interior. Hay que advertir primero si hay (o no hay) esa melodía oculta. Si el compositor es capaz de oírla, tanto mejor. Pero mucho ojo: no se debe poner música cuando la imagen ya tiene una *música invisible*, como aquella ráfaga de aire o el sonido imperceptible del lejano silbato de un tren.

Es peligrosa la colocación de la música. Digo esto porque un filme recargado de música se destruye a sí mismo, aun cuando sea una obra musical. Por regla general, algunos filmes para el *gran público* están cubiertos por una gruesa capa de música que deforma todo: acentúa el peligro, subraya la calma, adelanta la alegría. Grandes películas documentales como «Océanos» o «Planeta Azul»[27] están cubiertas por una música excesiva. Esta enorme masa de melodías echa abajo la credibilidad (igual como las voces estereotipadas o ciertos locutores).

Con frecuencia, en estas obras, se imponen las ideas de ciertos productores. Así se han formateado algunos géneros que antes eran más libres. Yo aconsejo echar marcha atrás: ahorrar la música mientras se pueda. Mientras menos música, mejor.

Bruno Monsaingeon[28], por ejemplo, es un hábil controlador de la música en todas las circunstancias posibles: encima de un texto, encima de una entrevista, encima de otra

---

[27]   *The blue planet* (2001) de Alastair Fothergill y *Oceans* (2009) de Jacques Perrin y Jacques Cluzaud.

[28]   Bruno Monsaingeon, autor de más de cuarenta obras documentales, en gran parte musicales.

música. Al margen de estas personas preparadas (Monsaingeon es también musicólogo, compositor e intérprete), siempre hay que estar alerta con la música. Poner música a un filme documental es más complicado que en la ficción. Mientras más sobria sea la música, tanto mejor. Un piano, dos violines, una viola, son más convenientes que una orquesta. Por regla general, la música de cámara es más eficaz en el documental. La música popular también es buena, pero ojo con el folklorismo.

En todas las épocas han circulado «sinfonías» cuya estructura viene dada por la música: «Koyaanisqatsi», «Baraka», «El Mesías», «Mother Dao»[29], son algunos modelos conocidos. Son obras muralistas que se apoyan en la armazón de una partitura. Las imágenes y el montaje están organizados por la música. En el polo opuesto están los filmes que casi prescinden de ella, como *El Gran Silencio*[30], que transcurre en un monasterio (que también, sin embargo, es un filme musical).

Es interesante destacar que, en las últimas décadas, se han multiplicado los filmes documentales musicales. Es un nuevo subgénero: se compone de obras sobre ballets, coros, óperas, sinfonías, recitales, etc. Hace cuarenta años no existían. Consejos prácticos: si el presupuesto es ajustado, existen orquestas y grupos de cámara en los países de Europa *oriental* con derechos de autor moderados. Por otra parte, están los alumnos de cualquier conservatorio. Nada más práctico que grabar con ellos.

ATMÓSFERA SONORA

Cuando hablamos de sonido no podemos disociarlo del silencio. ¿Cuál es la relación entre el sonido y el silencio? Según mi opinión, el silencio es uno de los agentes narrativos más elocuentes del cine documental. El silencio llama a la reflexión. Es como entrar en la penumbra de un templo.

He aquí las opiniones de un técnico de sonido:

> El sonidista es también un discreto autor del cine documental. Su tarea es crear un mundo paralelo y complementario al discurso de las imágenes. El sonidista refuerza las ideas y emociones de la obra. Su imaginación y experiencia resuelven los problemas mecánicos y expresivos. Cada técnico aporta un punto de vista personal a la banda de sonido. Por otra parte, grabar una obra documental no es lo mismo que grabar una película de ficción. Durante un rodaje documental no se sabe lo que va a pasar y el equipo tiene que moverse capturando la realidad; el sonidista dispone de menos tiempo para tomar decisiones. Su nivel de atención y empatía con la realidad son distintos que en la ficción, donde todo está previsto[31].

[29] Godfrey Reggio, Ron Fritke, Willian Klein, Vincent Monnikendam, respectivamente
[30] *El gran silencio* (2006) de Philip Gröning, narra la vida de un monasterio cartujo de Grenoble.
[31] Conversación con Álvaro Silva Wood, profesor e ingeniero de sonido.

El contacto *sonidista-cameraman* es decisivo. Tienen que encontrar una fórmula de entendimiento, meterse uno adentro del otro, espiarse mutuamente, estar atentos al más pequeño movimiento del contrario. Tienen que estar conectados por un cable verdadero o falso. Es un requisito obligatorio.

A veces, al filmar, se produce un error (involuntario) de la persona que lleva la cámara: el micrófono aparece en el cuadro... Eric Pittard[32] me transmitió una fórmula para evitar este problema. Se trata de darle la percha al camarógrafo y la cámara al sonidista. Con los papeles cambiados, los dos entienden mejor de qué manera evitar la entrada del micrófono en la imagen. Esta lección viene de otro ingeniero de sonido aún más viejo: Antoine Bonfanti[33].

ARCHIVO

En el montaje, casi desde el principio, se sabe cuándo una película va a necesitar *imágenes de archivo*.

A su vez, hay un cine que podríamos llamar de *archivo* puro. Un cine basado en las imágenes hechas por otros, o bien, por imágenes que vienen de otro tiempo, valiéndose de los archivos históricos Hay muchos clásicos en este dominio: *Morir en Madrid, Mein Kampf.* Y otros recientes: *Y en Vyborg*[34], *La soledad del corredor de fondo*, etc.

Hay quienes prefieren retocar las imágenes antiguas y otros las dejan tal como están: con rayas, veladuras, defectos de foco, etc. Algunos directores añaden sonidos a estas imágenes que originalmente no tenían ninguno, o bien dejan esas imágenes en silencio. Esto es lo que Serguei Lotnitza hace en *Bloqueada*[35], una película sin palabras.

Vincent Monikendam, en *Mother Dao*, utilizó imágenes antiguas de los primeros años del siglo XX filmadas en Asia y las sonorizó. Se trata de una visión mágica de Indonesia cuando era una colonia de Holanda. Son imágenes mudas, pero Monikendam inventó un sonido nuevo para ellas, un sonido electrónico misterioso, a menudo desincronizado o desfasado. Se oye el galope de un caballo que no coincide con la imagen del caballo galopando. Toda la sonorización es subjetiva, con ráfagas musicales enigmáticas que provocan una reflexión nueva[36].

---

[32] Conversación con Eric Pittard, camarógrafo y realizador de documentales.

[33] Antoine Bonfanti, extraordinario ingeniero de sonido francés, montador de sonido, trabajó con cineastas de todo el mundo e influenció a numerosos creadores de su generación. Su lema era «nosotros escuchamos para que la gente pueda oír».

[34] *Morir en Madrid* de Fréderic Rossif; *Mein Kampf*, de Erwin Leiser; *Y en Vyborg* de Pia Andell; *La soledad del corredor de fondo* de Jean Christophe Rosé; Mother dao de Vincent Monnikendam.

[35] *Blokada* (2006), de Sergei Losnitza.

[36] Vincent Monnikendam revisó 260.000 metros de película de nitrato filmada por los archivos de Holanda para construir durante seis años una película monumental sobre la administración colonial holandesa en Indonesia entre 1920 y 1933: su título completo es *Mother Dao the Turtlelike* (1995).

Hay algunos directores que filman su propio archivo en 8 milímetros e intercalan estas secuencias. Parecen imágenes que vienen de un pasado indefinible, con una textura imperfecta... Otros que van más lejos: proyectan sus filmes en 8 milímetros sobre un muro y los vuelven a filmar con una cámara digital. El efecto es como si ese material fuera aún más viejo. Es decir, uno puede *inventar* un archivo intemporal, casi onírico. Se pueden filmar fragmentos de siluetas, que parecen registrados por un cineasta anónimo de un pasado inventado.

Antes de concluir este capítulo, quiero intercalar una nota sobre *los derechos de autor*. Cuando uno necesita usar imágenes ajenas hay que actuar con transparencia. El único capital que posee un documentalista son sus imágenes. En consecuencia, al montar un plano de *archivo*, lo primero es buscar al autor y pedirle su nombre, su autorización y preguntarle por su precio. No pocos productores dejan estos contactos para última hora, cuando el proyecto ya está concluido y confiesan, a boca de jarro, que no tienen recursos para pagar esos planos. Es una forma bastante mezquina de hacer presión. «Si usted no me hace un precio, paralizará mi obra».

Con este chantaje, el auténtico dueño de las imágenes queda como el autor de un boicot. En lugar de reparar el problema, el productor oportunista demuestra una falta de moral con los otros cineastas. A veces se justifican: «Estoy haciendo una obra sin fines de lucro». El dueño de las imágenes se siente chantajeado, en vista de los nobles propósitos del defraudador.

FOTOS FIJAS, ILUSTRACIONES

Ya me he referido a las fotos —y los objetos— como agentes narrativos del rodaje. Vuelvo otra vez a lo mismo porque, precisamente, en la sala de montaje es donde aparece la necesidad mayor de recurrir a esto.

El cine como «arte de movimiento» recurre a las fotos fijas. Es una paradoja. Las fotos fijas no se mueven, frenan la acción un pequeño instante, pero no detienen el desarrollo. Son una manera de avanzar para adelante o para atrás. Desprenden una invisible ráfaga de misterio.

...siempre hay que estar alerta con la música. Poner música a un filme documental es más complicado que en la ficción. Mientras más sobria sea la música, tanto mejor. Un piano, dos violines, una viola, son más convenientes que una orquesta.

Recorrer un boceto, un croquis, sobrevolar un cuadro, captar las huellas que ha dejado el pincel, esto alimenta un sendero narrativo. Rodar antiguas partidas de nacimiento, libretas de familia, certificados de estudios, cuadernos de contabilidad, pasaportes, recibos, facturas. Se pueden hacer películas enteras en base a papeles.

Una joven directora española descubrió en el sur de Francia varias cajas de cartón que contenían cientos de imágenes frontales de personas desconocidas. Después de una pesquisa se descubrió que eran los presos republicanos encerrados en un campo de concentración francés después de la guerra civil española[37]. Su película es una demostración de hasta qué punto son importantes las fotos fijas.

Un fotógrafo holandés[38] hizo cinco fotos del golpe de Estado de Augusto Pinochet donde aparecen treinta prisioneros tumbados en la calle, frente a un tanque, al pie del Palacio de La Moneda. Para los chilenos estas fotos son «monumentos» de papel, igual como lo son las fotos que Robert Capa hizo durante el desembarco de Normandía.

TRUCAJES

En la década del sesenta, cuando uno necesitaba hacer un trucaje óptico, por simple que fuera, era una cosa casi imposible de ejecutar (me refiero a trucajes simples, como fundidos al negro, mezclar dos imágenes, congelar un movimiento, etc.). Estas maniobras se convertían en pesadillas. Esto ocurría a causa a la fragilidad de los negativos y las máquinas prehistóricas que había en los laboratorios. Los operadores de esas máquinas eran competentes. Lo que fallaba era el procedimiento técnico. Había que hacer pruebas, repetir una y otra vez, rebobinar varias veces el negativo hacia delante o hacia atrás, detener la máquina en caso de la rotura de una perforación, y todo esto encerrados en un cuarto oscuro.

Hoy en día, gracias al montaje electrónico, basta apretar un botón para efectuar todos los trucajes que uno quiera: fundido (*dissolve*), fundido encadenado (*lap dissolving*), fundido al negro (*fade down*), congelado de imagen (*hold frame*), cámara lenta (*slow motion*), todo se puede hacer de forma instantánea.

Se puede cambiar de encuadre, borrar una parte del fotograma, incrustar una ventana donde antes no había nada. En resumen, se pueden añadir detalles que el material no tiene (personas, aviones, ovnis). Hoy en día, una parte de la artesanía del cine documental ha sido sustituida por la electrónica. Los nuevos equipos permiten corregir fallos de luz, foco, color, estabilidad.

LA MEZCLA FINAL DE SONIDO

Todo termina después de la palabra «FIN».

Un poco antes, la mezcla de sonido es la verdadera conclusión de la obra. Es el último trabajo antes de acabar todo.

---

[37]   El film se llama *Photographie d'un camp*, 1996, de Linda Ferrer Roca.

[38]   Chas Garretsen, fotógrafo holandés.

Más que un recurso del montaje, en el fondo es el desenlace del trabajo: la conclusión, el último proceso.

Es también un momento seductor. Entrar a la sala de mezclas acompañado por el ingeniero de sonido y sentarnos delante de aquella mesa llena de botones, es un momento *histórico* para nosotros. Aquí culminan semanas, meses, a veces años de trabajo laborioso. Es un instante atractivo, arriesgado.

Mezclar es una forma de unificar los diálogos, la música y los efectos que acompañarán la película. Es un trabajo de precisión que es necesario repetir varias veces y que *modifica* un poco la imagen. Ofrece una cantidad de opciones distintas y es fácil caer en la duda.

Es un placer contemplar la obra terminada. Uno imagina las reacciones de un público que aún no existe. Uno está feliz.

¿Pero por qué nos sentimos inseguros?

Mezclar es una forma de unificar los diálogos, la música y los efectos que acompañarán la película. Es un trabajo de precisión que es necesario repetir varias veces y que *modifica* un poco la imagen.

En realidad, no tenemos distancia: estamos metidos en una cápsula hermética, algo atronadora. A veces se pierde la concentración. Uno desconoce lo que hacen los *ingenieros* de sonido y perdemos las expectativas. No tenemos los conocimientos técnicos y todo suena muy fuerte.

Uno se apoya en ellos, que trabajan con inteligencia. Pero ellos no pueden *adivinar* cada detalle de lo que nosotros hemos pensado... Sin embargo, después de muchas horas de trabajo, llegamos hasta el final.

Mi mejor consejo es terminar una primera mezcla con calma y regresar otro día para revisar el trabajo. Es decir, para repetir todo de nuevo. Ya sé que muchos productores se echarán las manos a la cabeza. No importa. Vale la pena. La mezcla necesita más tiempo, una mirada con perspectiva.

—Sinopsis

RESÚMENES

Escribir los resúmenes de algunas ideas que uno tiene en la cabeza es bastante útil, incluso si estas ideas no son demasiado convincentes, porque poco a poco, con el tiempo, las cosas van mejorando. Escribir es como ordenar una habitación desordenada, es poner las palabras en el lugar más útil. No importa interrumpir el desarrollo y describir situaciones que pueden parecer raras. Lentamente uno va hallando la manera de soltar la madeja de intuiciones para tratar de expresar lo que quiere; casi siempre uno arranca con una idea ya capturada, estirándola sílaba a sílaba, párrafo a párrafo, hasta conseguir llenar una página. Con frecuencia es difuso lo que deseamos contar en el fondo: hay que ensayar varias veces para que aparezca la elocuencia. Contar un cuento es difícil y también fácil, hay que encontrar el momento. Más tarde, el propósito aparece terminado con algunas páginas bien narradas... El número de páginas es lo de menos: lo que hay que lograr es articular una fábula, una narración, algo que conduzca al lector hacia alguna parte. Hay que acordarse de las cosas que uno ha vivido.

Es importante poner todo (o casi todo), es decir los pequeños detalles que constituyen historias, cachear en la memoria, rastrear en el pasado.

Cuando yo era chico, por ejemplo, mi abuela y yo íbamos a ver el desfile militar en el Parque Cousiño. Era como cruzar un verdadero océano humano. La policía mantenía un sendero que llegaba hasta las tribunas. Mi abuela me arrastraba del brazo como si yo fuera un saco. Recuerdo esos momentos.

Los recuerdos en realidad son un dibujo de nosotros mismos. Son un espejo que posee la memoria.

Desde arriba de la tribuna (me acuerdo con claridad), se podía mirar a las tropas que esperaban en silencio.

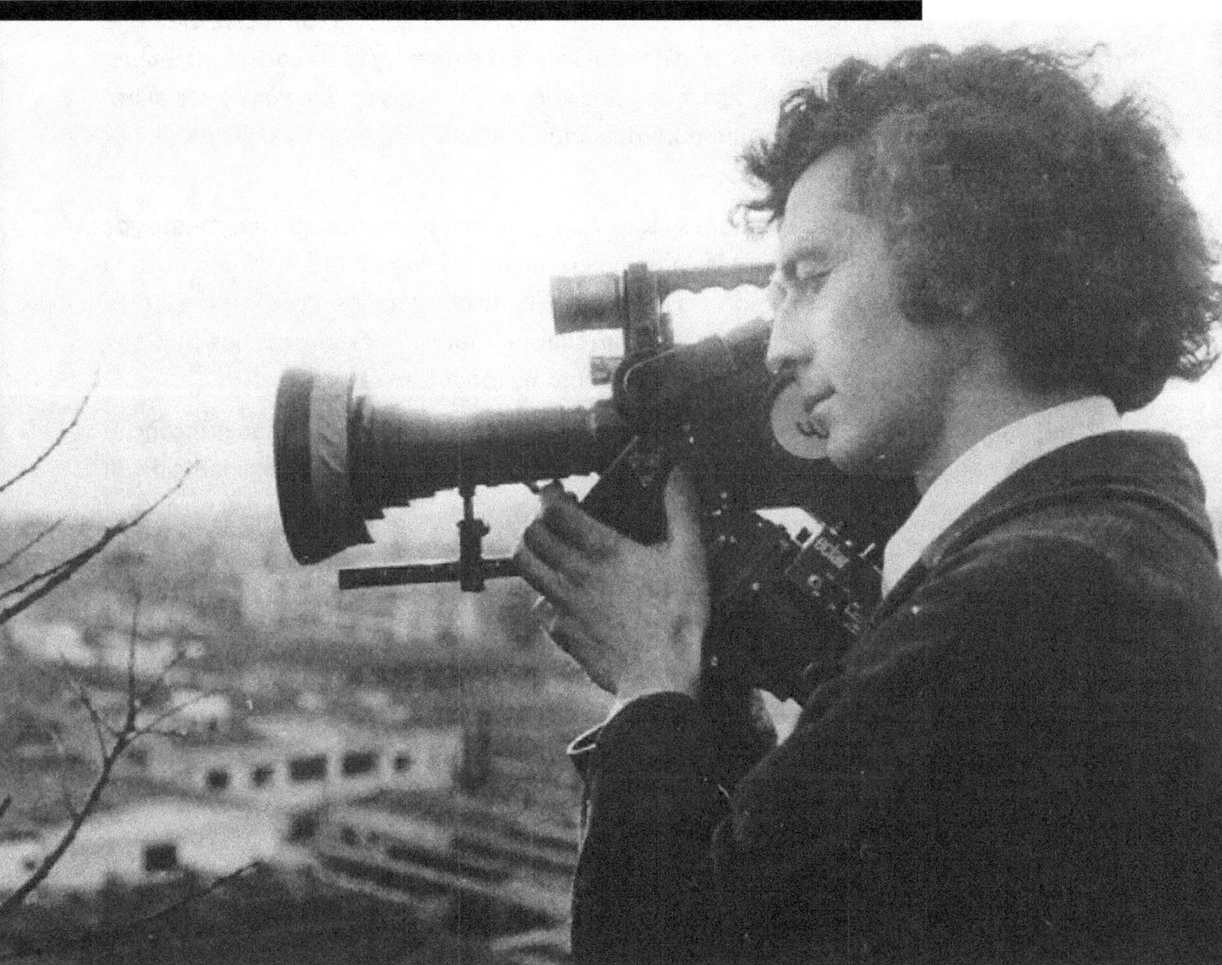

Cuando llegaba el presidente, en el año 1971, nosotros salimos corriendo detrás de la comitiva para filmar con una cámara a Salvador Allende, que se bajaba del auto para estrechar la mano de algunas personas.

De mi madre tengo otros instantes que nunca me dejan. Íbamos a los conciertos del Teatro Municipal y trepábamos corriendo las escaleras para ocupar los asientos en la galería. Había un director de orquesta que se llamaba Sergio Celibidache, que mi madre adoraba.

La vida privada es importante para crear guiones verídicos, donde la vida aparezca y despierte, donde los detalles empujen a los lectores, donde la vida de uno se atropelle con la vida de los demás. Hay que acordarse de los pequeños detalles, incluso ingenuos. Recuerdo que dos o tres veces por año tomábamos café en el «Goyescas», que estaba en la calle Huérfanos con Estado. También recuerdo las cortinas que cambiaban de color en el cine «Rex», y las mujeres vestidas con uniforme que vendían caramelos en el cine «Astor», en el intermedio. Más tarde se transformó en una galería comercial. Creo que la sala que más resistió se llamaba «Gran Palace». Era enorme y tenía cortinas laterales. En los intermedios se abrían y aparecían unas bolas metálicas colgadas de unos alambres, que eran *sputniks*. Me acuerdo porque aquí se estrenó mi primera película, que se llamaba *El Primer Año*.

Cuando uno quiere escribir «guiones» todo esto es muy importante: son fragmentos de la vida que uno modifica o cambia como quiere según el lejano vestigio de una historia que aparece y desaparece en nuestra memoria. En muchos guiones hay cosas inexactas, pues el recuerdo engaña. Uno puede desarrollar una fábula y elegir muchos caminos, pues la escritura del guion, del rodaje y del montaje modifican casi todo.

Los guiones que vienen a continuación son tentativos, es decir, son resúmenes inconclusos, muchas veces no del todo claros; son trabajos libres. Cuando uno está delante de un tema documental tiene al menos dos caminos: hacer caso a la investigación y no olvidar ningún detalle, traducir cada pormenor del tema sin olvidar nada. Pero también uno puede impregnarse de muchas ideas personales, de opiniones subjetivas con una inspiración nueva. El guion puede transformarse en una versión de búsqueda. Esto ocurre con la mayoría de los trabajos que he hecho. Incluso algunos poseen ideas muy difíciles de realizar en la práctica. Es frecuente encontrar también ideas muy discutibles. A pesar de todo, son los únicos guiones que he hecho de estos filmes.

Salvador Allende

Un film de 100 minutos, 2004

Una cálida mañana de septiembre de 1970, Salvador Allende entró en el palacio de gobierno como presidente de la república y, tres años más tarde, murió en el mismo lugar.

Allende era un político conciliador y pacifista que, cuando llegó el momento de la lucha armada, se transformó en un ejemplo de valor personal.

En todo el mundo fue el único jefe de Estado marxista que llegó al poder mediante el sufragio universal en el siglo XX. Fue el único que intentó hacer una «revolución socialista en democracia, pluralismo y libertad». Un retrato de este personaje involucra medio siglo de pensamiento universal.

EL PERSONAJE

Nació en 1908 en el puerto de Valparaíso, cuando estaba a punto de estallar la Revolución Mexicana y ya estaba en marcha la Revolución de Octubre en Rusia. Durante su paso por la universidad fue a parar a la cárcel como agitador estudiantil cinco veces. No era un impulsor de la revolución armada, sino un defensor de la vida parlamentaria y del estado de derecho. Fue el diputado más precoz (con 29 años) y también el ministro más joven (con 31) del Frente Popular.

Hizo una carrera paciente, tenaz, para aglutinar a todas las fuerzas de progreso durante cuarenta años y presentarse como candidato a la jefatura del Estado cuatro veces, hasta conseguirla en 1970.

Una vez sentado en el sillón presidencial, este hombre puso en tela de juicio el problema de la revolución «pacífica» y de la revolución «violenta».

Revalorizó el compromiso ético de un líder político frente a sus electores. Cumplió a carta cabal con su programa de cambios: hacer una «revolución social» sin trauma, manteniendo la libertad de prensa, respetando a los partidos políticos, bajo la mirada incrédula del gran capital y de EE.UU.

Como presidente negoció con amigos y enemigos para evitar la guerra civil. Se equivocó muchas veces. No era un izquierdista ortodoxo. Era un político de carne y hueso, optimista. Le gustaba la buena vida y las mujeres. Hablaba y vestía con más elegancia que sus adversarios. Puede afirmarse que se comportó mejor –cuando llegó el momento final– que otros revolucionarios investidos de pureza.

SU LEGADO

Un filme sobre Allende podría desarrollar muy bien estos asuntos (y otros dilemas universales) que hasta hoy no se han revisado en Europa ni en América Latina.

Millones de chilenos lo recuerdan. Su nombre aparece pintado en los muros de las calles y está inscrito en la memoria colectiva de Chile. Cada 11 de septiembre, cientos de personas depositan flores y mensajes anónimos delante de su tumba. Su nombre permanece en la boca cerrada de los más humildes. Representa un ejemplo –una esperanza– o una ilusión perdida.

¿En qué consiste su herencia, su legado político, social, histórico, a los 27 años de su muerte?

Sobre todo... ¿cómo era humanamente?

¿Quién era este doctor que nunca ejerció la medicina, este candidato que perdió tantas elecciones y más tarde fue el único presidente chileno que alcanzó renombre universal?

TRATAMIENTO

No estamos delante de una película de archivo; tampoco de entrevistas. No es un retrato televisivo.

Lo que yo quiero es transmitir mi propia vivencia cuando tuve la oportunidad de filmar a Allende, cámara al hombro, hace varias décadas en Santiago.

Quiero volver a evocar esos momentos. Quiero mostrar cómo vi pasar a este personaje de 65 años, que se bajaba de los automóviles y pasaba corriendo con sus escoltas para instalarse delante de las masas e improvisar un discurso de dos horas con la ayuda de un papel, mientras sus ayudantes se quedaban con el discurso mecanografiado en la mano.

Quiero pedir la ayuda de otros personajes. Algunos de la Escolta Presidencial, un grupo de treinta de hombres jóvenes (hoy día sobreviven ocho). No eran más que un puñado de sujetos que la gente denominaba «detectives del presidente», que corrían junto al automóvil oficial.

Aquella mañana de primavera –cuando Allende tomó el poder– el país lloró de alegría y también se aterró. Una parte de la población, asustada, se encerró en sus casas mientras la otra desfilaba con euforia. La alegría de unos se convirtió en pánico para los otros. La clase alta temblaba y la extrema derecha asesinó al jefe del ejército.

De la noche a la mañana, el crimen político apareció en Chile.

Para organizar su protección, Allende creó un cuerpo especial formado estos jóvenes militantes que lo apoyaban. Sus enemigos lo bautizaron como «grupo de amigos personales» (GAP). Una parte de esta película estará contada por estos hombres. Ellos vivieron la verdadera historia del presidente.

Ellos lo cuidaron, lo protegieron, en esa revolución repleta de acontecimientos triunfales y peligrosos en el corazón de un país que parecía despertar después de un siglo. Compartimos durante tres años la misma situación, haciendo un trabajo paralelo. Yo como cineasta y ellos como escoltas. Éramos el campo y el contracampo de la misma película.

Llevaremos a estos hombres a los viejos escenarios originales: en el palacio, la casa familiar, las usinas, el puerto de Valparaíso, las minas del cobre, etc., donde Allende reflexionó unos minutos hace 27 años.

Hay muchos escenarios interesantes.

La casa de recreo que habitó el presidente con los suyos también fue compartida por los «GAP».

Allende comía en la misma mesa que estos hombres, jugaba al fútbol con ellos, hablaba de los temas que más le preocupaban. Tampoco la vida sentimental de Allende escapó a la mirada de ellos.

Recuerdos de un rodaje

Después de los primeros doce meses de gobierno, Salvador Allende y los partidos de la Unidad Popular perdieron su velocidad inicial... La derecha se fortaleció y pasó a la ofensiva.

Allende se estrelló contra la Constitución. Para él, era imposible cambiar las reglas del juego legal, que le impedían avanzar más rápido.

La derecha tomó la iniciativa en el parlamento: bloqueó los proyectos del gobierno, acusó constitucionalmente a quince ministros que tuvieron que abandonar el cargo y puso en práctica la «ley de control de armas» (que permitía a los militares registrar las fábricas en busca de armas).

La primera huelga del transporte dañó la economía y provocó un gran vacío de poder. Una parte de la gente que apoyaba a Allende perdió la paciencia: quería ir más rápido y romper la legalidad, mientras la otra parte se negaba a hacerlo.

El tema de las armas –como se esperaba– llegó muy rápido a la boca de todos. Unos decían que se produciría un «golpe blanco» y la rendición de Allende ante la derecha. Otros hablaban de una «guerra prolongada» contra la derecha. Un tercer sector decía que el ejército chileno era profesional y que no daría ningún golpe.

FIN DEL RODAJE

Nuestra filmación se hizo cada día más angustiosa.

El clima de bienestar popular fue reemplazado por una atmósfera de guerra civil. Algunos amigos y colaboradores, que siempre nos habían echado una mano en la película, discutían conmigo acerca de la orientación del rodaje, pues no les gustaba mi «neutralidad».

Los socialistas me empujaban para que yo filmara el «poder popular» (que ellos consideraban indispensable) y los comunistas deseaban que yo filmara los actos «contra la guerra civil» (que impulsaban ellos). Nosotros queríamos ser fieles a un punto de vista más amplio. Pero incluso yo tampoco estaba tan seguro de esta *objetividad*.

El miedo y la angustia empezó a metérsenos en el cuerpo. Cuando estábamos filmando la huelga del cobre en la ciudad de Rancagua, fuimos rodeados por mineros hostiles que nos bloquearon el paso a Santiago. En otra ocasión nos apresó un piquete de camioneros en huelga, que intentó volcar nuestro automóvil con nosotros adentro.

El grupo fascista «Patria y Libertad» apenas se dejaba filmar. De vez en cuando nosotros podíamos enfocarlos a boca de jarro, sorprendiéndolos. Teníamos credenciales de varios canales de televisión (todos falsos).

El día del golpe, sentí más miedo todavía.

Hacía frío y caminamos a pie hasta llegar a unos 200 metros de La Moneda. Todo estaba lleno de policías y convoyes militares.

Decidimos disolver nuestro equipo. El flaco Müller, nuestro camarógrafo, se llevó la cámara y la Nagra a su casa, para seguir filmando desde la televisión. Más o menos a la una de la tarde, yo abandoné la oficina. Los aviones pasaban a baja altura.

Escuché las primeras bombas cayendo sobre La Moneda. La policía había ocupado todas las calles del barrio.

Entré en mi domicilio frente al cerro Santa Lucía con las manos en alto, llevando algunos negativos. El día del golpe fue el último día de *La Batalla de Chile*, pues sólo nos quedaban tres latas de película de 10 minutos cada una. La fiesta había terminado.

¿QUÉ HABÍA PASADO?

El 11 de septiembre 1973 murió la democracia chilena y Salvador Allende se suicidó. No aceptó la rendición ni tampoco un avión para salir del país. Resistió con las armas el asedio del palacio, con su escolta de cuarenta civiles. Cuando todo estaba perdido, se quitó la vida con una metralleta que le había regalado Fidel Castro.

Salvador Allende, en realidad, no le hizo caso a nadie.

Cuando faltaban dos meses para su muerte, no entregó las armas al pueblo. El Partido Socialista –que era su partido– decía que era urgente armar a un sector para la lucha final. El grupo más resuelto y radical, el MIR, decía lo mismo. Desde La Habana, Fidel Castro también le ofreció armas (pero Allende las guardó en el palacio). Su joven hija, Beatriz, estaba indignada con la «pasividad» de su padre, que no le entregó esas armas a nadie.

Una buena parte de la izquierda se había preparado «mentalmente» para saltarse la Constitución y pasar a la lucha armada, porque, a esas alturas, era una pérdida de tiempo «tratar de dialogar con la burguesía», una frase que estaba en la boca de miles de militantes.

Incluso el Partido Comunista, que era el más moderado adentro de la coalición, estuvo a punto de cambiar de línea cuando vio que seis tanques disparaban impunemente contra el palacio de gobierno, dos meses antes del golpe final, en junio de 1973.

En los sótanos del palacio en realidad había armas para pertrechar a unos centenares de hombres, tal vez a una compañía, unos mil combatientes. Eso hubiera bastado, tal vez, para persuadir a los generales golpistas del resultado de un asalto al palacio.

Pero Allende no utilizó esas armas.

TODO ESTABA PREPARADO

Todo estaba preparado para una eventual resistencia popular.

Había «comités de vigilancia», «cordones industriales», «comandos comunales», muchos territorios controlados por obreros y campesinos. Había decenas de empresas estratégicas dirigidas por los trabajadores. Había un respaldo popular que alcanzaba el 43% por ciento de la población activa.

Existía un auténtico clima de agitación e indignación contra los banqueros, los latifundistas, propietarios de camiones, la oligarquía en general.

A pesar de todo, Allende no distribuyó las armas que tenía. Se negó a saltarse la Constitución, no atendió las opiniones más atrevidas, no oyó el clamor que venía desde la calle y eligió el camino de la negociación con sus adversarios (arriesgándose a provocar una enorme desorientación entre sus fuerzas). Tomó sin vacilar el camino del diálogo. No perdió la fe en una eventual «solución política».

Dos meses antes de su caída, la suerte de la Unidad Popular estaba echada.

Chile perdió la oportunidad histórica de «hacer la revolución» y la izquierda no pudo evitar el desastre: tuvo que escapar o fue capturada, salir al exilio o claudicar sin combatir ante la entrada de Pinochet. Muchos militantes se sintieron traicionados.

EN EL NORTE

En el norte –a mil kilómetros de Santiago–, entre las rocas salitreras y las playas salvajes del Pacífico, hay un puerto diminuto llamado Caldera. Está en pleno desierto de Copiapó, uno de los más secos del mundo, donde están las minas de cobre, mercurio y plata. Aquí hay una llanura enorme, completamente pelada. Es la «pampa».

Debajo de un cielo irreal, el tamaño de las estrellas parece aumentar al doble y la luminosidad de la Vía Láctea permite ver las colinas.

En 1935, a bordo de un viejo ferrocarril, Salvador Allende llegó hasta Caldera como prisionero político («relegado») por órdenes de un coronel que se había apoderado del gobierno de la época.

No sólo era un joven diputado socialista, sino también un buen médico generalista. Se instaló en un cuarto de la pensión y comenzó a atender gratuitamente a los enfermos. El capitán de la policía lo recibió y le dijo: «ni hace falta que usted firme el libro de registro a diario. Basta con que lo haga los domingos. No siento ninguna simpatía por los socialistas, pero sí por los masones. ¡Esto es lo que importa!».

Se hizo amigo del maestro de la escuela, Alejandro de la Barra, que en su juventud fue minero, que cantaba y tocaba la guitarra. Este hombre decía: «El norte de Chile lo creó Dios para los pobres. Los gringos se lo robaron y finalmente el Partido Comunista lo recupera para Chile».

Allende improvisó una enfermería en la escuela para vacunar a los niños y la población. «Vengan a bautizarse –decía el Maestro–, es gratis». En las noches sacaban unas sillas a la calle y charlaban. «Algún día usted será presidente y les dará leche a los niños, que es el color blanco de nuestra cordillera; les dará el hierro, que es el azul de nuestros mares; y les dará la inteligencia, que es el rojo de nuestra clase trabajadora».

CONFESIONES

Allende recuerda:

«Cuando yo era joven, entre 14 o 15 años, frecuentaba el taller de un zapatero anarquista que vivía en Valparaíso. Se llamaba Juan Demarchi. Era de orígen español. A veces le escuchaba hablar durante horas. Yo estaba en un liceo secundario, cerca de su taller.

«Después de las clases lo visitaba. Tenía unos 70 años y en su biblioteca había libros de Julio Verne y textos de Bakunin. Me enseñó a jugar al ajedrez. En aquella época yo no tenía interés por las lecturas serias. Pero la palabra simple de este hombre me hizo comprender muchas cosas que yo era incapaz de asimilar.

«Cuando era estudiante de medicina –en Santiago, en 1926–, nosotros éramos de los más avanzados. La facultad estaba en Recoleta, un barrio modesto, y nosotros vivíamos en las pensiones que estaban cerca. La mayoría éramos de provincias y en las noches nos reuníamos para leer *El Capital*, en voz alta. También leímos a Lenin y Trotsky.

«En mi formación también está presente mi abuelo paterno. Le decían *el rojo Allende*. Era un senador de finales del siglo XIX, admirador de Rousseau y Voltaire, que soñaba con la independencia económica de Chile. Era cirujano y también Gran Maestro de la masonería.

«En 1933 fundé el Partido Socialista, con una filosofía y pensamiento parecidos al Partido Comunista, pero más independiente, con otra táctica, con menos compromisos internacionales, lo que no quiere decir que neguemos el internacionalismo proletario.

«Yo participé en el Frente Popular, el año 1939.

«Fui ministro de la Salud del presidente Pedro Aguirre Cerda, que era centrista. Hoy día, la Unidad Popular está formada por los mismos partidos de entonces. La diferencia es que antes el mando estaba en manos del Partido Radical, que era de la burguesía. Ahora no tenemos la hegemonía de ningún partido, solamente de la clase obrera. Yo soy un presidente socialista-marxista».

SENADOR

En 1945, fue elegido por primera vez senador por las provincias del sur. Entonces Allende recorrió a caballo las pampas de la Patagonia y navegó por los canales de la Tierra del Fuego. Era un hombre fuerte, que vestía chaquetón de cuero forrado de lana y pantalones de *cotelé*. Visitaba las estancias y los frigoríficos para hablar con los obreros, ante la alarma de los patrones.

A menudo al galope iba gritando: «Compañeros del Río de Oro... ¡a las urnas! ¡Trabajadores de Punta Arenas!... ¡a las urnas!...¡A votar por los candidatos populares! ¡A votar contra la explotación!... ¡Pescadores de Laguna Blanca, a las urnas!».

Estudió a fondo el tema de los indígenas en los bosques de la Araucanía. Navegó por la zona de los lagos, donde Chile parece una réplica de Suiza, entrevistándose con los trabajadores de la madera, del carbón, hablando asimismo con los colonos alemanes, estos últimos muy desconfiados y conservadores. Allende tenía 38 años.

Fue senador durante 25 años, cada vez en una región distinta, sin ceder a la tentación de crear un «feudo de electores». Su única receta política era tener «contacto directo» con la gente y golpear puertas, entrar en las casas, a los hospitales, policlínicas, fábricas, minas.

En esa época, también Pablo Neruda recorría el país haciendo campaña por el Partido Comunista, movilizando a los mineros para nacionalizar el cobre (que después Allende haría)... Neruda y Salvador Allende cultivaron una amistad profunda que duró hasta su muerte.

¿QUIÉN ERA?

Este senador solía contestar de su puño y letra los ataques que recibía de la prensa enemiga, incluso los más abyectos, que tocaban a su familia, su vida privada, sus amigos. En el plano personal, Allende fue arrastrado por el «lodo de la gran prensa» de su país.

¿Quién era él? ¿Cómo era posible que llegara a ser un líder tan hábil y conservara aquella susceptibilidad personal? No era un intelectual de izquierdas ni un especialista en revoluciones. Tampoco era un teórico en materia de marxismo. Era un libre pensador en el sentido clásico y era un masón, como había sido su abuelo. Esta autenticidad y su parcial formación marxista le facilitaron el camino como revolucionario. No era intolerante: podía rechazar toda clase de dogmatismos. Al contrario que otros líderes de la izquierda, Allende se salía de la ortodoxia. Esto le permitió practicar una apertura política, amplia, que sólo él podía defender. Decía que era un militante socialista por razones «estéticas», pues la miseria era la cara fea de la humanidad. Había que erradicarla para restituir la belleza y dignidad del hombre. Como médico y parlamentario –fue diputado muy joven, a los 29 años–, creó las principales leyes sociales de su tiempo. Esta sensibilidad y la franqueza estaban en la base de su caracter.

Al principio, los profesionales no confiaban demasiado en él. Pero Allende fue ganándose el respeto de cada grupo, a lo largo de 45 años de actividad parlamentaria y cuatro campañas presidenciales (en los años 1952, 1958, 1964 y 1970). Se convirtió en el líder indiscutible de la izquierda y del centro político.

LOS AMOS DE CHILE

Primero Inglaterra y después Estados Unidos fueron los amos de Chile. Las reservas de nitrato y cobre, el «metal rojo», permitieron a Inglaterra y Estados Unidos que se embolsaran un tesoro.

Desde mediados del siglo XIX, los trabajadores del «salitre» y del cobre, mal tratados, mal pagados, mal alimentados, comenzaron a organizarse, y las primeras huelgas masivas estallaron en 1890. El movimiento sindical se convirtió en el más importante de América Latina. Un obrero autodidacta, Luis Emilio Recabarren, fundó el Partido Comunista en 1922, alineado con Moscú. Allende fundó el Partido Socialista en 1933, marxista y obrero, pero independiente del Kremlin.

Durante todo ese tiempo, la clase media se desarrolló. Algunas ciudades prosperaron. Una cierta estabilidad se afianzó en el país. Durante 150 años hubo sólo tres cartas constitucionales. La regularidad fue ganando terreno. El Estado y las instituciones funcionarban mejor que en otros países de la zona.

Chile tuvo la primera seguridad social en 1847; el primer ferrocarril en 1851; la legislación civil más avanzada de su tiempo en 1855; la primera ley de sufragio universal en 1884; la primera legislación social aplicada (llamada ley del *reposo dominical* en 1907); una de las mejores enseñanzas laicas y obligatorias en 1909; y el único gobierno del Frente Popular de América Latina en 1939.

EL CUATRO DE NOVIEMBRE

El cuatro de noviembre de 1970 el *marxista* Salvador Allende se convirtió en el nuevo presidente de Chile. Recibió como herencia un país pobre y endeudado (la deuda era de 2.400 millones de dólares), cuya principal riqueza estaba en manos extranjeras. El presidente Nixon se puso furioso con esta «nueva Cuba» y no envió ningún mensaje de felicitación. Su embajador en Santiago no asistió a la ceremonia de investidura.

Muy consciente de su papel, Allende se lanzó a una aventura completamente inédita que ni Marx hubiera previsto: llevar a un país hacia el socialismo de manera legal, sin destruir el sistema establecido y, además, sacar el máximo partido de las disposiciones legales existentes.

Ante los ojos de Estados Unidos, el caso chileno era más peligroso que ningún otro. La victoria pacífica de Allende amenazaba con extenderse por todo el continente. Ni siquiera era un marxista alineado con la URSS. Por otra parte, Moscú tampoco «entendió» el caso chileno y nunca envió la ayuda imaginada.

CHILE ERA DISTINTO

Chile estaba lejos de Europa, lejos de Norteamérica, lejos de Asia.

Era uno de los países más incomunicados de la tierra, atrapado entre la cordillera de Los Andes y el océano Pacífico. Estaba aislado por una masa increíble de montañas y agua.

Viviendo en Chile, uno tenía la sensación de que todas las cosas ocurrían «afuera» como pasa en algunas islas. En los años cincuenta y sesenta, era una copia de una república liberal europea: un país organizado con pocos habitantes y ciudades modestas. Era como una ilustración, un dibujo del Atlas.

Yo recuerdo haber visto a dos presidentes de la República caminando por la calle, a pie, completamente solos, sin escolta policial. Cualquier ciudadano podía entrar en el palacio de gobierno y atravesar los patios para acortar camino, como si fuera una galería comercial.

Cuando había elecciones, mi madre era apoderada de mesa y yo la acompañaba, cuando era niño. Yo la acompañaba hasta el Ministerio del Interior, con los votos en la mano y las actas bajo el brazo. Caminábamos por la calle; ya era de noche.

La iglesia católica era conservadora. Pero estaba separada del Estado y no se metía mucho en política. Los militares tampoco influían en la vida pública. Eran un ejército algo invisible. Recuerdo la Parada Militar de 1971, con Allende en el centro de la ceremonia. Al terminar, el presidente salió en un coche descubierto. Lo seguimos varios centenares de metros, con la cámara al hombro, por la calle Dieciocho. Cada cierto tiempo se bajaba del auto para saludar a la gente. Nosotros casi lo tocábamos con la cámara. Allende vivió esta extraña realidad adormecida y al mismo tiempo utilizó esta «ingenuidad nacional» para intentar dar vuelta la tortilla, para poner las cosas patas arriba.

Detrás de esta «cortina democrática» había una gran miseria en todo el país. Había desempleo, poblaciones callampas, alcoholismo, tuberculosis, salarios de hambre y una situación medieval en el campo. Todo estaba escondido detrás de las instituciones, en la trastienda del sistema. Uno creía que nunca las cosas iban a cambiar, porque Chile era un Estado patriarcal, detenido en el tiempo, congelado. Allende no retrocedió al verificar esto, sino que inventó una fórmula democrática para hacer las transformaciones a su manera.

«Chile es hoy la primera nación de la tierra, que da cuerpo al segundo modelo de transición a la sociedad socialista» dijo en su primer mensaje al parlamento, en mayo de 1971, que también es su Manifiesto.

«Alternativa por fin encontrada a la dictadura del proletariado», verdadero desafío teórico y exploración de tierras desconocidas, dijo, y que Allende transitó «con el humanismo de todas las épocas y en particular con el humanismo marxista».

UN CABALLERO GENTIL

Allende era un hombre a la antigua. Le gustaba hablar con solemnidad, con aire doctoral, lo que producía un clima de respeto a su alrededor. Era un caballero gentil, con modales atentos. Concedía mucha atención a los demás, sin ser exagerado, sin ser empalagoso. Era muy galante con las mujeres, a las que concedía mucha atención. Vestía con buen gusto. Tenía sentido del humor y una energía inagotable.

Cuando se enfadaba, era severo. Criticaba a sus colaboradores con franqueza, sin ahorrar adjetivos. No caía en la grosería. Siempre mantuvo un nivel de dignidad en el lenguaje. Era un padre afectuoso, con una relación estrecha con sus hijas. Cuando estaba en la mesa, a veces, almorzaba tomado de la mano con una de ellas. En el mejor sentido de la palabra, era un sentimental. Era un político romántico, aficionado a las lealtades profundas, que se constituían en leyes para él.

Le fascinaba el juramento de Simón Bolívar. Por ejemplo, cuando este jura dedicar su vida a la independencia de América... Allende hizo una declaración semejante en los funerales de su padre, cuando juró «dedicar su vida a las ideas de libertad y democracia». Fue una definición pública que sostuvo hasta su muerte, que nunca violó.

LOS AMERICANOS

En 1970, el grupo Nixon-Kissinger estaba formada por un equipo de halcones, entre los cuales sobresalía Donald Rumsfeld. La Casa Blanca se lanzó en picada contra este nuevo presidente. Washington congeló los créditos para Chile y presionó a los organismos internacionales para que adoptaran actitudes análogas. Manipuló a la baja el precio del cobre en Londres. Se negó a vender alimentos y piezas de recambio para Chile. Envió un flujo de dólares para financiar los principales medios de comunicación y los partidos contrarios a la Unidad Popular. Destinó millones para organizar las huelgas del transporte y entrenar a los grupos armados de la extrema derecha. «Hay que aplastar a este hijo de puta», decía Nixon, en palabras textuales. A su vez, Kissinger estrangulaba la economía chilena apoyando a la derecha y a Eduardo Frei, el principal líder de la oposición. Kissinger pretendía sacar de «su irritante neutralidad» a la Armada y el Ejército.

RESPETAR LA LEY

Allende debía respetar la ley (atrasar el golpe de Estado, privándolo de todo pretexto jurídico) y disponer de «más tiempo» para modificar la correlación de fuerzas. Era necesario crear milicias populares de autodefensa y aparatos armados en los partidos de izquierda. Sin embargo, hacer esto no era respetar las leyes y Allende lo sabía.

También había otro combate entre sus propias fuerzas, que fue el primer combate que Allende perdió. En aquellos años era sorprendente ver cómo el pueblo entendía el terreno que pisaba. A pesar de que faltaban alimentos, de que no había bencina, gas, transporte público, la gente siguió votando por Allende y sabía quién era el culpable. Las masas no creyeron en las mentiras de *El Mercurio*.

El pueblo sintió en carne propia quién era el responsable del boicot económico; entendió qué era el bloqueo norteamericano sin necesidad de que se lo explicaran.

Sin embargo, Allende gobernaba sin darse cuenta de este «salto cualitativo» que se estaba produciendo en la calle.

EL LABERINTO LEGAL

Durante horas, nosotros instalábamos nuestra cámara en el Parlamento para filmar algunas discusiones, mientras afuera —en todo el país— la extrema derecha montaba atentados terroristas.

Allende se extravió en el «laberinto legal» de su propia estrategia. En vez de pasar a otra etapa y lanzar otra conducción política, dejó pasar el tiempo... Todo Chile se embarcó en una interminable discusión de abogados y picapleitos; una discusión sobre artículos, leyes, veredictos en «primera instancia», códigos, decretos, intervenciones, requisiciones y otros recursos que iban a parar al Tribunal Supremo.

¿Quién fijaba las fronteras de las leyes? ¿Quién tenía la última palabra: el Gobierno, la Corte Suprema o el Parlamento?

En un momento dado, la filmación estuvo muy cerca de convertirse en un reportaje judicial.

Se discutía si tal decreto de nacionalización «entraba o no entraba» dentro de las atribuciones del poder ejecutivo. Si los trabajadores de esa fábrica «estarían por casualidad malinterpretando» aquel artículo de la Constitución. Si este otro proyecto de ley «sería legal o no». Los editoriales de los grandes periódicos, las mesas redondas en la televisión, los debates parlamentarios y las grandes polémicas, estaban centrados en «la legalidad».

Mientras tanto, en las fábricas y en el campo, había millones de ciudadanos llenos de energía, ilusionados aún, pero al mismo tiempo cada día más frustrados, ya que no recibían ninguna orientación real. La izquierda se había dividido en dos grandes bloques, en dos interpretaciones, en dos miradas diferentes de la realidad. Los comunistas eran la moderación y el respeto de la Constitución. Los socialistas decían que esa misma Constitución ya no servía para nada.

Allende –que durante cincuenta años había hablado con agudeza al pueblo– perdió esa facultad... ¿Compartía las dos posiciones a la vez?... ¿Perdió el control cuando faltaba poco tiempo para el desenlace final?

LAS ARMAS OTRA VEZ

Uno de mis ayudantes se presentó en mi casa y me dijo: «Tengo en el coche algunas armas y necesito guardarlas en tu casa por espacio de unos días».

Guillermo hacía parte del MIR y pertenecía a nuestro equipo.

Yo me quedé silencioso en la puerta de mi casa. Caminamos unos pasos en dirección a la calle. «No puede ser», le dije, «ponemos en peligro toda nuestra filmación».

Era verdad lo que estaba diciéndole.

Pero también era cierto que yo estaba asustado y que las armas me producían miedo. Estábamos a dos pasos de una guerra civil y yo era incapaz de enfrentar el tema de las armas. Yo creía que los únicos responsables para actuar, en este terreno, eran los «cuadros del aparato de seguridad» de cada partido. Nosotros, los «simpatizantes» de la izquierda, no teníamos nada que ver con esto. Sin embargo, yo mismo y mi equipo, apoyábamos las declaraciones más incendiarias que aparecían en los diarios.

Muchos de nosotros, en vano, esperábamos demasiado del líder, del senador Carlos Altamirano, que era un personaje bastante excéntrico y sin duda exagerado. Altamirano le hizo la vida imposible a Allende a causa de sus declaraciones inoportunas, donde utilizaba un lenguaje brutal que hacía pedazos el lenguaje de Allende, invocando palabras como «combate», «lucha», «enfrentamiento» o «guerra».

Los hechos, sin embargo, revelaron que Altamirano hablaba de la boca para afuera y el día del golpe no hizo nada. Fue completamente ineficaz. Nosotros también nos sentíamos muy cerca de algunas declaraciones del MIR (que eran mucho más honestas que las palabras de Altamirano).

Además —y esto puede parecer contradictorio—, yo siempre sentí mucha consideración por el Partido Comunista. Era el partido más experimentado y coherente de la izquierda chilena. Hacia finales del 73, sin embargo, cuando las cosas parecían estar al borde del abismo... ¿cómo seguir creyendo en la «constitucionalidad» y en la «batalla de la producción»?

UNA DISCUSIÓN INTERMINABLE

Para nosotros, como cineastas, era difícil reflejar esta discusión ideológica en el rodaje. Yo tenía una verdadera alergia a las entrevistas de los «jefes» políticos. Me gustaba mucho filmar a la gente común en los barrios normales. Pero sentía un rechazo por las «entrevistas oficiales». Yo prefería filmar situaciones espontáneas, donde los problemas «aparecieran» solos, sin rodeos, de modo que los espectadores pudieran sacar conclusiones por su cuenta.

Una vez, en el barrio Recoleta, se produjo ese milagro.

En una sala pequeña y bastante bien iluminada (ya era de noche), se produjo una batalla verbal con mucha fuerza. Parecía una asamblea ideal colocada delante de la cámara (como sacada de una película de ficción).

Dos personajes discutieron largo rato. Uno era tranquilo, juicioso y disuasivo (del PC), que justificaba la pasividad del gobierno frente a la derecha y los grandes patrones, en nombre de la legalidad, del respeto a la ley, etc. El otro era vehemente (del PS), que llamaba a la movilización general contra los adversarios de Allende. «Tenemos que pasar al ataque —decía—, si no lo hacemos ahora, seremos aplastados».

La polémica era de enorme actualidad. El humo de los cigarrillos cubría la sala. La iluminación dejaba una parte oscura en el techo. Parecía una película histórica, sin tiempo... ¿sacada del pasado?, ¿cómo una ilustración de otra época?

¿ARMAR AL PUEBLO?

Los trabajadores estaban acostumbrados a un diálogo abierto. La ausencia de dictaduras, durante años, les había hecho olvidar los hábitos elementales de vida clandestina. A su vez, los servicios de inteligencia militar no podían ser controlados. En estas condiciones, empezar a hablar del armamento de los trabajadores, suponiendo que esto hubiera sido posible, probablemente no habría hecho más que adelantar la fecha del golpe. Se habría podido armar, tal vez, a 500 hombres sin producir ruido. Sin embargo, armar a 5.000 habría puesto en pie de guerra a todos los oficiales de las fuerzas armadas.

Allende había meditado mucho en su muerte. Comenzó a hablar de su muerte con mucha anticipación, incluso públicamente. Habló de esto a sus ministros, a sus consejeros e incluso a algunos militares. Lo hizo empleando una metáfora simple: ...«sólo me sacarán del palacio en un pijama de madera»...

EL FRÍO INVIERNO DE 1973

Fue bastante frío aquel invierno de 1973.

La lluvia entraba por la parte trasera de nuestra «citroneta» y molestaba a nuestro ingeniero de sonido, Bernardo, porque humedecía su equipo. El ayudante de dirección, José Bartolomé, fumaba sin parar y comentaba en voz alta casi todo lo que estaba pasando. Yo iba callado, concentrado, con las dos manos agarradas al volante, al lado de Jorge Müller y su cámara.

Santiago era una ciudad con poca luz. Había humo en la parte alta de la ciudad. Los barrenderos quemaban las hojas en las esquinas. El olor se metía adentro de nuestro vehículo.

El flaco y yo íbamos rumiando las imágenes que acabábamos de hacer o las que haríamos en la próxima horas. A veces, para entretenerse, Jorge sacaba una brocha y se ponía a limpiar los objetivos. Tenía una colección de pincelitos en los bolsillos.

Viajar por Santiago tomaba muchísimo tiempo. La «citroneta» avanzaba con lentitud: parecía que navegaba por el aire, subiendo y bajando. Cruzábamos cientos de calles rectas, anónimas y oscuras. Santiago era enorme. A la caída de la tarde, en medio de la neblina, era inabarcable. El vehículo nos adormilaba, nos mecía, nos transportaba a un destino incierto.

ÚLTIMA FILMACIÓN

El día del golpe, salimos a filmar muy temprano, como a las ocho. Esto era poco frecuente, porque nosotros siempre empezábamos muy tarde. Pero ese martes 11 de septiembre teníamos la intención de filmar unos planos aéreos de los cordones industriales de Santiago... y la avioneta sólo podía volar antes de las diez.

Yo tenía la idea de pasar por encima del cordón Cerrillos, después por el cordón Vicuña Mackenna... Luego, recorreríamos la periferia de la ciudad a baja altura.

Cuando ya estábamos a mitad de camino, empezamos a ver muchas cosas raras. Pasamos delante de la puerta de algunos liceos que estaban vacías en lugar de estar llenas a esa hora. Había muchos policías en las esquinas. Había algo raro en el ambiente. Encendimos la radio y escuchamos la voz de Allende, que estaba informando al país de lo que ocurría. Había interferencias y se oía mal. Nos detuvimos en una calle solitaria para escuchar mejor.

Les habla el presidente de la República. Informaciones confirmadas señalan que un sector de la marinería habría aislado Valparaíso... La situación es crítica... hacemos frente a un golpe de Estado en que participan la mayoría de las Fuerzas Armadas.

Después, los otros comunicados:

Sólo dejaré La Moneda cuando cumpla el mandato que el pueblo me diera. Defenderé esta revolución chilena y defenderé el Gobierno porque es el mandato que el pueblo me ha entregado. No tengo otra alternativa. Sólo acribillándome a balazos podrán impedir mi voluntad, que es hacer cumplir el programa del pueblo. Seguramente, ésta será la última oportunidad en que pueda dirigirme a ustedes. La Fuerza Aérea ha bombardeado las antenas de Radio Magallanes. Mis palabras no tienen amargura, sino decepción.

EL DÍA MÁS VERGONZOSO

Mientras el palacio presidencial era atacado, en el otro extremo de la ciudad, la casa de Allende fue bombardeada ese mismo día. Dos helicópteros lanzaron media docena de cohetes, mientras la mujer del presidente, Hortensia Bussi, abandonó la casa un poco antes. Nadie apagó el incendio; no aparecieron los bomberos.

Por la tarde la gente empezó a caminar entre las ruinas. Primero se llevaron los cuadros, después las esculturas, luego los libros, las alfombras, los álbumes de fotografías y la ropa personal de los esposos Allende. La casa fue enteramente saqueada. Fue el día más vergonzozo de la historia de Chile.

HAN PASADO TREINTA AÑOS

Han pasado muchos años y Salvador Allende es un presidente con parques, plazas, calles y avenidas en todo el mundo, incluso tiene una estatua frente al palacio de gobierno chileno.

No hay aún una biografía que esté a la altura de sus complejidades. Sin embargo empieza a ser restablecido en su verdad. Simboliza la muerte, la tortura y el exilio de miles de chilenos, algo que demorará generaciones en superarse. El último balance está en el aire, pues el proceso aún no se ha hecho.

Chile es un país dividido, con una desigualdad económica grande, con una estratificación de clases abismante, con una oligarquía a la cabeza, moralmente anacrónica, poseída por el espíritu de cruzada anticomunista, aunque muchos de sus componentes aparecen como personas neutrales ajenos al drama. A pesar de todo, el recuerdo de este hombre elegante permanece todavía en la memoria como un sueño borroso. Es la imagen incompleta de una persona serena que trató de cambiar las reglas del juego en favor de los más humildes.

El botón de nácar

Un film de 100 minutos, 2015

LOS COMETAS

Haciendo mi película anterior, *Nostalgia de la luz* (filmada en el desierto de Atacama), hice dos descubrimientos que me llamaron la atención y provocaron el deseo de hacer un nuevo filme. Han pasado tres años y me siento preparado para salir con la cámara al encuentro de ese proyecto.

Dos cosas me tocaron en particular: *la vida no se originó en la Tierra,* sino que, al parecer, llegó desde el exterior. Para muchos biólogos, geoquímicos y astrónomos, los gérmenes de la vida llegaron a bordo de los cometas, que formaron los océanos.

EL AGUA

Mi segundo descubrimiento (en el desierto) fue darme cuenta de que *nuestro cuerpo está formado de agua.* El 60 por ciento de nuestro cuerpo es agua. La musculatura del cuerpo conserva los dibujos del agua, el corazón es el encuentro de dos corrientes, el oído interno es un molusco enroscado. Aún tenemos las huellas de nuestro pasado antiguo adentro del cuerpo.

¿HACER UNA PELÍCULA SOBRE EL AGUA?

Es una pregunta difícil, porque ninguna película obedece a una sola causa. No hay una sola respuesta definitiva.

¿Por qué el agua?

Sin duda mirar las olas es como mirar el fuego. Hemos nacido en su interior. Es un elemento purificador para las personas religiosas (y para las que no lo son). Beberla, tomarla entre las manos, es un goce de la vida. El sonido del agua nos persigue, igual como el rumor del viento.

La tierra, el aire, las nubes, *forman un cuerpo* donde el agua circula como la sangre. El agua nos inunda... Una patata tiene 80% de agua. Un tomate tiene un 95% de agua. Una bacteria tiene un 75% de agua.

EL MAR CHILENO

Para nosotros, el agua es un elemento inevitable. Somos los únicos que tenemos tantos kilómetros de costa. Somos un país de isleños confinados entre el mar y las montañas. Nos movemos adentro de un pasillo, un estrecho pasillo cuyas paredes son el agua y Los Andes. Entonces, al mirar el horizonte, nos sentimos liberados. La corriente de Humboldt (un río de agua que pasa delante) ha tallado nuestras costas.

UN OCÉANO PERSONAL

También tengo otras razones. El agua me agrada porque mi madre, que nació en la costa, nunca quiso vivir en una ciudad sin mar. Una temporada estuvimos en Concepción, donde llovía sin parar durante semanas y hasta meses. La casa tenía un techo de zinc y las gotas producían un efecto de martilleo que me tranquilizaba y protegía. Este ruido me ha acompañado toda mi existencia.

Sin embargo, mi relación es ambigua: el océano me causa atracción y resquemor. Siento desasosiego al acercarme a las olas: son como rodillos que te aspiran. El océano es imprevisible. Cuando era niño me acostumbré a dormir con el estrépito de las tormentas, escuchando la voz del «*toro*», una boya que había en Valparaíso. Cada tres minutos lanzaba una nota muy baja para avisar a los buques del peligro. La gente escuchaba al «*toro*» y su bramido producía miedo.

Sinopis

LA PATAGONIA OCCIDENTAL

Viajaré con mi cámara hacia una región inundada por el agua, como si el diluvio hubiera sido ayer.

Se llama Patagonia Occidental.

Aquí Chile se rompe, se agrieta y se abre como una cortina. La cordillera se sumerge y reaparece transformada en incontables islas cubiertas de bosques. Aquí, como en ninguna otra parte, el océano y la tierra conviven. El agua se ramifica y penetra por miles de fiordos. Este archipiélago tiene 74.000 kilómetros de costa. El océano forma un estuario con una red infinita de canales. Uno no sabe dónde está parado: si en una isla, si en un pedazo de hielo o en tierra firme.

La Patagonia tampoco tiene un «tiempo» real. Uno puede tener la impresión de haber retrocedido siglos. Es un laberinto del tiempo.

CANOAS

«El agua no olvida», dice una leyenda indígena.

Hace unos treinta mil años, pequeños grupos humanos llegaron a este paraíso: provenían de Asia, Australia u Oceanía. No se sabe.

Tenían nombres misteriosos (*haush, kawéskar, sélknam, aonikenk...*) y hablaban lenguas desconocidas, algunas descifradas y otras no. Vivían en grupos que se desplazaban por los fiordos. Eran nómades del agua. Se movían en canoas que viajaban de isla en isla. Cada embarcación tenía un fuego que ardía. Se pintaban el cuerpo de color blanco con líneas negras, como la piel de las cebras. Se «vestían» con dibujos geométricos: rectángulos, rombos, triángulos. Se ponían máscaras abstractas. Sus dioses velaban por el orden. Conocían a fondo a los otros seres que pasaban cerca: ballenas, cachalotes, delfines, focas. Sabían tallar huesos, piedras y maderas. Las mujeres parían en el agua. Ayudadas por las más viejas, la parturienta se acuclillaba y se dejaba balancear por las olas. El niño salía expulsado hacia delante, describía un círculo y se acercaba al pecho de ella.

AGUA

El agua es un elemento común del sistema solar. Se encuentra como vapor de agua en cuatro planetas: Venus, Marte, Júpiter y Saturno. Aparece como hielo en otros: la Luna, Titán y también en los cometas. Más allá del sistema solar hay agua en algunas nebulosas de la Vía Láctea y en otros cuerpos.

Un observatorio chileno descubrió hace poco, en 2010, tres planetas que tienen agua líquida alrededor de la estrella «Gliese», en la constelación de la Libra, a 20 años luz de la Tierra. En realidad, nadie puede negar que allí no haya un archipiélago como la Patagonia. ¿Qué clase de seres habría en esos mundos?... ¿Serán mundos solitarios?... ¿Estarán llenos de navegantes?

EL MAR PRIMORDIAL

Nacemos en el agua, sumergidos en el líquido amniótico de nuestra madre, que es una réplica del océano primordial. Todos los fetos se mueven en ese lago interior, donde hay poca gravedad. Según los neurólogos, los fetos empiezan a tener memoria a las treinta semanas. Por lo tanto llegamos al mundo cargados de una rica información que proviene del agua materna y (también) del agua que proviene de la galaxia.

LA ROPA USADA

Los indígenas de la Patagonia vivían en paz. En el siglo XVIII había diez mil individuos entre el Cabo de Hornos y el Golfo de Penas, una distancia de mil docientos kilómetros. Se abrigaban con pieles de lobo y se untaban el cuerpo con grasa de foca. Las mujeres extraían moluscos nadando bajo el hielo. Vivieron miles de años. Pero fueron exterminados en menos de cincuenta. La llegada de los misioneros italianos, en 1879, precipitó el futuro. Empezaron por educarlos: separarlos de sus dioses, quitarles su lengua, meterlos en casas de madera, darles otra alimentación, vestirlos con ropa contaminada. Los pocos que sobrevivieron murieron de tristeza.

¿Tal vez pasó lo mismo con las culturas de otros planetas?

El planeta «Kepler 22-b», por ejemplo, que tiene un gran océano... ¿habrá tenido alguna vez seres vivientes? ¿Habrá albergado grandes mamíferos?, ¿grandes ballenas?...

«Kepler 22-b» es un mundo casi terrestre con temperaturas medianas y una atmósfera agradable. ¿Hubiera sido éste un lugar para que los *haush, kawéskar, sélknam, aonikenk* escaparan de los invasores?

ACERCA DE LA VIDA EXTRATERRESTRE

Cuando hablo de la vida extraterrestre no hablo de la ciencia ficción. Solamente me hago preguntas.

Entre los años 2002 y 2012, el astrónomo Michel Mayor trabajó en el Observatorio «La Silla» en Chile, en el desierto de Atacama. Gracias a un aparato construido por él mismo (llamado espectrógrafo «Harps»), Michel Mayor y su equipo observaron muchas estrellas de nuestra galaxia. El 41 por ciento posee un planeta habitable.

Trasladada esta cifra a todo el cosmos, habría una enorme cantidad de planetas habitables en nuestra galaxia. Esta es la cifra: 10 000 000 000 000 000 000 000.

EL BEAGLE

En 1830 apareció un barco en las costas de la Patagonia, el «Beagle», al mando del joven inglés Robert Fitz-Roy (de 25 años). Echaron el ancla en una estrecha bahía aprovechando el buen tiempo, cerca de algunos indígenas.

El capitán retuvo a cuatro individuos de la región. Los nativos emprendieron un viaje que nunca pudieron imaginar. Fueron transportados dos millones de años hacia el futuro: desde la Edad de Piedra hasta la Revolución Industrial. Desembarcaron en Londres.

GABRIELA

Gabriela Paterito, que tiene 80 años, vive en una aldea de la Patagonia (Puerto Edén). Es una de las últimas descendientes del grupo *kawéskar*.

Después de una breve conversación en castellano, yo le pido que me diga algunas palabras en su lengua:... «amanecer», «flores», «pájaros», «ballenas», «noche», «estrellas»... Ella me observa con una mirada condescendiente y emite unos sonidos que yo nunca escuché antes. No se parecen a nada. Habla con sonidos indescifrables, cuya procedencia nadie conoce.

Ella saca un mapa. Me señala con el dedo el primer islote donde comenzó a navegar... ¡a mil kilómetros de Puerto Edén!... Guardando las proporciones, el viaje de Jimmy Button a bordo de un barco de 242 toneladas no es nada comparado con el viaje que hizo ella en una canoa de cuatro remos.

SOBREVIVENCIA

Los indígenas consideraban el agua como un órgano mediador entre el cosmos y nosotros. Gracias a su capacidad de amoldarse a todo, la actividad de pensar se integró al agua. Las leyes del pensamiento fueron las mismas del agua, dispuesta a adaptarse a todo. Esto explica cómo un grupo de seres humanos pudo sobrevivir miles de años en un archipiélago con temperaturas antárticas y vientos de 150 kilómetros por hora.

LA GRAN SOLEDAD

Hoy, la Patagonia es un espacio sin seres humanos.

Hay cuatro puntos habitados en miles de kilómetros. Sólo hay una sola gran ciudad, Punta Arenas.

Se puede navegar semanas sin encontrar a nadie, excepto algunos barcos destartalados de pescadores modestos. El sol brilla unos minutos después de la nieve. A veces sopla un viento huracanado que impide oír las voces de las personas que están cerca, capaz de levantar chorros de agua. Luego viene la calma, cuyo silencio también es inquietante. «El tiempo no transcurre aquí de forma natural», escribieron los primeros exploradores blancos, aturdidos y desconcertados. La Patagonia es un mundo aparte. En la oscuridad de la noche se puede oir la respiración de las ballenas. También hay otros ruidos más leves, como las raíces de los árboles que se estiran debajo de la tierra. Millones de arbustos se mueven en la neblina del alba.

UN PLANETA DE AGUA

En sus comienzos, la Tierra no era azul. Probablemente era roja como Marte. Después apareció el agua... ¿De dónde vino? ¿Quién la trajo?

«Había cometas y asteroides moviéndose por todas partes, y parece que algunos de ellos colisionaron con nosotros y formaron los mares», explica Geoffrey Blake, del Instituto Caltech.

En el mes de octubre de 2011 se encontró la evidencia: apareció un cometa con la misma agua que la Tierra. Se llama «Hartley-2» y tiene agua marina. Posee dos kilómetros de largo y viene de la región de Neptuno y Plutón. Por lo tanto, hace billones de años «toda el agua pudo venir de los cometas», confirma Paul Hartogh, de Instituto Max Planck. «Está confirmado que la vida se originó en los mares. Los cometas son inmensas naves de carga que transportaron partículas orgánicas».

LOS HOMBRES BLANCOS

En 1883 llegaron los primeros hombres blancos que procedían de Europa y del norte de Chile. Trajeron millones de ovejas. Se instalaron a varios kilómetros de la costa, en las llanuras de la Tierra del Fuego, para vender la lana de las ovejas. Cinco años más tarde (1887) llegaron los buscadores de oro y después los misioneros salesianos (1888). El gobierno de Chile convivió con ellos y protegió a los misioneros. Consideró que los indios eran «bárbaros, corruptos y ladrones de ovejas».

Los ganaderos contrataron hombres armados. Pagaban una libra por cada testítulo de hombre muerto, una libra por cada seno de mujer muerta y media libra por cada oreja de niño muerto.

ISLA DAWSON I

Hacia 1888, el misionero Giussepe Fagnano, llamado el «capitán bueno» agrupó a 215 indígenas en la isla Dawson. Estaba lejos de los ganaderos, de los buscadores de oro y del ejército. Con la ayuda de siete curas y cinco monjas, educó a los indígenas durante 22 años cerca de puerto Harris. El hacinamiento y la evangelización forzada del «capitán bueno» contribuyeron a su extinción.

Uno de los más conocidos «cazadores de indios» fue Julio Popper, de nacionalidad rumana, que se hizo fotografiar delante de una masacre dirigida por él mismo.

LONDRES

Como ya dije, el capitán Robert Fitz-Roy retuvo a cuatro individuos de la región, que fueron transportados dos millones de años hacia el futuro: desde la Edad de Piedra hasta Londres. Allí, Jimmy Button y sus compañeros fueron bañados, vestidos, vacunados, cristianizados e instruidos en las costumbres de la burguesía victoriana.

Aprendieron jardinería, agricultura y mecánica... La corona británica los utilizaría como intérpretes para la conquista de la Patagonia. Fueron recibidos en el palacio por los monarcas: la reina Adelaida regaló a Fuegia Basket un sombrero, un anillo de plata y dinero para que se comprara ropa para su regreso. Después de tres años volvieron en el mismo bergantín.

También venía otro pasajero, Charles Darwin (un joven de 22 años), que dijo que los aborígenes de la Patagonia eran antropófagos... «Tienen el rostro repugnante cubierto de pintura blanca», dijo.

Jimmy Button, después de volver a su poblado, se desprendió de las ropas inglesas y volvió a andar desnudo. Cuando habló más tarde con el capitán Fitz-Roy tenía el cuerpo desnutrido, la piel descuidada, el pelo largo y sucio. Le confesó al capitán que tenía problemas para comunicarse con los suyos, pues aún seguía hablando la mitad en inglés y la mitad en kawéskar.

Jimmy Button murió en el Cabo de Hornos. El único objeto que conservó hasta el final fue el botón de nácar.

ISLA DAWSON II

Por segunda vez, la isla Dawson se convirtió en cárcel en 1973. Tras el golpe de Pinochet y la muerte de Salvador Allende, los militares construyeron aquí dos campos de concentración. Edificaron barracas al estilo nazi, cerca de puerto Harris, encima de las ruinas salesianas. Setecientos presos estuvieron aquí sometidos a trabajos forzados, alimentación de hambre y trato humillante durante cuatro años.

MAREJADA

Durante mucho tiempo, el juez chileno Juan Guzmán ya tenía la sospecha de que durante la dictadura una cantidad cercana a los mil cuerpos habían sido arrojados al mar. El número de fosas comunes localizadas en tierra firme no tenía relación con el número de cuerpos nunca encontrados.

El hallazgo de un solo cuerpo (de Marta Ugarte), con las marcas de los alambres en su piel, fue el primer eslabón que impulsó al juez para interrogar a doce mecánicos del Ejército, que confesaron haber participado en los «vuelos de la muerte». Todavía gozan de libertad, no han sido juzgados

NAUFRAGIOS

Un equipo de submarinistas observó el fondo de la Bahía de la Ballena. Depués de unos días empezaron a encontrar rieles de ferrocarril que fotografiaron y filmaron. Fueron izados a la cubierta de un barco y analizados en la costa. En uno de ellos se encontró un botón incrustado, adherido fuertemente al metal (que hoy puede verse en el Museo de Villa Grimaldi).

LA PRUEBA

Este pequeño botón es la única huella, el único vestigio, el único rastro de mil chilenos lanzados al mar. No es de nácar. Pero cuando lo observé con una lupa adherido a la superficie del riel oxidado no pude evitar pensar en el botón que recibió de regalo Jimmy Button en 1830.

Cuando tenía 14 años, Jimmy Button recibió aquel botón del capitán Fitz-Roy. Era un regalo envenenado que un conquistador le ofrecía a un adolescente para quitarle su libertad, su identidad y su vida. Este otro botón vuelve a ser el único objeto que demuestra el destino de cientos de desaparecidos, amarrados a un trozo de hierro y arrojados al agua.

Los dos botones narran la misma historia.

QUASAR

Hace poco —en el año 2011— un equipo de científicos descubrió un océano en medio del universo. Se trata de una nube de vapor de agua flotando en el espacio. Es como un inmenso lago suspendido, un mar sin costa ni frontera.

Es un océano sin gravedad; sin ballenas, ni peces, ni barcos, ni faros en el horizonte. Un océano fosforescente que flota en medio de las estrellas, como una isla de agua cercada por el vacío. Tiene una cantidad de vapor increíble: 140 billones de veces sumando todo el agua que hay en los océanos terrícolas.

Esta inmensa nube de agua en suspensión fue encontrada en un *quasar* situado a 12.000 millones de años luz de la Tierra. El vapor tiene la forma de un anillo transparente, que mide cientos de años luz. Es el océano más grande del espacio interestelar.

Frente a él, los indígenas hubieran abierto sus ojos. Después de unos momentos de sorpresa hubieran desembarcado con sus canoas de madera, gritando, agitando los remos, con sus mujeres y chiquillos a cuestas. Ellos hubieran sembrado de vida esta zona del vacío.

ÚLTIMA ESPERANZA

Gracias a un extraño fenómeno del espacio-tiempo, inexplicable, me gustaría imaginar que todos los muertos, heridos y damnificados continúan viviendo en el espacio exterior. Me gustaría imaginar que hubieran podido escapar de las aguas, de los evangelizadores, de los buscadores de oro, de los cazadores de indios y de los militares, y que continúan viviendo en un astro lejano, luminoso y espléndido, viviendo otra parte de su existencia. Una existencia tranquila.

Estoy seguro de que las personas que ahora me rodean estarían de acuerdo conmigo.

Es un pequeño grupo de chilenos, la mayoría silenciosos y de semblante sereno. Se trata de los seis indígenas (sobrevivientes) y los setenta y cuatro hombres de Punta Arenas salvados de la isla Dawson y que están reunidos hoy, todos juntos (algunos sonrientes), frente a mi cámara.

La cordillera de los sueños

Un film de 90 minutos, 2019

En Chile, cuando el sol empieza a salir, tiene que subir miles de metros antes de tocar el suelo, porque mi país vive a la sombra de una muralla de 6.000 metros de elevación. Es una muralla que protege y aísla sus bosques, sus campos y sus ciudades. Es un accidente colosal que define la idiosincrasia de todo un pueblo, cuya sombra me marca a mí mismo y me define como persona.

¿Se puede calcular la masa de esta montaña? ¿Qué volumen tiene? ¿Se puede calcular su densidad? ¿Qué cantidad de cosas hay en su interior? ¿Cuántos millones de toneladas de rocas tiene? ¿Cómo pueden traspasarla por el aire los pájaros migratorios?... Es una verdadera muralla china de la América del Sur.

¿Cómo serán sus habitantes? Se dice que hay pequeños grupos de campesinos que viven adentro. ¿Han huido para siempre de la civilización? Se dice que viven en refugios aislados y que casi no hablan.

La Cordillera de los Andes es la segunda zona volcánica más activa del mundo. A lo largo de sus crestas existen 2.000 volcanes de los cuales hay diez muy activos. Aproximadamente uno de ellos lanza material incandescente cada cinco años. La erupción, como una bomba atómica, expande una nube colosal que gana la estratósfera y oculta la luz solar. Hay que desplazar a miles de personas para evitar la ceniza que empieza a caer. Los cóndores y los helicópteros son los únicos que pueden asomarse a este insólito espectáculo.

Las placas tectónicas se mueven y dejan al descubierto minerales raros, yacimientos desconocidos. Los grandes capitales movilizan recursos en busca del *grafito, coltán, litio* y también oro y plata.

Por el fondo de algunos senderos aún pasan algunas manadas de vacunos guiados por campesinos que parecen sacados de los tiempos de Cristóbal Colón, que se mueven descalzos por las colinas entre cuatro países (Chile, Argentina, Perú y Bolivia). Aquí están las marcas de los antiguos confines del Imperio Inca. Mucha historia y memoria pasaron por aquí.

Recientemente han aparecido hoteles de lujo que parecen castillos para turistas afortunados. Estos ricos atraviesan los cañones de hielo en helicópteros que rozan las paredes blancas. Vienen de Santiago de Chile. En el interior de estos albergues fastuosos —en la cima del mundo— se vive con la riqueza de los Emiratos Árabes.

Hay quebradas que parecen caminos abandonados. En otros siglos fueron el paso de algunas culturas que vagaban por las cumbres buscando un lugar para construir una ciudad. Se sabe que hubo algunos grupos que trataron de instalarse en el norte. A veces los senderos naturales parecen avenidas tan anchas donde cabrían dinosaurios. El color del suelo cambia del amarillo hasta un azul muy oscuro, como si los metales del interior salieran a flote... De súbito aparecen rutas modernas y vacías... ¿Serán rutas abandonadas hace poco o hace muchas décadas? ¿Habrá algunas fábricas desconocidas al final de su trayectoria?

Los tonos van cambiando: las rocas azules empiezan a desaparecer bajo el color oscuro que proyectan las cumbres. Hay cañones ocres o más bien rojos, como si estuvieran encima de volcanes apagados. Hay valles repletos de lava seca sinuosos y tal vez de otra época que se pierden en la curva siguiente. El sol dibuja rutas imaginarias que suben al cielo. Hay lugares diferentes que se alejan de lo terrestre: parecen valles marcianos.

En algunos casos la superficie está rodeada de picachos de miles de metros. Los ríos se convierten en riachuelos diminutos. Hay algo verde, tal vez helechos, en las profundidades. No se sabe qué clase de seres hay allá abajo. Por encima del silencio hay una cortina de viento invisible. Hay nubes planas a mediana altura. Se podrían hacer ciudades espaciosas sobre ellas, ciudades que podrían cambiar de lugar: podrían acercarse a la costa, mirar el océano y en la noche retirarse a dormir en medio del aire de la montaña.

Pedro Berríos se hizo famoso por caminar diez años en medio de las cumbres. Habitaba una caverna. Tímido por naturaleza, comenzó a escalar como adolescente, con la esperanza de que el montañismo aumentaría su confianza en sí mismo. Fue la primera persona que rodeó varios picos de la cadena, incluyendo montes como el Azufre, el Maipo y el Aconcagua. Decía que

la soledad le permitía reflexionar. En el año 2001 desapareció. Muchos años después se han visto huellas suyas en otros puntos de los Andes.

Algunos mineros clandestinos han subido motores eléctricos a las quebradas, ejes de polea, cilindros y víveres para empezar la búsqueda de oro cerca de pequeños arroyuelos. Suben por los senderos en la región de Chañaral. Otros excavadores clandestinos se han visto en Pica, cerca del santuario de la Vírgen de La Tirana, sin que nadie conozca realmente dónde están ahora.

Ricardo Saa es un astrónomo aficionado. Tiene un telescopio de 100 milímetros que puede llevar amarrado en la espalda junto con cuadernos donde registra sus impresiones. Se instala cerca de una montaña que parece una mole de piedra azul en el pico Tupungato. Allí vive solo. Duerme de día y se despierta a las cinco de la tarde. Observa la Vía Láctea. Ha visto luces extrañas que pasan en todas direcciones o se quedan detenidas en el cielo. Son OVNIS. Se oyen ruidos de tropillas en la madrugada. Son gente que cruza la cordillera por sendas misteriosas llevando contrabando de Valparaíso a Mendoza.

Dos hombres y dos mujeres de nacionalidad suiza han construido un invernadero que sube por una pared húmeda, a cuatro mil metros de altura, para examinar algunas especies de herbívoros que son capaces de eliminar el humo que viene de Santiago. Si esas plantas fueran capaces de vivir en un clima más caliente podrían plantarse en los límites de Santiago para combatir el *esmog* que asfixia Chile. En medio de las tardes de verano, igual que el astrónomo,

Patricio Guzmán
y Samuel Lahu
en *La Cordillera
de los Sueños*,
2019.

han visto pasar objetos volantes que ellos creen que aterrizan en algunos valles.

Daniel no cree en los platillos volantes y otros fantasmas de la zona. Se ríe de los incautos que hablan de los *ovnis*. Es un hombre de carácter práctico, que maneja su *jeep* por senderos estrechos, buscando pasos hacia la Argentina. Intenta trazar rutas nuevas que conduzcan a Calafate, una urbe argentina mucho más moderna que Punta Arenas. Tiene un teodolito y otros instrumentos. Es uno de los propietarios de un complejo turístico. «Estos lugares están bien conectados con Punta Arenas —piensa—, la ciudad principal del sur de Chile, pero también podrían acercarse a Calafate, una ciudad mejor aprovisionada», afirma Daniel. Piensa que la región podría estar mucho mejor. «El gobierno entiende poco —dice—, son una clase política que no conoce los extremos del país». Apuesta por un gobierno federal. «Cada región podría descubrir su propio destino», agrega.

Lejos de acercarse al gobierno, mucha gente de Punta Arenas tiene preocupaciones a veces excéntricas. Dicen que han visto pueblos abandonados en las montañas: aldeas muy antiguas, de la época de los descubridores españoles. No hay pruebas que avalen estas visiones pero cada cierto tiempo se descubren murallas, cimientos, vestigios, donde nunca antes vivió nadie. La repetición de estas huellas mantiene la leyenda. No hay la certeza de estos hallazgos. Pero se habla de los naufragios en el estrecho. Es probable que hubiera muchos accidentes a lo largo de los siglos.

A pesar de que Chile y Argentina están relativamente juntos, amanece mucho más tarde en Chile. Esto provoca una sensación incómoda, como si Chile estuviera más lejos, como si se hubiera separado de América, como si Chile viviera en una zona afuera del mundo.

En los meses de invierno se producen dramáticos atascos de camiones en la carretera principal que une los dos países, en particular en el túnel del Cristo Redentor. Aquí los vehículos quedan atrapados en medio del frío. Se han contado hasta trescientos camiones inmóviles a causa del «viento blanco», que son ráfagas huracanadas de agua nieve que anula la visibilidad.

En algunas zonas aisladas hay construcciones que parecen fábricas militares, talleres donde se fabrican armas. Dicen que las fuerzas de infantería chilenas pueden cruzar la cordillera en 48 horas. En el desierto hay largas filas de aviones del tipo *Martin* y cazas *F-16* comprados a Estados Unidos y Holanda. En el océano hay doce submarinos capaces de lanzar misiles desde el fondo del mar.

Granma

un film de 52 minutos, 1988

INTRODUCCIÓN

«Granma» es el nombre de un yate de re-creo del mar Caribe, hoy día propiedad del gobierno cubano. La palabra «Granma» es un término inglés que significa «abuelita». Es a la vez una abreviatura y una contracción de la palabra «grandmother», abuela.

«Granma» es también el nombre del principal órgano de prensa del Partido Comunista de Cuba (cuyo nombre en castellano es, también, «abuelita»).

Esta película es la historia del yate cuyos primeros dueños fueron dos hermanos norteamericanos que eran aficionados a la pesca en la década del cincuenta y que vivían en Miami (EE.UU.). Después, el barco fue vendido a una familia mexicana de apellido Fuenzalida, que desplazó la nave hasta el puerto deportivo de Tuxpán, cerca de Veracruz (en México).

Hacia 1956 el barco fue puesto a la venta por segunda vez. En ese momento el «Granma» salió mar afuera y empezó a navegar por la historia.

UNA TRAVESÍA FELIZ

Hace cuarenta años, en pleno verano tropical, este hermoso yate deportivo cruzó lenta y parsimoniosamente el golfo de México con cuatro hombres en la cubierta.

Tenía una buena cabina para el puesto de mando y dos cómodos puentes con sillones para descansar y pescar. Por las tardes uno de los tripulantes lanzaba el anzuelo y esperaba a que las grandes piezas del Caribe picaran. Cuando había suerte, a media tarde, conseguía izar a bordo un pez espada o también un pez martillo, los dos manjares más apreciados de la zona, que los tripulantes preparaban directamente en una barbacoa que había en la popa.

Muchos guardacostas norteamericanos, que pasaban a pocos metros, evitaban acercarse demasiado para no verse envueltos en la nube del pescado recién hecho con tomillo, perejil y cebolla, al estilo mexicano, que preparaba el hombre más corpulento del grupo. Los *marines* con cara de náufragos saludaban brazo en alto y se alejaban del yate lo más aprisa posible.

A veces aparecían nubes de gaviotas y pelícanos con la esperanza de pescar las sobras, llenando el aire con sus aleteos y graznidos. También pasaban aviones militares con base en Miami, que ayudaban sin mucho éxito a los patrulleros en la búsqueda de algunos contrabandistas de la zona.

Los pilotos, desde el aire, sentían una poderosa sensación de incomodidad y envidia cuando veían con sus modernos anteojos a aquellos cuatro hombres comiendo, riendo y bebiendo, y más de uno pasó en vuelo rasante para interrumpir la francachela.

Todas las mañanas, cantando, un empleado mulato iba de un lado al otro, barría la cubierta y lavaba algunas prendas en el costado del barco. En la popa había un mástil con dos banderas: la mexicana y la de un club de pesca de Tuxpán, aquel diminuto puerto deportivo de Veracruz.

LA VIDA EN CUBIERTA

Cuando la mar tropical estaba en calma –en la tarde la superficie parecía lisa como un plato–, el hombre más alto mataba las horas disparando al blanco con algunas armas que otro de los tripulantes le traía desde la bodega.

El mulato se encargaba de poner los blancos, que eran latas de conserva vacías, en la proa, y se ocultaba como un felino entre un disparo y otro. El tirador tenía buena puntería. Luego corregía las mirillas telescópicas y limpiaba el cañón con una estopa con grasa. Parecía el rico jefe de un cómodo safari africano.

El capitán, un hombre afable y de modales finos, pasaba las horas dibujando líneas en la carta de navegación con una regla y un compás. Mantenía la nave a siete nudos por hora, la velocidad normal de las embarcaciones deportivas de la zona, mientras escuchaba música mexicana sin parar.

Unos delfines acompañaban el barco, saliendo y entrando como locos entre las pequeñas olas. También había peces voladores en el horizonte, cerca del disco solar.

LA NOCHE TROPICAL

Durante las noches, sin embargo, cuando el agua era una mancha negra y el casco desaparecía, ocurría algo sorprendente. Muchas siluetas humanas salían del interior para estirar las piernas y moverse en silencio. Era una tripulación fantasma de varias decenas de sombras que animaba el crucero a partir de las once, sin hacer ningún ruido. La radio y las luces permanecían apagadas mientras los motores aminoraban la marcha para eliminar el zumbido que venía de la sala de máquinas.

En el interior del barco viajaban ochenta hombres bien armados y pertrechados, con cajas de municiones, mochilas, uniformes, botellas de agua, bidones de combustible más dos cañones antitanques. Tenían un propósito: iniciar la guerra de liberación en Cuba.

El barco había salido de Veracruz –desde la Huasteca– la noche del veinticinco de agosto de 1956, con las luces apagadas y los motores a media marcha para no ser descubierto por la policía. Los hombres apenas podían respirar en aquel espacio insignificante y la mayoría se había mareado el primer día con las olas del Caribe. El médico de a bordo –un argentino joven de nombre Ernesto Guevara– había olvidado la caja con las aspirinas y hacía lo posible para que los otros medicamentos alcanzaran para todos.

Durante la tercera jornada, el nivel del mar subió por encima de la línea de flotación y el agua empezó a filtrarse por la unión de las tablas resecas, a causa del sobrepeso. Hubo que formar una cadena humana para achicar el agua con cubos. Se inundó la sala de máquinas y se aligeró la carga tirando varios paquetes por la borda. Uno de los motores empezó a vibrar más de la cuenta, quizá anunciando una avería de los ejes. Con el ruido, el hacinamiento se hizo más insoportable. Eran ochenta cuerpos en estrechos camarotes, un saloncito, dos escaleras, el cuarto de baño y la sala de los motores. Nadie podía moverse para no perder su espacio. Había que mover los brazos para cambiar de posición, pues todo estaba ocupado.

UN BAÑO REFRESCANTE

Al cuarto día, las vibraciones provocaron el colapso de la máquina y la embarcación siguió avanzando con uno solo motor. Como había buen tiempo y no había otro barco cerca, el hombre más alto permitió a los tripulantes que salieran para bañarse mientras los mecánicos trabajaban abajo. En la noche pudieron ver potentes luces a lo lejos y todo el mundo tuvo que regresar al interior. Parecían reflectores de varios patrulleros. Algunos se acercaron peligrosamente y se dio órdenes al timonel para que cambiara de rumbo. El jefe ordenó que sacaran uno de los cañones a cubierta y se repartieron las armas. A las cuatro de la mañana los guardacostas se alejaron. Fue el primer zafarrancho de combate.

MAR GRUESA

La marejada comenzó hacia el mediodía. Los cuatro hombres que estaban en el exterior vieron que el mar se inflaba desde adentro, como una bola, levantando la embarcación hasta dejarla con las hélices afuera. Después vino un tirón hacia abajo y el agua espumosa barrió la cubierta y entró en la cabina. Con la ola siguiente se escuchó otra vez el ruido de las hélices girando en el vacío. Así estuvo el yate zarandeado durante horas interminables, casi sin avanzar... Antes que anocheciera se vio la clara luz del faro cubano de Gran Caimán.

HACIA LA COSTA

En la mañana el barco entró en el canal de Níquero, cerca del litoral cubano. El navío había cumplido su misión, aunque con varias jornadas de retraso. A las diez pasó un helicóptero artillado pero siguió de largo. A las once el jefe reunió a toda la tripulación y designó a tres capitanes y seis jefes de escuadra. Se repartieron los uniformes, cananas, cinturones y botas. Finalmente las armas y el parque. Cada escuadra escuchó las instrucciones y su itinerario con una mezcla de impaciencia y miedo.

El yate fue acercándose a tierra.

Aparecieron los detalles de la costa oriental, cubierta de bosque y altas colinas, mientras el tanque de combustible estaba agotado.

El barco entró en un canal lleno de *manigüa* hasta que la panza tocó el fango. Un grupo saltó con el agua a la altura del pecho y formó una fila india adentrándose entre los matorrales. Otros cargaron el bote con las armas pesadas y las cajas de balas. Poco después todo el mundo pisaba tierra firme. El yate quedó abandonado, un poco escorado hacia la izquierda.

EL DÍA MÁS ESPERADO

En esa época, Cuba vivía un régimen de terror. El gobierno del general Batista había sumido al país en la bancarrota y la corrupción, sostenido por el ejército y las fuerzas policiales. Muchos sabían que el «Granma» llegaría algún día, pero nadie sabía la fecha.

Una serie de hechos rompieron el secreto y ayudaron a Batista.

Los amigos de Fidel Castro en la isla –para distraer la atención del ejército y permitir un desembarco normal— hicieron varios atentados en cadena que llamaron la atención de las fuerzas de Batista, que cayeron sobre los invasores. Muchos hombres de Castro fueron eliminados.

El «Granma» fue reflotado y los marinos de Batista lo llevaron al puerto de Manzanillo, donde fue presentado a la prensa local y a la televisión de Estados Unidos

LOS SOBREVIVIENTES

Fidel Castro, Ernesto Guevara y los otros sobrevivientes pudieron burlar el cerco y reunirse, ayudados por los campesinos de la región. Emprendieron una larga marcha en dirección a las montañas de la Sierra Maestra. Allí se ocultaron durante meses, recibiendo ayuda de sus amigos, hasta construir varios campamentos estables.

Los medios de comunicación crearon una leyenda en torno a Fidel Castro y el «Granma». El barco fue una parte importante del mito que circuló en la prensa mundial.

En 1958, tres columnas bajaron de las montañas. Después de varios combates se fueron acercando hasta las puertas de La Habana. La víspera del Año Nuevo, mientras los partidarios de Batista esperaban las doce campanadas, las fuerzas de Fidel Castro tomaron la ciudad y el palacio de gobierno.

Batista y los suyos huyeron a Miami, utilizando los yates deportivos y los aviones que pudieron encontrar. El dictador voló hacia Guatemala y luego a España. Catorce años después falleció en Marbella.

El «Granma» se hizo invisible: pasó inadvertido, pues estaba anclado en el oriente del país. Muchos meses más tarde Fidel Castro visitó el barco, caminando unos momentos en silencio por la cubierta y la cabina de mando.

PASARON LOS AÑOS

La revolución se convirtió en uno de los terremotos políticos del siglo. El grupo armado tomó el poder, designándose el enemigo principal de Estados Unidos, proclamando su intención de extender la rebelión marxista-leninista a todo el continente. Otro de los tripulantes, el mítico Ernesto Che Guevara, cruzó la jungla de Bolivia echando las bases de una guerrilla continental. El «Granma» permaneció anclado en el mismo puerto anónimo y desapareció prácticamente de la realidad.

Cuando se cumplieron veinte años, fue llevado con gran pompa hasta La Habana. Los sobrevivientes de la expedición, Fidel Castro y otras seis personas, subieron a bordo para ser la última tripulación del yate. El malecón se llenó de gente y la gran muchedumbre vio las últimas evoluciones del «Granma». Fue como una aparición irreal.

EL VELERO EN LA BOTELLA

El barco fue sacado del agua, pintado y maquillado. Se construyó una cápsula de cristal delante del antiguo palacio de gobierno. Era un acuario de apariencia insólita. El yate fue transportado por camiones que cruzaron La Habana con bandas militares y escoltas para introducirlo adentro de la cápsula. La gente se asomó a los balcones y vio pasar aquella nave que era un mito por última vez flotando a la altura de sus ojos.

Historia de dos soldados

Un film de 100 minutos, 2007

INTRODUCCIÓN

Hace 46 años un grupo de treinta civiles mal armados y con poca munición se enfrentó a varios cientos de soldados equipados con carros de combate y piezas de artillería, en Santiago de Chile.

Durante varias horas defendieron el gobierno democrático de Salvador Allende, atrincherados en La Moneda; un combate que duró casi toda la mañana. El edificio fue ametrallado, cañoneado y bombardeado desde el aire. Salvador Allende se quitó la vida cuando el combate concluyó. Muchos de los sobrevivientes fueron fusilados al otro día.

El azar permitió que dos personas se salvaran: Juan Osses y Manuel Cortés.

Juan, escolta de la guardia presidencial, fue trasladado por error al Estadio Nacional, en lugar del Regimiento Tacna, donde hubiera sido fusilado. Algunos días más tarde, también por error, recuperó la libertad sin ser reconocido

Manuel Cortés, también miembro de la escolta, logró confundirse entre los curiosos que miraban el incendio y salió caminando entre las ruinas, perdiéndose entre la gente.

MANUEL I

Manuel se refugió en la embajada de México junto con cuatrocientas personas, donde permaneció siete meses antes que Pinochet le concediera el permiso para salir.

Una vez en México fue recibido por los antiguos republicanos españoles, que le dieron vivienda y comida. Fue atendido por la familia de Juan Negrín, el último presidente de la República española.

Manuel se sentía deprimido. «¿Quién hubiera podido imaginar esta represión tan siniestra?», se preguntaba. Durante cuarenta años los militares habían respetado la Constitución. Era inconcebible para él una represión tan desproporcionada. Él no entendía del todo este cambio brutal.

En su cabeza empezó a gestarse una idea obsesiva que le ocupó mucho tiempo. «¿Por qué nunca estudiamos el problema militar y ahora tenemos que humillarnos ante un grupo de generales? ¿Por qué nuestros líderes políticos nunca nos inculcaron una adecuada preparación militar que ahora nos permitiría enfrentar a Pinochet?».

Tomó la decisión de seguir la carrera militar, aunque ya estaba muy por encima de la edad de un cadete. Viajó a La Habana y rindió con éxito los exámenes para iniciar los estudios militares. Fue cadete durante cinco años y después pasó a la Escuela Superior de Guerra, cuyos profesores eran veteranos de la revolución cubana (muchos de ellos ex compañeros del Che Guevara). Se graduó con excelentes calificaciones en 1978 y se trasladó a vivir en distintas unidades de combate en el interior de Cuba. Fue jefe de compañía y de batallón. También fue profesor de armamento, camuflaje y artillería. Su especialidad era la exploración y el radar.

Por sus méritos, Manuel se convirtió en el jefe de los otros chilenos exiliados que también estaban estudiado la carrera militar en Cuba. Eran ciento cincuenta oficiales muy jóvenes, diplomados en distintas unidades, que habían tenido la misma idea que él: convertirse en militares profesionales para combatir a la dictadura algún día.

En esos años –1979– había estallado una insurrección armada en Nicaragua contra el dictador Anastasio Somoza. Las fuerzas rebeldes, los jóvenes sandinistas, contaban con el apoyo de la población, pero no tenían oficiales suficientes para continuar los combates.

Los sandinistas pidieron ayuda al gobierno de Cuba, pero Fidel Castro no podía enviar tropas y provocar un escándalo internacional, lo que daría a Washington el empujón para una intervención directa.

En vista de este callejón sin salida, el gobierno cubano reunió a los cuadros militares chilenos, que aceptaron partir a Nicaragua como voluntarios.

Una mañana de abril un destacamento comenzó a salir en pequeños aviones de transporte –desde La Habana– que aterrizaron secretamente en Panamá, donde Omar Torrijos (el presidente) les dio camiones para acercarlos hasta la frontera con Costa Rica. A su vez, Carlos Aroca (el presidente de Costa Rica) firmó el visto bueno para que estos voluntarios chilenos con su armamento atravesaran de noche el país rumbo a Nicaragua, en forma secreta, a bordo de una columna de buses.

Ya en Nicaragua levantaron un campamento –llamado «Frente Sur»–, donde la fuerza chilena quedó a cargo de Manuel y los Sandinistas bajo el mando de Edén Pastora.

Después de combatir por aquí y por allá, el «Frente Sur» fue avanzando con éxito hasta la capital, arrinconando a Somoza y su mujer.

Manuel entró en Managua el 19 de julio de 1979, a bordo de un jeep norteamericano que había capturado hacía poco (y que él mismo había reparado como mecánico que era) al frente de la primera columna de 150 camiones. Se dirigió inmediatamente a la colina de Tixcapa, donde Somoza había abandonado el búnker, ocupándolo militarmente. Después acomodó a su tropa en la mansión de Dinora, la mujer de Somoza, que había mantenido un latifundio en el centro de la ciudad.

Terminada esta fase empezó una carrera de locos para recuperar el arsenal de la dictadura, que estaba diseminado por todas partes, incluso en el fondo de las aguas del lago Managua. Manuel y sus hombres extrajeron del lago ocho baterías de lanzacohetes, mientras los oficiales chilenos impartían clases de día y de noche. Con una velocidad fulminante –en 90 jornadas– este pequeño grupo de chilenos y nicaragüenses organizaron una parada militar con 5.000 efectivos en la Plaza de la Revolución (que obligó al gobierno de Washington a dialogar con el Frente Sandinista). Manuel fue designado asesor permanente de Joaquín Cuadra (hasta hace poco comandante en jefe del ejército de Nicaragua). En ese momento, para Manuel, se disipó el amargo sabor de la derrota chilena. A siete años de aquel desastre, logró darle la vuelta a su destino.

JUAN I

Mientras ocurrían estos hechos, bastante lejos de allí –en la frontera sur de Bélgica— el otro sobreviviente de La Moneda, Juan Osses, conseguía entrar clandestinamente a Francia cada semana, atravesando los patios de varias casas de campo con la ayuda de un grupo de amigos franceses. Esto lo hacía para transportar pasaportes chilenos de Bruselas a París.

Una vez terminado el combate de La Moneda, Juan fue detenido y trasladado al Regimiento Tacna. Esa misma noche, en plena confusión, seguramente por error, fue llevado a otra celda y más tarde trasladado al Estadio Nacional, mientras todos sus compañeros fueron fusilados.

Juan estaba doblemente traumatizado, porque, además, el día del golpe era también el día de su boda. Muy enojado y también triste, hacia las once de la mañana, cuando el combate ya era inevitable, dejó su arma y llamó por teléfono a Catalina, su novia, para decirle que «tenía algunos problemas» y que era necesario aplazar la boda.

Lo primero que hizo cuando salió del Estadio Nacional, semanas después, fue ir a buscar a la novia, convocar a las familias y reunir a los amigos para celebrar su boda de manera normal, como si nada hubiera pasado.

Después tomó contacto con la resistencia y organizó varios sabotajes contra la dicta-dura. Pero la situación era imposible y su partido le ordenó pedir asilo en la embajada de Alemania Federal. Salió por vía aérea los primeros meses de 1974 rumbo a Colonia. Desde esta ciudad viajó a la Alemania comunista (la RDA) y se estableció en Leipzig. Su esposa llegó tiempo después y allí nació su primera hija, Andrea.

Realizó estudios universitarios en temas deportivos (el deporte era su verdadera gran pasión) y cinco años más tarde consiguió un doctorado en Ciencias del Deporte, mientras se divorciaba de su esposa. Estaba deprimido en Leipzig y se sentía vacío. Se aburría y encontraba que su vida había llegado a un punto muerto. Habló con sus jefes políticos y pidió entrar a Chile para formar parte de la resistencia. Pero mientras su caso era analizado, fue designado para una misión completamente distinta: trabajar en París para una imprenta de pasaportes falsos.

Juan creó una pequeña red de laboratorios en Bélgica y París para fabricar documentos destinados a los combatientes chilenos que volvían a Santiago. Se movía a pie por París para no toparse con la policía. Así conoció la ciudad manzana por manzana, como un turista «profesional», que cruzó cien veces la plaza de la Concordia cargando un maletín con decenas de pasaportes falsos.

Desobedeciendo a sus jefes políticos –que no se ponían de acuerdo sobre cómo organizar la resistencia– Juan volvió a Chile sin permiso, en 1983, para efectuar operaciones por cuenta propia. Ya en Santiago organizó pequeñas estructuras de combate. En 1985, con la ayuda de otros partidos, creó la «Escuela Nacional Salvador Allende» en una aldea de la costa chilena. Sin embargo su «escuela» fue detectada por el servicio de inteligencia de Pinochet y desmantelada.

Fue torturado durante semanas con choques eléctricos, sin que pudieran sacarle información. Estuvo preso tres años en la cárcel de Valparaíso. Hizo varias huelgas de hambre, editó un periódico clandestino y puso en marcha una segunda escuela de educación política («Escuela Ideológica Salvador Allende») que funcionó en la celda 445, durante ocho meses.

Gracias a la presión internacional –en julio de 1987– fue expulsado de Chile y acogido por segunda vez por Alemania Federal. Por fortuna, al iniciar este nuevo exilio, le esperaba Hendrike, la enfermera holandesa de la Comisión Europea de Derechos Humanos, que lo había atendido durante meses en la cárcel de Valparaíso, con la que se casó y tuvo tres hijos y con la que vive actualmente en Santiago.

MANUEL II

A miles de kilómetros de ahí, Manuel también decidía volver a Chile desde Managua. Se introdujo en Santiago de modo clandestino para hacer determinadas operaciones armadas y al mismo tiempo para observar con sus propios ojos lo que estaba pasando. En poco tiempo se dio cuenta de que la antigua «situación prerrevolucionaria» (que él creía dormida aunque latente) ya no existía, había pasado a la historia y no quedaban rastros de ella. La mayoría de la gente estaba por la «salida negociada». Entonces regresó a Nicaragua y abandonó definitivamente las armas. Tomó a su familia y partió para Bolivia. Allí instaló un taller de mecánica de coches, para ahorrar dinero y, dos años después, en 1988, pudo regresar de modo legal a Chile, con su mujer y sus tres hijos: uno chileno, otro cubano y un tercero nicaragüense.

En Santiago se celebró el Plebiscito (en 1989) que obligó a Pinochet a abandonar la jefatura del Estado (aunque se mantuvo como árbitro absoluto de la política nacional). Un año más tarde se produjeron las primeras elecciones democráticas.

Manuel Cortés abrió otro taller mecánico en Santiago y sigue haciendo política, que es su auténtica pasión.

JUAN II

Durante este mismo lapso, Juan Osses entró y salió de Chile varias veces. Trató de crear un nuevo partido político con sus viejos camaradas de izquierda: el «Movimiento Independiente Allendista» (MIDA).

«Pero nos dimos cuenta de que no iba a servir para nada», reconoció enseguida. Y lo disolvieron.

Juan abandonó las armas y el activismo político; convalidó sus estudios deportivos y ganó tres concursos como profesor de educación física. En el 1994 llegó a ser entrenador de la Selección Nacional de Canotaje y Kayaks.

En 2002, el ex Presidente de la República, Ricardo Lagos, lo contrató como entrenador personal. «El presidente quería perder peso y yo le enseñé gimnasia y entrenamiento. Nos hicimos amigos y seguimos haciendo *jogging* dos veces por semana», me dice, sonriendo.

EPÍLOGO

Mientras combatieron y vivieron, todo se fue derrumbando a su alrededor. La Nicaragua revolucionaria perdió las elecciones y Cuba se arruinó económicamente. La Unión Soviética y el campo socialista se desintegraron. La lucha armada en Chile nunca logró alcanzar el éxito esperado.

Sin embargo, cuando estos hombres parecían desahuciados y sin destino, empezó a ocurrir una serie de acontecimientos que los empujaron otra vez hacia la vida.

Primero aparecieron los estudiantes universitarios que hacían tesis sobre el gobierno de Salvador Allende y la Unidad Popular, que vinieron a pedirles ayuda; más tarde llegaron los corresponsales extranjeros que buscaban puntos de vista originales. Después llegaron los jóvenes políticos en busca de experiencia. Después llegaron los periodistas que escribían textos sobre «el problema militar», etc.

En 1998 fueron llamados por el juez Baltasar Garzón para testificar en Madrid por las violaciones a los derechos humanos cometidas por Pinochet. Durante años fueron asesores del Instituto Médico Legal de Santiago, que identificó poco a poco los cuerpos de sus amigos (los ex combatientes de La Moneda) y de otros cientos de «desaparecidos», ayudando a restablecer la verdad.

Madrid
Un film de 40 minutos, 2001
Guion imaginario

INTRODUCCIÓN

La primera vez que aterricé en Madrid fue en 1966. Lo que más me llamó la atención fue el color del cielo, de un azul profundo y sin contaminación. En ese tiempo, Madrid era una ciudad luminosa (hoy todavía conserva esa misma atmósfera transparente).

En 1966, el primer edificio que conocí fue la «Escuela Oficial de Cinematografía», una vieja mansión cerca de la plaza Colón. No me interesaba demasiado la ciudad y tampoco España, mucho menos la cultura española. Lo único que quería hacer era estudiar cine.

Carlos Saura y otros fueron los primeros madrileños que conocí. Luis Buñuel también vivía en la ciudad, pero él nunca fue a la escuela. Uno de los profesores, Luis Berlanga, que tenía humor negro, me nombró «primer cineasta chileno de la escuela». Y me regaló una caricatura del general Franco (dibujada por él mismo).

LA CIUDAD VIEJA

En esa época yo no tenía una verdadera cultura política y tampoco tenía consciencia real de la dictadura fascista que gobernaba España. No tenía información ni deseos de tenerla. Era un viajero que buscaba estudiar cine, no me importaba nada más.

Gracias a un amigo chileno que vivía allí pude instalarme y empezar a conocer Madrid. La ciudad era muy animada con plazas y grandes kioscos de periódicos, donde había cientos de revistas como *Triunfo* y *Cuadernos para el Diálogo*. Se exhibían películas como *Dios y el diablo en la tierra del sol*, de Glauber Rocha. Ver otros filmes como *La Caza* de Carlos Saura, *Terra en Trance*, también de Rocha, o *Calcutta* de Louis Malle, me empujaron hacia un *presente* que yo desconocía. Despertar al mundo de la política en el país más conservador de Europa era una gran contradicción.

LA GENTE MODERNA

Los españoles me parecieron más «modernos» que los chilenos. Más dinámicos, más inquietos, tenían más energía que nosotros. Se reían con más ganas.

La capacidad de conversación era importante. El número de palabras por minuto que la gente transmite es un record. La gesticulación, la elocuencia, la amplitud de los gestos, son múltiples. Uno puede adivinar los temas, el contenido de los diálogos, con sólo mirar los ojos, las bocas, las manos. Los madrileños tienen la capacidad de hablar y escuchar a la vez.

La repostería ayuda: hay turrones, mazapanes, hojaldres, buñuelos y una bebida llamada «horchata» para acompañar este diálogo sin fin de esta «fiesta de la palabra». La repostería parece estar escrita en otro idioma. Los nombres de cada postre forman una colección de palabras nuevas: «bartolillos», «rosquillas», «huesos fríos», «piedras de santo», «galletas de la paciencia», «azucarillos», «torrijas», «picatostes».

CINE Y COMIDA

Al finalizar cada año, la Escuela organizaba una función especial para estrenar las películas de «fín de carrera» en el cine «Palacio de la Prensa», uno de los más grandes de Madrid.

Aquí, un sandwich equivalía a tres sandwiches de Alemania y dos sandwiches de Francia. Un *gin tonic* de Madrid equivale a cuatro *gin tonics* de otro país. Madrid tiene 1.650 salas de cine (más que Londres y Roma). Esta pasión cinematográfica coincide con la comida, porque después del cine hay que degustar «tapas».

Las «tapas» son pequeños canapés o raciones muy diversas que están en los mostradores de las tabernas, que uno va comiendo alargando el brazo. Hay «tapas» de jamón, queso manchego, tortilla, pulpo, bonito, arenque, espárragos, croquetas, albóndigas y otras cosas. Se degustan con vino tinto de Rioja o vino fresco de Andalucía.

A las diez de la noche, la mayoría de las tabernas están llenas. Como ya dije, se llaman «tascas». Tasca es una palabra doble: es una combinación de bistrot y de bar, amueblada con taburetes, con mucho humo, con el suelo cubierto de restos, donde se habla a gritos, en medio de una atmósfera exaltada.

PAÍS DE LA PINTURA

Goya está en Madrid junto con la alegría de Velázquez, el humor de Picasso, la extravagancia de Dalí. Madrid es la capital universal de la pintura: aquí están Miró, Tápies, Zurbarán, Ribera, El Greco.

Una parte de los cuadros nos transporta hacia un pasado glorioso, cuyos personajes son ángeles y reyes que parecen vivir en las nubes. Lo «imaginario» se funde con el mundo «real». La fantasía «empuja» a la realidad.

VIVIR SIN PROBLEMAS

Amanece sin nubes. Me asomo al balcón y escucho los gritos de la feria. Hay mercadillo en «Lavapiés» donde hay legumbres, bicicletas, carne, quesos, baldosas, verduras, mariscos, máquinas de escribir, condimentos, cortaplumas y aceite de oliva. Todo está muy ordenado. Una marea humana me envuelve y me empuja en varias direcciones, entre olores, murmullos y gritos. Las gente habla cuatro veces más alto que en otros países.

Hay una buena organización secreta. Cada negocio tiene una cola aparte. Cada cliente pide «la vez» (es decir, establece su lugar en la cola) y se va a comprar a otro lugar. Esto permite participar en varias colas al mismo tiempo y desencadenar grandes discusiones.

EL RASTRO

La apoteosis estalla los días domingos en «El Rastro» (el mercado de las pulgas), que es un enorme bazar al aire libre que tiene una atmósfera arcaica y que parece árabe. En este momento Madrid no parece Europa: se transforma en una ciudad más lejana de lo que es. En las calles aparece una mezcla de cosas árabes y asiáticas que antes parecían invisibles.

EL SILENCIO

Madrid también tiene grandes espacios de tranquilidad. Se calcula que un taxista hace sonar el claxon 124 veces al día. Pero hay importantes espacios de silencio. Las peluquerías masculinas parecen templos. Los salones para jugar a las cartas no tienen ventanas.

Hombres que juegan al dominó y leen el periódico una y otra vez. Hay clubes literarios del ocio, como «El Ateneo» o el «Bellas Artes». Algunos patios aparecen llenos de plantas, donde el rumor del agua aflora. Son espacios mitad andaluces y mitad africanos.

NADIE ES DE MADRID

Hay centros sociales de estilo catalán, gallego, canario, vasco, mallorquí, asturiano, navarro, etc., donde se reunen las personas de esos lugares. Esto me produce la impresión de que no existe en realidad una sola cultura ibérica.

Madrid ocupa el centro de España , pero no es la capital, sino al revés es una ciudad aislada que vive de la energía que viene de la periferia. Esta energía que viene de muy lejos: de Valencia, de Cataluña, del País Vasco. No hay otra «capital» más artificial que Madrid, donde sin duda están los poderes del Estado, pero sin que haya una razón poderosa para que estén aquí. Es una metrópoli que no cree en sí misma.

LA GUERRA CIVIL

Las mujeres tejen *pulls* mientras vigilan a sus nietos. Enfundadas en sus trajes negros, parecen rusas. Los hombres leen o juegan a la «petanca». Me hablan de Franco, de la represión policial y de la Guerra Civil.

No hay monumentos a la Guerra, ni a las Brigadas Internacionales, ni a los Presidentes Republicanos, aunque hay una solitaria estatua de Franco en un rincón perdido. Parece que la historia terminara antes de la guerra.

LAS HORAS LARGAS

El restaurante que he elegido está completamente lleno. Tengo que esperar media hora, en el pasillo de entrada, hasta que un camarero me instala en el centro de un salón lleno de ventiladores y cabezas de toro en las paredes. La fórmula más económica consiste en tres platos enormes, dos postres a elección, agua mineral, vino tinto, café y una copa de cognac (regalo de la casa).

A mi alrededor hay una clase media que parece estar preparada para un homenaje, no tanto por el vestuario (que no es de lujo), sino por la actitud chispeante, el volumen de la conversación y el maquillaje recargado de las mujeres. Parece un día especial. Se oyen aplausos de vez en cuando. Las paredes están llenas de fotografías de actrices, afiches de toreros y otras orejas de toro.

La comida dura tres horas y media. Hacia las cinco de la tarde salgo medio borracho hacia una ciudad vacía, con los negocios cerrados, con poco tráfico y sin paseantes. Es la hora de la siesta. Sobreviene un relajamiento colectivo. La ciudad se inmoviliza por el sueño, la pereza, el ocio. Parece una ciudad desierta, con las persianas entornadas.

LA FALSA MOVIDA

Cada viernes por la noche hay una muchedumbre en las calles. Es la famosa «movida» de Madrid. Se trata de una especie de carnaval espontáneo que se produce cada fin de semana. No es que la «movida» haya empezado con la democracia, ni que fuera inventada por Almodóvar y otros artistas. El nombre es nuevo: se llama «movida» como se llama «salsa» a la música del Caribe. Pero la «movida» ha estado siempre en Madrid: es una expresión de alegría semanal que ya existía hace cuarenta años, en pleno franquismo.

Las calles céntricas acogen a una masa de gente de todas las edades, que bloquea el tráfico y hace casi imposible entrar en los bares. Me muevo entre la gente con gran dificultad con la cámara en la mano.

MADRUGADA

A las cInco de la mañana, abren las «chocolaterías». Me introduzco en una. Las «chocolaterías» son locales que tienen azulejos blancos hasta el techo, como las carnicerías o los quirófanos. Hay mesitas de mármol más un pequeño mostrador. Sirven chocolate muy espeso y consomé de ave, ambos muy calientes. También venden unos bizcochos llamados «ensaimadas». En general, el público parece de-

rrotado por la noche aunque conserva la última sonrisa.

EPÍLOGO

Después de mi primera estancia en Madrid (varios años, entre 1966 y 1971), regresé a mi ciudad natal, a Santiago de Chile, con mi flamante diploma de «realizador cinematográfico» bajo el brazo.

Estaba orgulloso.

En ese momento, Chile vivía una revolución socialista con Salvador Allende a la cabeza. Filmé sin parar durante tres años, hasta que se produjo el golpe de Estado (con Augusto Pinochet, un gran admirador de Franco). Me encerré en mi casa. Saqué los afiches de Allende y desempolvé mi viejo diploma de la antigua «Escuela Oficial de Cine» de Madrid.

Era un diploma con letras negras y doradas, que tenía al pie una gran firma de Franco. Lo clavé en el salón de mi casa y esperé a que llegaran los militares. Cuando llegaron, lo miraron en silencio y después me tomaron preso.

Nostalgia de la luz

Un film de 100 minutos, abril 2006.

NOTA DE INTENCIÓN

¿Por qué deseo hacer otra película sobre Chile?

En septiembre de 2005 volví a Chile para estrenar mi película *Salvador Allende*, un año después de la salida comercial en Francia. Me importaba mucho hacerlo, llevar esta película a Santiago y devolverla a su público, devolverla a su destino.

Viví una gran sorpresa.

Después de haber sido ignorada por los viejos distribuidores comerciales de Santiago (de siete empresas distintas), encontré a dos jóvenes entusiastas que querían mostrar la película y que no tenían miedo a la polémica ni a la censura, ni tampoco al fracaso. Lo que pasó fue lo contrario. Llegué con una lista de argumentos para defender la obra ante los periodistas mañosos y encarar al público. Venía preparado para esas críticas. Pero nada de eso sucedió.

La gente parecía interesada. Los cines se llenaron con las diez copias. En cuatro meses llegamos a sumar 40.000 espectadores, una cifra rara para un documental.

El Ministerio de Cultura me concedió la medalla «Pablo Neruda» y el presidente Ricardo Lagos nos invitó a almorzar al Palacio de La Moneda. Cuando subíamos las escaleras con el afiche de la película pensé que esto era finalmente la vuelta simbólica de la memoria de Allende a La Moneda.

Sin embargo... ¿qué significaba este vuelco después de treinta años de rechazo de la memoria colectiva? ¿Después de 30 años de rechazo de mis películas, pues ninguna de mis obras anteriores ha sido pasada por la televisión ni exhibida en los cines?

¿Es la hora de mi jubilación? ¿Ahora puedo quedarme en casa ordenando mis bobinas? ¿La historia chilena vuelve a su rumbo democrático y republicano? ¿El exiliado se ha convertido en un hijo reconocido? ¿Es que van a pasar *La Batalla de Chile* en la televisión pública, las escuelas, los liceos?

No puedo creer en los milagros. Lo único que puedo hacer es ir con la cámara para ver lo que pasa, hacer otra película. ¿Qué buscaría entonces? Es difícil decirlo porque los documentales se hacen solos, no hay «guiones» documentales. Este es uno de los secretos de un documental.

NOSTALGIA DE LA LUZ

Nostalgia de la Luz es un título que me inspiró un gran astrónomo europeo y que me hizo soñar[39].

Cuando miramos la luz de las estrellas nunca pensamos que ese resplandor luminoso viene del pasado. La luz tarda mucho tiempo en llegar hasta aquí, a veces millones de años. Nos pasamos la vida observando ese pasado. Contemplamos su belleza cuando probablemente algunas estrellas ya no exis-

[39] Michel Cassé.

ten, tal como yo guardo dentro de mí la belleza de un Chile que ya no existe. El presente es difuso, lejano.

Se puede hacer un paralelo entre la astronomía y la sociedad chilena. Esto puede sonar extravagante; sin embargo hay un vínculo imaginario entre el cosmos y la historia chilena, entre el vacío y el olvido histórico. He aquí uno de los hilos narrativos que tendrá esta película, tal vez el más atrevido.

PUNTO DE PARTIDA

Tenemos que hacer un pequeño rodeo para entrar en el tema. Hay que recordar ciertos hechos que ocurrieron en Chile y conocer, también, algo de astronomía. Esto no quiere decir que la película vaya a ser un documental del universo.

Hace tiempo Chile era una nación apartada del mundo, donde los presidentes de la república caminaban por la calle sin protección de ninguna clase. En esta república inocente, la vida era aburrida y raramente ocurría algo distinto. Uno de estos hechos se produjo en el norte del país, en el desierto de Atacama. Un grupo de investigadores europeos descubrió que tenía el cielo más claro del mundo. No llovía y se podían ver algunas galaxias a simple vista. Descubrir estos lugares era prioritario para la «ESO» (la Organización Europea de Astronomía) que empezó a trabajar en Chile en 1962.

Después de varios años, en 1969, el ministro de Cultura de Suecia Olof Palme puso la primera piedra del observatorio «La Silla», el primero de once observatorios. Nadie se imaginó en ese momento lo que iba a sig-

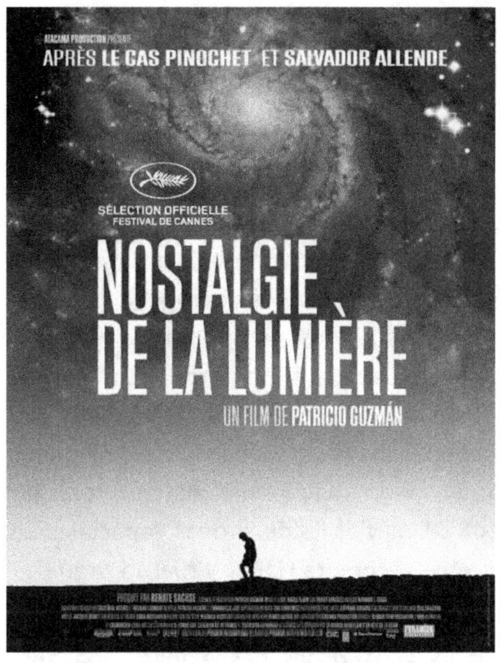

nificar para la astronomía mundial. El cielo luminoso y la democracia chilena ofrecieron una garantía para construir estas máquinas colosales.

Mientras las instalaciones empezaban, el país entró en un período de agitación política. Un candidato socialista ganó las elecciones, Salvador Allende, y puso en marcha un programa de cambios sociales, mientras los científicos, con sus telescopios, trabajaban como si no pasara nada.

Los astrónomos descubrieron los «cuasares» desde Chile. Otros detectaron la «radiación cósmica del fondo del universo». En 1970 se pudo observar desde Chile el primer ejemplo de un agujero negro. A la vez, una nave rusa había aterrizado en Venus y la sonda Mariner 9 estaba haciendo un mapa de Marte. Eran demasiados hechos asombrosos.

La caída de Allende (en septiembre de 1973) y la llegada al poder de Augusto Pinochet también hicieron noticia. El país cayó en las manos de un grupo de criminales que destruyó las instituciones democráticas. Más de 70.000 personas fueron torturadas y todavía se investigan cientos de crímenes.

La actividad de los telescopios no se detuvo. Ningún observatorio interrumpió los trabajos. No eran sólo europeos, había 13 países asociados al proyecto: Alemania, Bélgica, Canadá, Dinamarca, Estados Unidos, Francia, entre otros. Desde aquí se detectaron las señales de la nave «Pioneer 10» cuando abandonó el sistema solar en 1983. Una flotilla de sondas espaciales se acercó al cometa Halley y fueron seguidas por los telescopios de Atacama.

Había 350 noches despejadas cada año. Muchos astrónomos llegaban al desierto en vuelo directo desde Boston o Ginebra, después de una breve escala en Santiago. No traían ropas de abrigo porque creían que Chile era un país tropical (la temperatura en las noches es muy baja). Ninguno hablaba español. Tenían una idea muy confusa de América Latina y ninguna de Chile. Su misión era trabajar encerrados en el interior de varias cúpulas que parecían ovnis. Allí medían, calculaban y observaban por las noches, mientras dormían por el día. Para ellos, los principales observatorios del país («Las Campanas», «La Silla», «Tololo» y «Paranal») eran como naves interplanetarias enterradas en el desierto.

La dictadura militar acabó en 1988 con un autogol: Pinochet perdió un plebiscito que él mismo había organizado para perpetuarse en el poder (el 54,7% de los ciudadanos votó contra él). Pero los militares siguieron gobernando en la sombra.

Desde el observatorio de «Paranal» se pudo fotografiar el primer planeta extra solar cerca de la constelación de Orión. La sonda Galileo giró durante cinco años alrededor de Júpiter, enviando las fotografías directamente al desierto de Atacama. Mientras tanto, a 12 mil kilómetros de distancia se produjo uno de los fenómenos terrestres más sorprendentes de la época: el general Pinochet fue arrestado en Londres.

En septiembre de 1998 –mientras se encontraba realizando un viaje privado acompañado de su esposa—Augusto Pinochet fue arrestado en Londres ante la incredulidad de todo el mundo. Quedó encerrado en una clínica particular y sometido a interrogatorio por orden del juez Baltasar Garzón. La perplejidad aumentó, pues de hecho era el primer dictador acusado de genocidio, terrorismo y tortura, después de Nüremberg.

Ese año memorable –1998– el observatorio espacial «Hubble» entró en órbita y empezó a filmar el espacio profundo. Al mismo tiempo, en Atacama, los astrofísicos europeos pusieron en marcha el telescopio terrestre más poderoso que existe (el llamado VTL de «Paranal»). Con la ayuda de estos preciosos instrumentos se pudo medir la antigüedad del universo por primera vez en la historia. Se calculó que el cosmos nació hace 13.700 millones de años, según este equipo de astrónomos. Otras evidencias indicaron que el universo seguirá expandiéndose. Se pudo comprobar también que el 70 por ciento del universo es «energía oscura» y que no se sabe nada de ella.

En Chile, la moral de los ciudadanos creció. La mayoría de la gente se echó a la calle para festejar la humillación de Pinochet, aunque otros atacaron las embajadas de Inglaterra y España para defenderlo. La transición hacia la democracia dio un salto. La justicia descubrió un método nuevo para juzgar a un criminal de guerra por encima de su nacionalidad. Aquello era un milagro.

«La astronomía es la ciencia de los extremos. Trabaja con las distancias más grandes, los períodos de tiempo más largos, las temperaturas más altas, los campos magnéticos más fuertes, los objetos más masivos y las energías más extremas», escribió en esa época el director del observatorio «Las Campanas». Asimismo ese año memorable –1998– se localizaron cinco planetas extrasolares y dos agujeros negros. También en Chile muchas cosas empezaron a cambiar. Un diario de Estados Unidos reveló que el general Pinochet escondía una fortuna de varios millones de dólares en el extranjero[40].

Algunas actividades secretas del general salieron a la luz pública: el tráfico de armas, la evasión fiscal y el lavado de dinero. El gobierno democrático modificó la constitución y desalojó definitivamente del poder a los militares.

¿Qué pasará en el futuro con los observatorios internacionales?

Nuevos capitales y más países –Argentina, Australia, Brasil– se han unido al proyecto. Ahora hay veinte naciones asociadas para levantar un radiotelescopio de 64 antenas (ocuparán un círculo de 10 kilómetros) en una llanura rojiza a cinco mil metros de altura, llamada *Chajnantor*, cerca de la frontera con Bolivia. El aparato tiene un nombre espiritual: «ALMA» (*Atacama Large Millimeter Array*) y será terminado en 2012. Determinará la estructura del universo, observará la formación de nuevas galaxias y detectará planetas extrasolares alrededor de las estrellas más jóvenes de la Vía Láctea.

Después se levantará otro telescopio –el «OWL»– para mirar el espacio más profundo. Se cree que cambiará la ciencia de la astronomía, tanto como la cambió el primer telescopio de Galileo en los tiempos del Renacimiento. Tendrá cien metros y una nitidez miles de veces mejor que el «Hubble». No se ha determinado todavía su emplazamiento. «OWL» es una abreviatura en inglés que significa: «Telescopio Increíblemente Grande». Estará listo en 2030.

Como se puede ver, el futuro de Chile está asegurado en astronomía mucho más que los otros países de América Latina, y es probable, tal vez, que dentro de unos años uno de mis nietos se convierta en un astrónomo mundialmente famoso. En cambio, el futuro democrático sigue en construcción y está mucho menos asegurado.

LOS ASTROS Y LOS HOMBRES

Se puede ir lejos comparando el universo con los hombres. La física cuántica sugiere que los seres humanos son tan parecidos a una fruta como a una estrella. En realidad

---

[40] El Senado en Washington reveló en 2004 que Pinochet poseía cuentas millonarias en el Banco Riggs de Estados Unidos. Esto provocó una investigación en Chile encabezada por los jueces Carlos Cerda y Sergio Muñoz que calculó la fortuna de Pinochet en 25 millones de dólares (25.978.602,79). En la actualidad Pinochet se encuentra procesado en libertad provisional. También deberá enfrentar otras causas por crímenes y desaparición de personas tras haber perdido su inmunidad como senador y ex jefe de Estado.

todo estaría interconectado. Mucho antes que Darwin demostrara que las especies están emparentadas entre sí, el filósofo griego Heráclito ya había dicho que «todas las cosas son una misma cosa». La energía vital no solamente está en el corazón humano sino también en las partículas elementales, en la materia. La Tierra no es sólo un cuerpo rocoso, sino un sistema vivo que regula sus propias variables vitales, igual como lo hace un organismo. Todos los astros del universo nacen, envejecen y mueren, tal como las personas.

No es asombroso sospechar que los minerales, las plantas y los animales también «saben». La idea de que los humanos somos los únicos entes espirituales del universo no se puede sostener, según los científicos de hoy. Se sabe que los vegetales están dotados de sensibilidad, que tienen gustos y preferencias, incluso musicales, y que son capaces de establecer relaciones con la gente.

En cualquier punto del universo la materia conocida es la misma. Las partículas elementales cambian de estructura, pero no se pierden. Por lo tanto, los electrones que componen nuestro cuerpo ya estuvieron en el Big Bang y en la fusión termonuclear de las estrellas, en el hierro que se quebró en la explosión de una supernova, en los gases calientes que moldearon la Tierra, en los primeros insectos, en los primeros dinosaurios, en las plantas y en los seres humanos que nos precedieron.

Cada uno de nosotros es la reunión de innumerables pedazos del universo. Por lo tanto, asomándose a los telescopios de Atacama, uno puede mirarse «adentro» de uno mismo.

LA IDEA PRINCIPAL DEL FILME

El filme parte de este hecho increíble: que dentro del mismo país que ha sufrido las consecuencias de un golpe de Estado, se instala un núcleo de científicos internacionales del más alto nivel, que logra hacer unos descubrimientos para el futuro de la humanidad de un alcance asombroso, y que ninguno de estos dos componentes (el país y los científicos) se tocan. El ciudadano y el científico viven en dos mundos separados.

Mientras los chilenos estaban buscando desesperadamente un modelo de sociedad (hoy todavía lo buscan), un grupo de astrónomos desde su propio suelo estaban buscando los planetas extrasolares y los agujeros negros, sin que estas dos búsquedas se cruzaran.

Me intriga que en Chile se hayan reunido estas dos caras del comportamiento humano: por una parte el rostro siniestro del fascismo latinoamericano, y por otra: el costado más excelso del mundo científico, que consigue los hallazgos más notables desde la época de Newton hasta hoy, en el mismo lugar y al mismo tiempo.

EL FILME, EN BREVE

La película se compone entonces de tres elementos principales:

- La comparación de los hombres y los astros.
- La búsqueda de Chile de una nueva identidad.
- Los personajes y sus vidas actuales.

Voy a elegir unos lugares específicos: primero el desierto de Atacama y los observatorios, y después cuatro ciudades (Santiago, Valparaíso, Concepción y Punta Arenas), para encontrar a los personajes que me interesan.

De manera entrelazada, es decir, combinando las secuencias de los astrofísicos con los personajes de la calle, de la universidad, del comercio, del campo, etc., además de mis propias reflexiones como cineasta y algunos desplazamientos informales, deseo construir un panorama para mostrar la realidad del Chile actual. Quiero resaltar de manera indirecta el contrapunto entre algunos estados de la sociedad y algunos estados de la materia (energía oscura, fascismo, alegría, nebulosa, depresión, agujero negro, eclipse, amnesia, etc.). Quiero abordar a la sociedad de una manera diferente a como lo he hecho hasta hoy.

Una sociedad que está en un proceso de búsqueda de sí misma. Dos o tres generaciones han vivido seis experimentos diferentes: el Frente Popular de 1940, la revolución social cristiana en 1960, la revolución socialista de Allende en 1970, el golpe militar en 1973; el gobierno autoritario y el neoliberalismo actual, que ya duran treinta años.

LOS CHILENOS DE HOY

Una parte de los chilenos cree que el país está cerca de entrar en el «primer mundo». El crecimiento sostenido y las grandes obras (túneles, puentes, autopistas, aeropuertos, etc.) hacen pensar que Chile se aproxima al equivalente del desarrollo de España. Desde Estados Unidos llega un capitalismo de ficción que trata de vender hasta lo intangible. Mientras desde Europa sigue llegando una idea de tolerancia y democracia. Ha entrado a escena un nuevo tipo de mujer que los expertos nombran «tercera mujer» porque ejecuta su proyecto personal y niega a la familia y los roles tradicionales femeninos. Chile ha pasado de la democracia de las opiniones a la democracia de las imágenes: el neoliberalismo.

Es una sociedad con estrés, depresión, ansiedad, paranoia, narcisismo, drogadicción. Es una sociedad con desigualdades: una sociedad multiforme, cuyas cifras de crecimiento económico son tan altas que ocultan los problemas.

El miedo está por todas partes... Los ricos tienen miedo a los pobres, a los inmigrantes, a los delincuentes, a los vecinos. Unos y otros tienen miedo a perder el trabajo, a la jubilación, a la enfermedad. Las casas del barrio alto están acorazadas, protegidas por cámaras y policías privados, con rejas electrificadas y barreras. Este sector de la población también tiene miedo al pasado. No existe una conciencia de que hubo hechos terribles.

La televisión es banal. No ofrece reflexión de nada. El reglamento de los canales dice en dos o tres párrafos específicos: «nada contra los militares; nada contra la iglesia; nada sobre los homosexuales; nada sobre el aborto»... Aparte de la «televisión local», hay otros 150 canales de pago que emiten películas de acción, comedias y variedades de origen estadounidense.

En 1976 había verdaderamente hambre y pobreza en Chile. Yo me acuerdo de haber filmado escenas miserables en la periferia y en las «poblaciones populares». Esto se ha aminorado. Ahora todo está camuflado. Los pobres visten ropa deportiva y no parecen pobres. Hay centros comerciales en los barrios de clase media baja con tiendas, boutiques, grandes supermercados, que parecen de buen nivel. Pero la desigualdad entre ricos y pobres es aguda. Chile está entre los diez países que tienen la peor distribución de la riqueza en el mundo. El 56% de los ingresos está en manos de un quinto de los ciudadanos. Con una población total de 15 millones, tres millones viven con menos de 2 dólares diarios.

Un sector importante de la clase media baja y de la clase baja viven con agobio. Están debilitadas y se mueven con desencanto. No tienen identidad. Esta falta de identidad genera un vacío profundo. No es una patología como la neurosis o el estrés, sino la falta de pertenencia que produce trastornos en la personalidad. Aparecen disfunciones. Las personas tienen relaciones humanas debilitadas. Aparece la ansiedad, que se combate con drogas y alcohol. La inestabilidad de las relaciones sociales crece, estimulada por la televisión.

No hay relaciones íntimas. No se sabe cómo sostenerse ni de qué sostenerse. Soy consciente de que muchos de estos problemas son universales, pero en Chile son peores, ya que no hay cultura popular; no hay esparcimiento ni ocio organizado. No hay vida colectiva pública, entretenimiento público. Los días domingos en Santiago son los días más tristes que yo conozco. La gente trabaja a destajo en esta ciudad descomunal de 6 millones de habitantes donde el metro y los autobuses tardan mucho tiempo en atravesarla. No hay tregua. Los ciudadanos no duermen. Piensan en los préstamos, las hipotecas, créditos bancarios y tarjetas sin respaldo.

Mucha gente piensa: «entre el miedo a los militares y esto, yo prefiero mil veces esto»… Es cierto, la cárcel o la muerte son peores. Pero la gente de las barriadas tampoco tiene confianza en la situación actual. La mayoría de los «desaparecidos» –obreros o campesinos– no aparecen. Tampoco han sido rehabilitados los jóvenes del Frente Patriótico que atentaron contra Pinochet y que hoy se encuentran en la cárcel o en el exilio, completamente abandonados. De la misma manera como los escoltas personales de Allende vivieron en la sombra, medio escondidos y anónimos durante veinte años.

El gobierno no lo percibe. No se da cuenta. No tiene la intuición de que millones de personas no comparten su orientación y por eso mucha gente guarda un silencio apático. El gobierno cree que este es el único «modelo económico» posible, la única fórmula práctica de hacer una «política progresista». Se ha descalificado el discurso de «cambio». Muchos jóvenes no votan porque no creen en nada.

Una parte de los políticos de izquierda piensa que Chile es «una utopía *europea* destruida y que ha sido reemplazada por una utopía *norteamericana*». Yo creo que es verdad y es poco probable que la influencia de Europa vuelva en mucho tiempo. Los ciudadanos empiezan a hacerse preguntas básicas por primera vez después de la caída de Pinochet: ¿quiénes somos?

Los políticos de la Concertación (la alianza que lleva veinte años en el poder) reflexionan de esta manera: «tenemos que parar un poco nuestra actividad frenética, tenemos que disfrutar más»... «no vayamos tan rápido y pasémoslo bien»... Este es uno de los objetivos de Michelle Bachelet (actual presidenta electa para los próximos cuatro años): aumentar la solidaridad, fortalecer los seguros privados con control estatal, dedicar más tiempo a la mujer, a los jóvenes, a los indígenas, a los inmigrantes, etc.

Reconocen que hay desigualdades, pero que a pesar de todo hay «más acceso al bienestar». El presidente Ricardo Lagos (que terminó su período en marzo de 2006) representa «la ruptura frente al inmovilismo, pues él reúne y convoca a los empresarios más poderosos del país. Los persuade y les da orientación. Se atreve a dialogar con ellos cara a cara, al estilo francés». Es verdad que Lagos retomó el control de las fuerzas armadas, mientras que el jefe del ejército, el general Cheyre, pidió perdón a la ciudadanía por los «desaparecidos». Lagos ordenó que se pagara una indemnización a los 35.000 torturados. «El ex presidente distribuyó la dignidad», dicen sus defensores. Las calumnias contra Allende y el gobierno de la Unidad Popular se han hecho menos frecuentes. «Allende forma parte de la identidad de Chile», dijo el propio presidente.

ATACAMA, UN PERSONAJE MISTERIOSO

Hay que señalar que el desierto de Atacama tiene mucho valor en sí mismo como personaje geográfico. Es un agente narrativo sugerente. Hay pocas zonas en el mundo con tal cantidad de imágenes ocultas, latentes.

El desierto es una llanura amplia y rocosa que efectivamente parece un trozo del planeta Marte[41]. Tiene la forma y el tamaño de Portugal. Es una meseta inclinada que empieza con 2.000 metros de altura y que baja suavemente desde las cumbres de Los Andes hasta el océano Pacífico. Desde el espacio exterior se ve como una franja de color marrón siempre despejada, diáfana, sin nubes, junto al azul profundo del mar.

Hace 600 años este territorio volcánico era un corredor estratégico que los incas utilizaban para controlar el sur de su imperio. A través de los valles petrificados corría «el camino del Inca», que venía desde el Cuzco con mercancías, mensajeros y soldados.

El aire seco y la ausencia de lluvias permite una conservación sorprendente de los objetos. Hay momias de varias culturas (*aymará, moche y diaguita*), envueltas en túnicas de colores rituales... Hay carabinas y esqueletos de soldados que murieron en la «guerra del Pacífico entre Chile, Perú y Bolivia (fomentada por los ingleses para mantener el control del salitre en el siglo XIX).

También hay «desaparecidos» de Pinochet. El dictador utilizó el desierto para lanzar desde el aire los cuerpos de cientos de personas en quebradas inaccesibles.

En el Instituto Médico legal de Santiago hay miles de trozos de esqueletos sin clasificar. Hay cajones repletos de huesos quebrados, partidos en fragmentos minúsculos que,

---

[41] Según un informe de la NASA publicado en 2005, las condiciones de este desierto y del planeta Marte son tan similares que algunos investigadores creen que la vida microscópica de Atacama es parecida a la que podría existir en el planeta rojo.

examinados con una lupa, parecen rocas venidas del espacio exterior.

¿Y AUGUSTO PINOCHET?

¿Cómo será la muerte de Pinochet? ¿Tendrá funerales de «jefe de Estado» o simples honras fúnebres como un ciudadano común? ¿Habrá un desfile militar? ¿El cortejo estará formado por sus viejos generales en retiro? ¿Habrá una misa de difuntos en la Catedral de Santiago? ¿La gente permanecerá indiferente en sus casas o saldrá a la calle?

¿Qué hará el cuerpo diplomático? ¿Qué países enviarán condolencias oficiales a Chile? ¿Vendrá un enviado especial del gobierno de Washington? ¿Qué comentarios en público harán Margaret Thatcher, Henry Kissinger o Tony Blair?... ¿Se levantará un monumento en su memoria? ¿Dónde será emplazado? ¿En el patio de la Escuela Militar? ¿En una plaza pública? ¿Quién será el escultor de ese monumento?

Safari de la memoria

Un filme de 100 minutos, 2000

SAFARI

Con esta misteriosa palabra africana llena de imágenes de aventuras (que significa «buen viaje» en el idioma *suaeli*) quiero proponer un film documental en busca de la memoria perdida de Chile, explorando sus desiertos, sus aldeas, sus puertos, sus volcanes, sus minas subterráneas y sus habitantes.

Un territorio largo y estrecho –un corredor–, una avenida que baja desde el trópico hasta la Tierra del Fuego, esto es Chile. Un país en forma de puente (cuyo nombre también significa «donde termina la tierra» en idioma *mapuche*), y que guarda los secretos de varias generaciones sin voz.

LA MARCHA

Un pequeño equipo de cineastas, a bordo de dos vehículos ligeros, recorrerá el país mostrando a la gente films documentales de los tiempos de Allende y filmando las reacciones.

Empezaremos por el desierto de Atacama, un paisaje alucinante que parece un océano de la Luna, donde brillan las minas de cobre, los yacimientos de nitrato y las ruinas de los incas. Nuestros vehículos entrarán en los campamentos mineros con sus equipos de proyección, de rodaje y de sonido, ante la curiosidad de la gente.

En la costa encontraremos a los marineros, estibadores, navegantes, que habitan la orilla del mar jalonada de diminutas aldeas de pescadores.

Para mostrar nuestras películas buscaremos espacios pequeños, colegios, liceos, clubes deportivos, locales sindicales en los barrios de la periferia. Nos moveremos alrededor de grupos, pero nuestro anhelo es también encontrar personajes aislados, individuos con historias personales que puedan convertirse en metáforas de su comunidad.

LA TORMENTA

¿Qué tipo de filmes mostraremos?

Las obras que muestran la llegada al poder de Allende (en septiembre de 1970), del entusiasmo desbordante de los más pobres, del susto que se llevaron los más ricos.

Películas sobre la nacionalización de las minas, el fin de los monopolios, las huelgas que organizó la derecha, la división del país en dos mitades irreconciliables, el boicot norteamericano. Películas sobre el golpe de estado, la dictadura que se instaló en el país y los «desaparecidos».

Mostrando esto queremos remover el pensamiento, la consciencia, la falta de opinión, para desbloquear el mecanismo del miedo y la amnesia.

En la vida de los chilenos hay dos palabras, dos referencias, dos ideas: ALLENDE y PINOCHET. El tiempo, el trabajo y la imaginación de los chilenos se divide en dos períodos: «antes» y «después» de Allende, «antes» y «después» de Pinochet.

Nuestra expedición saldrá bien preparada en busca de la amnesia. La perseguiremos, la hostigaremos, le daremos alcance en los pueblos más lejanos. Haremos un cerco alrededor de ella para liberarla.

CATARSIS

Exhibiremos cerca de diez títulos sobre la materia, realizados en treinta años (entre 1970 y 1997), hechos por cineastas chilenos y de todo el mundo. Muchos son filmes desconocidos en Chile. Aunque es difícil proponer una lista de títulos definitivos, he aquí los más emblemáticos:

- *MÁS FUERTE QUE EL FUEGO*, de Heynowski y Scheumann
  (sobre las últimas horas de la democracia)
- *SEPTIEMBRE CHILENO*, de Bruno Muel y Theo Robichet
  (sobre los días posteriores al golpe)
- *LA BATALLA DE CHILE*, de Patricio Guzmán
  (sobre el último año del gobierno de Allende)
- *SEPTIEMBRE NEGRO*, de Jean Sandquist
  (sobre el golpe de Estado)
- *LA ESPIRAL*, de Armand Mattelart
  (sobre la intervención norteamericana)
- *YO SOY, YO FUI, YO SERÉ*, de Heynowski y Scheumann
  (sobre el campo de concentración de Chacabuco)
- *EL TIGRE SALTÓ Y MATÓ*, de Santiago Álvarez
  (sobre la muerte de Víctor Jara)
- *LA FLACA ALEJANDRA*, de Carmen Castillo
  (sobre las casas de tortura)
- *LONQUÉN*, de Ignacio Agüero
  (sobre un cementerio de «desaparecidos»)

NUESTRO PÚBLICO

¿A quién proyectaremos estas películas? ¿Qué clase de personas son las más receptivas?

Dividido, polarizado, enfrentado, Chile es un campo de batalla silencioso desde hace veinticinco años. No es una sociedad plenamente democrática, pues hay dolor, temor, desconfianza y escepticismo en su seno.

El archivo de los recuerdos se abrirá de par en par. Todos los públicos son buenos para nosotros. Motivado y estimulado, el mundo del pasado empezará a moverse: el subterráneo de una nación que reniega de su memoria aparecerá. La clase trabajadora y las clases pudientes surgirán y ofrecerán un diálogo de controversia.

UNA IMAGEN ENCIMA DE OTRA IMAGEN

En un determinado aspecto, *Safari de la Memoria* está concebido como un film que se remite a otros filmes. La obra tomará como archivo algunas imágenes de otras películas, recuperando algunos personajes y filmándolos en otra circunstancia, como una novela basada en otras novelas, de las cuales toma párrafos y los reformula nuevamente.

A su vez, algunos realizadores citados también aparecerán, comentando sus propios filmes y las opiniones actuales –presentes– que de ellas se formen los chilenos.

En este sentido, surgirán algunas interrogantes que harán más ambiguo el dispositivo de mostrar unos viejos materiales

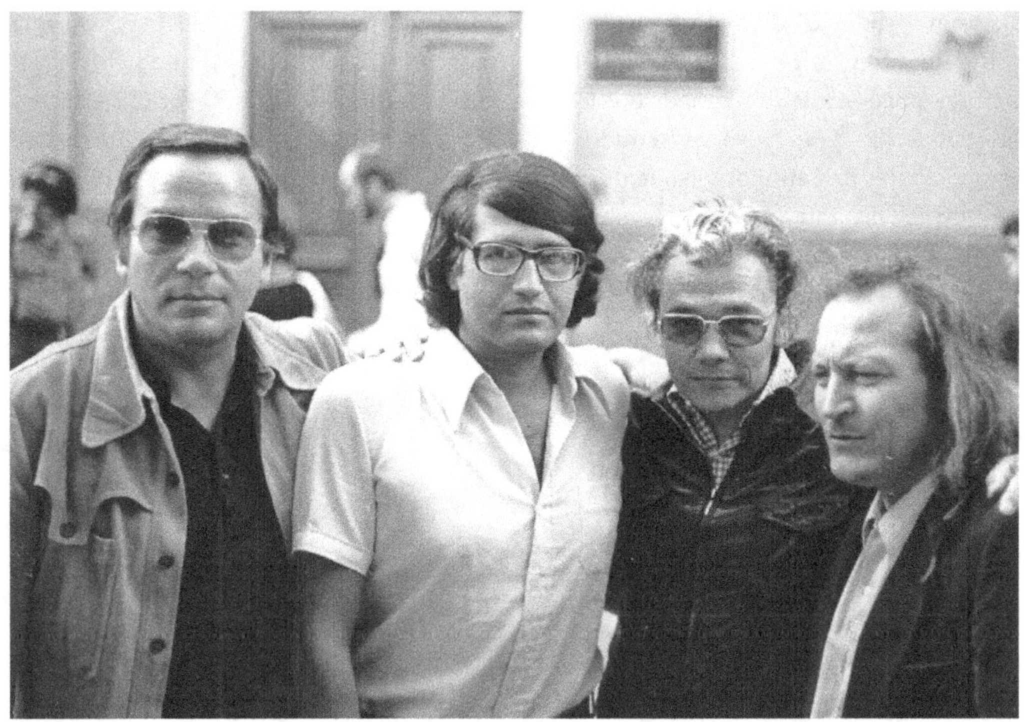

Walter Heynowski, Patricio Guzmán, Gerhard Scheumann y Peter Heimlich en el Festival de Pesaro, en 1977.

documentales sobre un proceso revolucionario arqueológico, sobre una coyuntura política superada (o no superada)...

¿Hasta qué punto es posible afirmar que estos filmes son vigentes y no han envejecido?... ¿Cuáles son sus valores estables?

Antes de la caída del muro, Walter Heynowski y Peter Heimlich eran los documentalistas más importantes de la ex RDA. A su vez, Santiago Álvarez era uno de los principales cineastas de la Cuba revolucionaria. Los dos alemanes, ahora jubilados en su país (que ya es otro país), tienen algunas cosas que decir. Mientras tanto cabe preguntarse: en Francia y Suecia... ¿cuál es la situación actual de Bruno Muel, Théo Robichet, Armand Mattelart y Jean Sandquist? ¿Dónde estamos nosotros ahora (yo mismo también), exiliados durante tanto tiempo en el extranjero? ¿Quiénes somos?

FINAL DEL VIAJE

Una cálida mañana de verano, nuestros dos vehículos de transporte llegarán al límite de la tierra firme, entrando en la arena congelada del último rincón de Chile, frente a la «isla de la memoria» (isla Dawson).

Allí esperaremos la llegada de una vieja barcaza oxidada, una pesada embarcación que nos llevará hacia el otro lado de la costa.

Dawson tiene 150 kilómetros cuadrados, dos faros, tres carreteras y dos pueblos barridos por el viento huracanado que viene de la Antártica. Aquí fueron encerrados los colaboradores de Salvador Allende después del golpe de Estado, las personas del gobierno más avanzado de Latinoamérica encarcelados aquí dos años a 900 kilómetros del Polo Sur.

Al contrario que otras películas sobre la memoria histórica del mundo (*Shoah*, *Noche y Niebla*, *Mein Kampf*) no aparecerá ante nosotros la imagen de las torres de vigilancia, las alambradas, las letrinas, los muros silenciosos. No aparecerá nada de eso. La cámara filmará la tierra muerta barrida por el viento, donde no queda nada (excepto la memoria).

Winnipeg

El barco republicano de Pablo Neruda

52 minutos

INTRODUCCIÓN

WINNIPEG es el nombre de un río, un lago y una ciudad en el estado de Manitoba, Canadá. También es el nombre de un barco.

A menudo, la vida de los barcos se parece a la vida de algunos hombres, porque también atraviesan por momentos de plenitud y de zozobra a lo largo de sus viajes. La historia del «Winnipeg» pertenece a la categoría de los buques sufridos y anónimos. Nunca fue un navío destacado.

Sin embargo el «Winnipeg» pasó a la historia con la complicidad del pueblo español y la pluma del poeta Pablo Neruda, que lo describió en numerosas cartas, artículos y poemas.

«Me gustó desde un comienzo la palabra Winnipeg –dice Neruda–. Las palabras tienen alas o no las tienen. Las palabras ásperas se quedan pegadas al papel, a la mesa, a la tierra. La palabra Winnipeg es alada. La vi volar por primera vez en un atracadero de vapores, cerca de Burdeos. Era un hermoso barco viejo, con esa dignidad que dan los siete mares a lo largo del tiempo. Lo cierto es que nunca llevó aquel barco más de setenta u ochenta personas a bordo. Lo demás fue cacao, copra, sacos de café y arroz, minerales. Ahora le estaba destinado un cargamento más importante: la esperanza».

PRELUDIO

Cuando la guerra civil española acabó, miles de republicanos buscaron refugio en el país vecino, Francia, donde fueron confinados en campos de concentración. Muchos de ellos pudieron volver a España. Pero la mayoría no quiso o no pudo regresar, iniciando una larga vida de exiliados que no terminaría nunca. Una parte se quedó en Europa y soportó otra guerra casi enseguida. El resto viajó hacia Estados Unidos e Hispanoamérica, donde tuvieron que adaptarse y nacer de nuevo.

Pablo Neruda visitó los campos y pudo rescatar a dos mil prisioneros que colocó en un barco –el «Winnipeg»– rumbo a Chile.

Fue una tarea obsesiva y ejemplar, que nadie consiguió apartarle de su cabeza, luchando tenazmente con los políticos y los burócratas y haciendo frente al escepticismo general, para auxiliar de manera efectiva a los republicanos. Le pidió ayuda al presidente de Chile para que lo nombrara cónsul especial –cosa que logró–, y después peleó por su cuenta con los «diplomáticos de carrera» que había en la embajada chilena en París y los funcionarios del gobierno de Edouard Daladier, para que le dejaran embarcar, finalmente, a los expatriados.

ENCIERRO

Mientras Neruda se movía y hacía gestiones, ¿qué pensaban los republicanos que estaban encerrados en los campos de concentración franceses? ¿No era Francia la cuna de la ilustración, la revolución, la comuna y los derechos del hombre?

¿Era cierto que el Estado francés había pedido a Franco que creara una zona desmilitarizada en los Pirineos –que el dictador rechazó– y que al presidente Daladier no le había quedado más remedio que crear estos campos especiales?

Sin duda lo que sintieron los republicanos –en ese momento– tiene que haber sido algo parecido a lo que hoy sienten los palestinos y kurdos: la exclusión, el olvido, la nada. En el fondo, habían sido los primeros en combatir el ascenso del fascismo en Europa y luego fueron tratados como delincuentes.

TRAVESÍA

Cuando finalmente Neruda pudo embarcar en el «Winnipeg» a los dos mil republicanos, sobrevino la calma y se produjo una sensación de alivio entre ellos. Pero apenas el barco llegó al Atlántico empezaron a formularse otro tipo de preguntas:

¿De qué manera vamos a continuar el combate contra Franco? ¿Quién fue el principal responsable de la derrota? ¿Los anarquistas, los socialistas o los comunistas? ¿Volveremos a España algún día?

¿Qué haremos cuando lleguemos a Chile? ¿Dónde está Chile? ¿Alguien sabe algo de ese país?

ESPERANZA

Por fortuna, Chile atravesaba un período estable, y los veinte años posteriores fueron de crecimiento económico. Los republicanos pudieron rehacer sus vidas y muchos de ellos llegaron a ser felices. Se casaron. Tuvieron hijos. Pero nunca se adaptaron verdaderamente.

Treinta años más tarde ocurrieron tres sucesos históricos –casi en paralelo– que afectaron profundamente sus vidas: Salvador Allende encabezó un gobierno socialista, que despertó en Chile y el mundo una esperanza parecida a la que había despertado la república española. Poco tiempo después el ejército chileno se sublevó y destruyó de manera fulminante todas las libertades; mientras en España Franco moría y aparecía, como por milagro, la transición hacia la democracia.

Algunos republicanos pudieron volver, a pesar de que ya eran viejos. Pero muchísimos otros se quedaron, y algunos de ellos –o bien sus hijos, nietos u otros familiares–, fueron encarcelados, torturados y algunos desaparecieron en las prisiones de Pinochet. ¿Cuántas veces la historia y la vida pueden repetirse de manera tan semejante?

ESTAMPIDA

Hay pocos episodios tan dramáticos en la historia contemporánea española –y ricos en el plano de la solidaridad humana– como la estampida en la que se vieron envueltos miles de familias y soldados republicanos en busca de la frontera francesa para salvar la vida, al final de la guerra civil, durante los meses de febrero y marzo de 1939. Medio millón de personas cruzó los Pirineos bajo la nieve con el anhelo de buscar un refugio en el sur de Francia, perdidas casi del todo sus ilusiones de continuar el combate más adelante. Pero lejos de encontrarse con el esperado asilo político, los republicanos fueron encerrados en veinte campos de concentración en el sur Francia y en el norte de Africa –sin techo ni instalaciones de ninguna clase– que dispuso el gobierno del Edouard Daladier, alarmado por la avalancha de fugitivos, sin tomar ninguna iniciativa humanitaria y aterrado ante la proximidad de la segunda guerra mundial.

Algunas mujeres y niños tuvieron la suerte de encontrar refugio en diversas casas de familia, edificios públicos, hospitales y asilos, pero la inmensa mayoría fue a parar a estos campos vigilados por gendarmes, guardias militares y el increíble cuerpo de «Spahis» –soldados africanos, del Senegal– que en ese tiempo formaba parte del ejército francés.

A toda velocidad, el gobierno español en el exilio –encabezado por Juan Negrín– inició una campaña internacional para ayudar a los refugiados, denunciando las malas condiciones de los prisioneros en la prensa de todo el mundo, pidiendo la colaboración de los gobiernos democráticos.

Uno de estos mensajes fue bien recibido al otro lado del mundo, en Santiago de Chile, a doce mil kilómetros de distancia, donde vivía el escritor y poeta Pablo Neruda –amigo de la causa republicana– quien fue designado en ese momento por el gobierno de Chile para rescatar a un número determinado de españoles y llevarlos hasta ese país.

Neruda interrumpió su trabajo literario –había publicado *España en el Corazón* y empezaba *Canto General*– y salió a toda prisa para Francia, mientras en París el gobierno republicano iniciaba los trámites para comprar el «Winnipeg», un barco que por casualidad estaba atracado cerca de Burdeos. Era un viejo navío de carga de cinco mil toneladas, que hacía regularmente el trayecto de Marsella y Africa con escasamente 17 tripulantes, de propiedad de la Compañía «France-Navigation».

Una vez en París, Neruda se alojó en la casa de Rafael Alberti y Teresa León. Luego se instaló en Burdeos para vigilar el acondicionamiento del barco, muy precario para llevar pasajeros, aunque ya había sido utilizado como transporte de tropas durante la primera guerra mundial. Entre mayo y julio de 1939 se le añadieron dos mil literas en los seis pisos de bodegas.

La noticia se esparció rápidamente por los campos de concentración y Neruda recibió cientos de cartas procedentes de los refugiados de todas las condiciones y oficios. Entre los aspirantes había 88 pescadores, 3 fogoneros, 56 albañiles, 19 zapateros, 238 campesinos, 3 pasteleros, 26 estudiantes, 4 confiteros, 40 carpinteros, 15 ebanistas, 4 ingenieros, 62 mecánicos, 24 mineros, 28 panaderos, 3 ingenieros químicos y 1 buzo. También había 2 enfermeras y 6 maestras.

PRIMERA TORMENTA

Entretanto, la situación política de Francia se deterioraba con rapidez. Se olía el inminente estallido de la guerra y reinaba un clima de parálisis política. Por otra parte en Chile, aunque el poder estaba en manos de una coalición de izquierdas, los partidos de la oposición desencadenaron una ofensiva para destituir a Pablo Neruda e impedir el viaje del «Winnipeg».

«Antes que dar trabajo a los demás, primero hay que dar trabajo a los chilenos», decía en Santiago la editorial de *El Diario Ilustrado*. «Es una corriente de inmigración altamente inconveniente para el interés nacional», añadía.

Pero tampoco la situación en Francia anunciaba nada bueno.

En marzo el diario parisino *La Ilustración* (una triste coincidencia de nombres) publicó varios artículos contra la permanencia de los republicanos. «Hasta el 15 de marzo de 1939 –afirmaba– el tesoro francés ya habrá gastado 275 millones de francos en los refugiados españoles. El costo de mantenimiento de estos indeseables es de 15 francos diarios para los hombres sanos y de 60 para los hospitalizados. Los gastos mensuales ascienden a 200 millones»... «La temporada turística en esa región no tendrá lugar este año. Muchas casas han sido saqueadas o deterioradas»...

En Chile se organizó un debate especial en la Cámara de Diputados.

«No queremos prestamistas, especuladores, profesionales o comerciantes», decía el jefe de la oposición. Y continuaba: «Francia, país de la libertad, simpatizante de la causa de Azaña, condenaría a estos supuestos inmigrantes, pues se trata de reos con delitos comunes. ¿A estos presos se los trae a Chile como agricultores?... Nos traen ladrones y asesinos».

La mitad del parlamento se volvió ciegamente en contra de los pasajeros del «Winnipeg». Eran 1.160 hombres, 540 mujeres y 350 niños.

«¿Por qué traer niños a Chile?», clamaba uno de estos parlamentarios. «¿Hay algún beneficio para Chile en la llegada de estos niños españoles? ¿No es ya demasiado grande el número de nuestros niños huérfanos que vagan por calles y plazas, mendigando el pan para su sustento?».

Asustado por la repercusión interior, el presidente de Chile –Pedro Aguirre Cerda– ordenó el aplazamiento del viaje y desautorizó por ahora a su enviado especial. Pero Neruda, lejos de hacerle caso, buscó el consejo de Negrín y otros miembros del gobierno republicano en París, que le recomendaron continuar adelante y seguir enviando telegramas a la prensa de Santiago y buscando causar el mayor ruido posible.

«¿Qué hacer?», se preguntaba Neruda. «Aquel trabajo intenso y dramático, al borde mismo de la segunda guerra mundial, era para mí como la culminación de mi existencia», confesaría después en sus memorias.

Para apoyarlo, Picasso le hizo una larga entrevista de prensa que dio la vuelta al mundo. Otras figuras intelectuales publicaron diversos artículos, elogiando su misión, como Louis Aragón y André Malraux, mientras en Burdeos continuaban los preparativos para el viaje como si no ocurriera nada.

Finalmente, el ministro de Relaciones Exteriores de Chile renunció a su cargo y dio todo su apoyo a Neruda. El presidente chileno no tuvo más remedio –quizá para sortear la campaña de desprestigio que se le venía encima– que autorizar nuevamente el viaje del «Winnipeg».

ABORDAJE

La mañana soleada del 4 de agosto el «Winnipeg» fue rodeado por una muchedumbre ansiosa cargada de paquetes y bultos, en el diminuto puerto de Trompeloup, cerca de Burdeos. Vestido de blanco y con un sombrero de ala ancha, Neruda firmaba las visas y los otros documentos mientras el muelle hervía de gente.

«Los trenes llegaban de continuo hasta el embarcadero. Las mujeres reconocían a sus maridos por las ventanillas de los vagones. Habían estado separados desde el fin de la guerra. Y allí se veían por primera vez frente al barco que los esperaba. Nunca me tocó presenciar tantos abrazos, sollozos, apretones, carcajadas de dramatismo tan delirantes», dijo el poeta.

«Se juntaron padres e hijos que habían sido separados largo tiempo. Entre carreras, lágrimas y gritos, reconocían a los seres amados que sacaban la cabeza en racimos humanos por las ventanillas. Todos fueron entrando al barco. Eran pescadores, campesinos, obreros, intelectuales. Me sentí orgulloso».

Al oscurecer, el «Winnipeg» levó anclas. En el muelle quedaron cientos de personas que no tuvieron cabida. Todos querían estar en cubierta. De pronto una voz fuerte comenzó a entonar «El Emigrante». Otras voces se fueron sumando.

Hermoso valle
lecho de mi infancia
blancos Pirineos
¡para siempre adiós!

Adiós, hermanos,
adiós a mi padre
¡ya no os veré más!

A lo lejos, se podía ver la figura de Neruda —solo— agitando el sombrero. Más tarde escribiría:

«El «Winnipeg»
enderezó rumbo a Valparaíso.
Que la crítica borre toda mi poesía
si le parece.
Pero este poema que hoy recuerdo
no podrá borrarlo nadie».

TRAVESÍA

El barco olía a humedad y pescado podrido. Los camarotes eran unos incómodos nichos de madera. La comida era mala. Todo se hacía estrecho, incluso la cubierta. A pesar de ello la gente no paró de trabajar. Había pelotones de limpieza, equipos de maquinistas y de cocineros. Se impartían clases para los niños y se puso en marcha un servicio de biberones para los cuarenta lactantes que viajaban.

Hubo interminables charlas sobre historia y geografía de Chile. Había dos excelentes diarios murales: uno para las noticias del barco y otro dedicado al panorama internacional. Un hermano del escritor Gómez de la Serna improvisaba conferencias sobre las estrellas en medio de la noche del Atlántico. Los vascos crearon un coro de ochenta personas. La radioemisora de a bordo emitió incontables veces el famoso tema «Granada». Las parejas podían hacer el amor en el interior de los botes salvavidas, cuyos turnos estaban reglamentados.

La mayoría de la gente se movía sin cesar, sin duda para evitar caer en la nostalgia. Pero había algunas personas que se negaban a hablar con nadie, llenas de incertidumbre o miedo. También se produjeron altercados políticos entre quienes miraban de distinta forma la guerra civil, y en especial cuando la radio trajo la noticia del «pacto de no agresión» germano-soviético.

A la salida del canal de Panamá se toparon a poca distancia con un crucero alemán –que hacía el recorrido inverso– repleto de marineros que cantaban y saludaban al estilo nazi. Por los altavoces del «Winnipeg» sonó «La Marsellesa» y los republicanos se arremolinaron en la cubierta para observar en silencio al imponente barco enemigo.

En la mañana del 26 de agosto nació una niña, que fue bautizada con el nombre de «América Winnnipeg», y algunos días más tarde nació un varón, Andrés Martí, frente a las costas del Ecuador. Hubo una gran fiesta, una velada «artístico-musical» con cantantes, recitadores, humoristas, con el acompañamiento de piano y las voces del coro que interpretó –por primera vez– el himno nacional de Chile (para ir ensayándolo).

LLEGADA

Un día antes de que estallara la segunda guerra mundial, el 2 de septiembre de 1939 por la noche, el viejo carguero se aproximó al puerto de Valparaíso y esperó la llegada del alba para desembarcar. Aquella noche fue la más larga de la travesía. Mientras la radio describía los movimientos de las tropas alemanas, la gente contemplaba aquella ciudad luminosa y desconocida que se extendía por los cerros, donde había miles de farolas que brillaban. La cubierta permaneció abarrotada de gente que hacía comentarios. Cientos de familiares y amigos, allá

en Francia, estaban a punto de quedar atrapados por la nueva guerra

Al día siguiente el barco fue entrando lentamente a la bahía, iniciando las maniobras de atraque. Una gran cantidad de público, integrado por las organizaciones obreras y la colonia española republicana, se agolpaba detrás de los cordones de la policía.

El primero en bajar fue el patrón de pesca Juan Márquez, vestido todavía con la chaquetilla de miliciano y boina vasca, que al pisar tierra gritó fuertemente «¡Viva Chile!»... La banda municipal rompió con los acordes de los himnos nacionales, que la gente coreó, y después siguió con «La Internacional», a la vez que el cordón policial desaparecía y la gente se abrazaba, corría y lloraba.

Casi enseguida, un tren especial con doce vagones salió en dirección a la capital. El convoy fue deteniéndose en decenas de estaciones, donde también había bandas de música, autoridades y delegaciones de trabajadores que saludaban puño en alto. El trayecto se prolongó nueve horas, el triple de lo normal. Una sensación de esperanza revivió a los pasajeros.

¿FIN?

ÚLTIMAS REFLEXIONES

El presente escrito está dedicado a los amantes tanto profesionales como aficionados al género documental. Es una lista simple sobre los agentes narrativos de este tipo de películas. No es un estudio teórico. Es más bien un texto práctico.

¿Pero cuál es la práctica?

Contar para los demás una historia sobre alguien, conversar sobre una persona que nos interesa, es abrir un tema que nos puede atraer. Poner en marcha el arte de la narración, contar un cuento, inventar una fábula que interese a los demás, entrar en un camino ocurrente, con andanzas, casualidades, nuevo, sin final y con las puertas abiertas.

Contar historias es una de las más cosas más atractivas que hay en la vida.

–Artículos

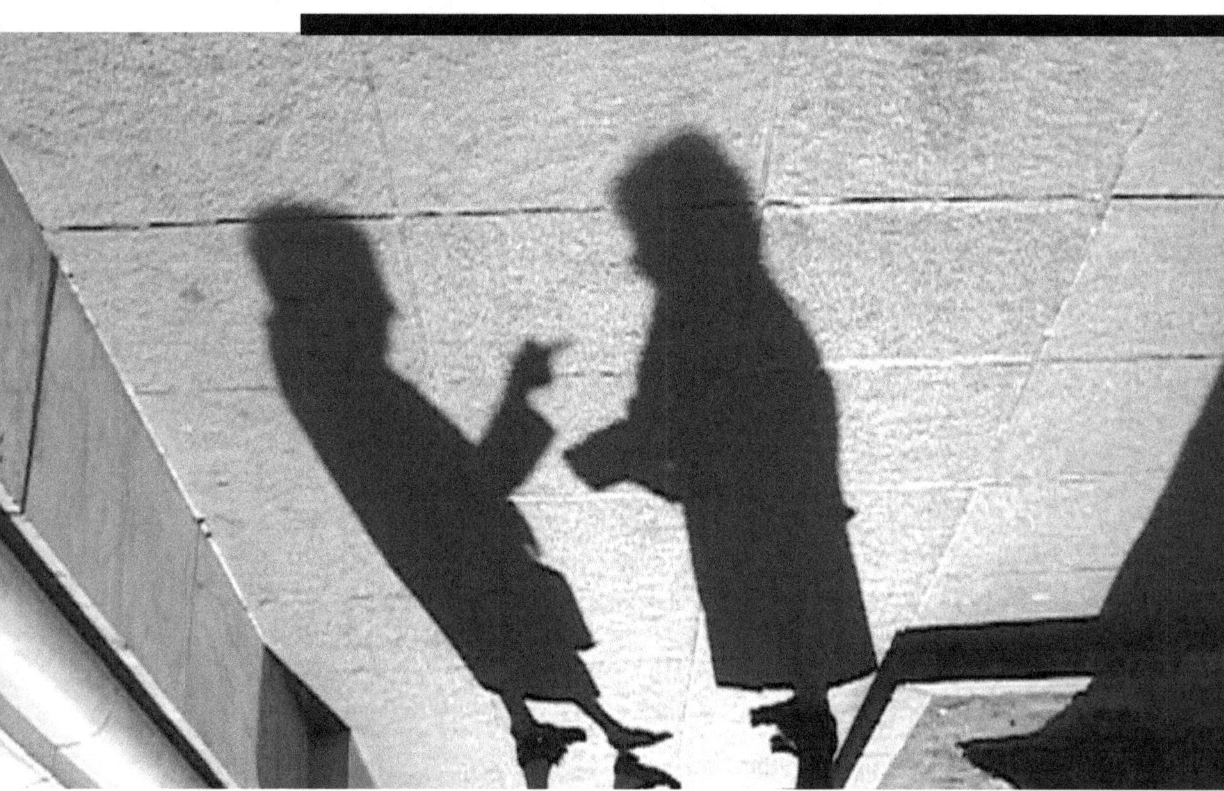

Dos sombras
en la calle de
Alcalá para
Madrid, en
2002.

PRESENTACIÓN

La mayoría de estos artículos nació para las páginas de nuestro catálogo del festival documental en Santiago (FIDOC). Primero fueron editoriales y después se transformaron en artículos. Un número de ellos ha sido publicado por algunas revistas.

Otros están dedicados al entusiasmo que proporciona esta tarea: la alegría de conocer personajes extraordinarios y dar a conocer una situación positiva que muchos ignoraban. Y también de numerosos comentarios críticos. Por ejemplo, la mala distribución del documental en todas partes. El atropello que la televisión nos hace: no nos paga los derechos de autor cuando utiliza nuestras imágenes. La actitud del «Museo de la Memoria», que nos obliga a regalar nuestras películas en lugar de comprarlas.

Como todo el mundo sabe, el documental es también un espacio de reflexión. Constituye un análisis poético, ecológico, histórico, de un pueblo. Un país sin cine documental es como *una familia sin álbum de fotos*. Por otra parte, el documental nunca ha tenido el éxito que proporciona el cine de ficción. Somos un género a contracorriente.

Además, mucha gente no sabe qué es un documental.

Nos movemos en la periferia porque nuestras revelaciones inquietan a los políticos. Nuestra distribución es alternativa, amateur en muchos casos, porque nuestros temas son opiniones, pensamientos, reflexiones. Sin embargo, esto no anula la perspectiva de nuestras obras; no hay que olvidar que el documental ha navegado siempre con una vocación subversiva (y rebelde). El documental es un elemento de contrainformación. La curiosidad nos empuja hacia la búsqueda. Y tenemos la ambición de los poetas.

Las películas
que me marcaron para siempre

Cuando yo era adolescente (en los años sesenta) pude ver en los cines de Santiago algunos filmes que provocaban un impacto diferente en el público. Eran películas que aparecían de vez en cuando. No eran filmes con estrellas famosas. Ni siquiera tenían actores. Tampoco tenían decorados. Eran películas DOCUMENTALES que el público seguía con interés en las salas de cine (la televisión todavía no llegaba a Chile).

Estos filmes me marcaron para siempre. Provocaron en mí la pasión por el cine documental. Descubrí en ellas que se podía contar historias entretenidas con elementos de la realidad. Historias «no ficcionales» que los espectadores no olvidaban nunca (o que olvidaban menos). Era filmar la «puesta en escena» que está adentro de la vida, sabiendo de antemano que la realidad es también una ilusión. No todos los documentalistas somos «cazadores» de eventos, sino que también somos poetas, que tratamos de encontrar en el tiempo y el espacio las huellas de la *gente*, aun las más ínfimas.

Las películas que vi:

VAN GOGH, 1947, Alain Resnais

EL DESIERTO VIVIENTE, 1953, Walt Disney

EL MUNDO DEL SILENCIO, 1955, Jacques Yves Cousteau y Luis Malle

LA FERIA VOLANDERA, 1955, Armando Parot

NOCHE Y NIEBLA, 1956, Alain Resnais

LAS CALLAMPAS, 1958, Rafael Sánchez

ESTADOS UNIDOS VISTO POR UN FRANCÉS, 1958, François Reichenbach

EUROPA DE NOCHE, 1959, Alessandro Blasetti

MI LUCHA, 1960, Erwin Leiser

PERRO MUNDO, 1962, Gualterio Jacopetti

MORIR EN MADRID, 1963, Frédéric Rossif

Chile era una fiesta

En el verano de 1971, cuando me bajé del avión (después de mi larga ausencia en Madrid, donde estuve varios años), lo primero que me llamó la atención fue un gran afiche que decía: «Chile comienza su segunda independencia». Un poco más allá había otro, bastante largo. En realidad, no era un afiche. Era una pintura mural con colores muy fuertes, un fresco, que estaba en una muralla del camino que conducía a Santiago. Por lo menos tenía un kilómetro de largo, ya que durante una parte el trayecto siempre estaba ahí.

Nadie que entraba al país podía ignorarlo.

Era un *cómic* de miles de metros pintado encima del muro. Primero mostraba algunos momentos de la historia, con los indios mapuche en actitudes épicas; después venían los conquistadores españoles luchando con los indígenas; más tarde, galopando a caballo, aparecían los héroes de la Independencia y algunas señoritas bailando cueca. Unos metros más adelante venían las fábricas, con chimeneas humeantes.

Después, rodeada de escolares, había una señora bastante gorda que parecía ser Gabriela Mistral. Más adelante había otro gordo, Recabarren, y detrás de él había una serie de barbudos: Marx, Engels, Lenin, Che Guevara y un quinto hombre sin barba, Pablo Neruda. Al cabo de los metros finales se veían unos tractores con campesinos. Finalmente aparecía un retrato de Allende agitando una banderita encima de su cabeza. Los colores eran brillantes, los trazos gruesos de color negro.

Desde el primer momento, Chile me pareció un país motivado, activo, exultante, como si la gente estuviera viviendo una larga fiesta que ya duraba muchos meses. Había una actitud de júbilo, de satisfacción, especialmente en los barrios pobres, en los «campamentos», en las «poblaciones». Pero los pobres también estaban en el centro de la ciudad. Por primera vez yo vi gente humilde paseando cerca de La Moneda, como turistas que recorrían por primera vez Santiago. En muchas calles la gente marchaba con banderas y voceando consignas. Había reuniones, fiestas, mítines. Mucha gente se saludaba sin conocerse. Era como un estado de enamoramiento colectivo. Nunca creí que un proyecto entusiasmara a tal punto a la gente. ¿Cuál era la causa? ¿Por qué tanto arrebato?

Era la revolución...

Por primera vez en América Latina estábamos viviendo una revolución *pacífica, legal, constitucional*, sin guerra civil, sin la destrucción del Estado. Era la lucha de un *pueblo sin armas*. Era la suma de cien años de trabajo político de los partidos de la izquierda y otros grupos que venían de muy lejos en el tiempo. Era el resultado de un *siglo chileno*. Todos participaban: los demócratas en general, los sindicatos, las universidades, los periodistas independientes, algunas instituciones, la existencia de una clase obrera consciente y una clase media civilizada. Era un milagro.

MIEDO

Una parte de la población estaba aterrorizada. «¡Dios mío, llegaron los comunistas!»... Era una lástima, pero no nos importaba mucho.

En realidad, los adversarios de Allende estaban convencidos de que sus propias mentiras eran verdaderas. Para quitarle votos a la Unidad Popular habían inventado una larga campaña terrorífica. Creían que Allende les robaría sus casas, sus muebles, sus joyas, sus empresas, sus propiedades, sus empleos, sus gatos, sus perros y que sus hijos tendrían que estudiar en Cuba y que la religión sería prohibida. Este miedo profundo –que heló el corazón de un tercio de los ciudadanos– contribuyó después a sostener una de las dictaduras más crueles del continente. Y más adelante alimentó una sed de venganza que hasta hoy sigue viva en la cabeza de muchos chilenos. La extrema derecha y un sector de los viejos responsables de las fuerzas armadas, hasta hoy, no han conseguido perdonar a los allendistas vivos, ni tampoco a los allendistas muertos.

CINE

En ese momento lo único que yo quería hacer era filmar; filmar la realidad sin perder tiempo. Yo venía saliendo de una escuela. Traía mucha energía y los ojos llenos de imágenes. Era un cineasta en su «punto de partida». Tuve la suerte de encontrar algunos recursos financieros y rápidamente formé un equipo. Teníamos una cámara de 16 milímetros, dos reflectores portátiles y una grabadora de sonido. Disponíamos de suficiente película en blanco y negro.

Lo que más nos impresionó, los primeros días, fue la rapidez con que Allende desencadenó los cambios. Nosotros estábamos acostumbrados a la lentitud de la vida pública chilena. Yo me acuerdo que los presidentes anteriores jamás nos habían impresionado. Eran unos tipos bastante agrios. Trabajaban lejos de la gente, a puerta cerrada, en la oscuridad del palacio. Ahora ocurría todo lo contrario. Los hechos se producían delante de nuestros ojos. Empezó una especie de aceleración de la Historia. El país se despertaba, se movía. Para participar sólo había que salir a la calle. Todo estaba cerca y ocurría al lado de uno.

Los periódicos publicaban en grandes titulares:

- «Empiezan las relaciones diplomáticas con Cuba».
- «Avanza la expropiación de los monopolios textiles».
- «Mañana: nacionalización del acero».
- «Pasado mañana: nacionalización del salitre».
- «Expropiados todos los latifundios mayores de 40 hectáreas».
- «Los bancos pasan al Estado».
- «El cobre será chileno».

Allende no perdió ni un minuto. Empezó a cumplir su programa a las pocas horas de tomar el poder. Durante los primeros doce meses creó una situación de prosperidad efectiva entre las masas, que no tenía precedentes, gracias a un aumento de la producción y la incorporación de millones de pobres al consumo. Nunca antes había habido tanta gente que tuviera un poco de dinero en el bolsillo. Allende creó una situación de bienestar real entre los más desfavorecidos. A finales de 1971 la derecha estaba estupefacta, paralizada, sin poder dar crédito a lo que veía.

Miles de trabajadores, empleados, obreros, gente del campo, funcionarios de la clase media, vivían un clima de movilización cotidiana. Familias enteras salían a colaborar. El público descubrió que la participación estaba al alcance todos. Se creó la sensación de que el gobierno era colectivo y que la solidaridad era necesaria. Día a día la gente salía para apoyar las decisiones de cambio, solos o acompañados de su familia, con guaguas, niños, perros, en viejos camiones, a pie, en bicicleta, a caballo. Las calles se llenaron de gente que se reía sola. Era un tiempo «fuera del tiempo». Era un momento para soñar, para cumplir los anhelos, aunque precariamente. Para muchos campesinos la Unidad Popular era una simple bandera roja, una foto de Allende o una banda de músicos.

Nosotros, como jóvenes cineastas, estábamos desbordados. No alcanzábamos a filmar ni el diez por ciento de lo que ocurría. Corríamos de un lado para el otro. Se producían cientos de acciones cerca de la cámara. Nos parecía que la realidad florecía. Había homenajes, asambleas, fiestas por doquier. Los domingos los parques estaban llenos. Se escuchaba buena música por la radio. La «nueva canción chilena» entregó los mejores títulos de su historia. Las voces de Víctor Jara, Ángel Parra, Isabel Parra, Inti-Illimani, Quilapayún, llegaron a su punto máximo de difusión, junto con el rock chileno de *Los Jaivas*.

JUVENTUD

En aquella época yo tenía 30 años. Mis colegas del equipo tenían 18. Éramos militantes o simpatizantes de la izquierda, cada uno con sus matices particulares, y nos habíamos lanzado a la mayor aventura de nuestra vida. Filmábamos a diario, incluso los fines de semana. Vivíamos con los ojos abiertos, moviéndonos sin parar. El equipo se componía de tres personas: Antonio Ríos con la cámara, Felipe Orrego como sonidista y también jefe de producción, y yo como realizador. Nos desplazábamos a 60 kilómetros por hora en mi viejo Citroën 2 CV. A veces viajábamos a algunas ciudades como Valparaíso. Fuimos en avión a Calama y Lota. Teníamos una pequeña oficina en la Escuela de Artes de la Comunicación (nuestra productora). Era una habitación vacía llena de periódicos. Leíamos todas las publicaciones de la época para estar al corriente. Filmábamos especialmente en los barrios industriales, pasando a veces por el Palacio de La Moneda, el Parlamento, los Tribunales. Casi siempre almorzábamos en los comedores de las fábricas.

Antes, durante toda mi vida, nunca había tenido contacto con la clase obrera. Mi madre y yo pertenecíamos a la pequeña burguesía arruinada que vivía en los barrios anónimos de Santiago. Yo nunca había conocido el mundo de los trabajadores, de los sindicalistas, de los militantes. Ahora convivíamos con ellos. Nos mezclábamos en su vida diaria y nos pasábamos las horas filmando en los talleres. Eran gente con experiencia y autoridad; tenían una gran facilidad de palabra. En las reuniones y asambleas el lenguaje que se escuchaba parecía sacado de una película rusa. Hoy en día, no queda ni rastro de aquella cultura proletaria.

TORMENTA

Para nuestra gran sorpresa, después de los primeros 12 meses, el gobierno perdió gran parte de su velocidad inicial... La derecha se fortaleció y pasó a la ofensiva. Allende, además, se estrelló contra las leyes de la Constitución. Para él, era imposible cambiar las reglas del juego legal que no le permitían avanzar más rápido. La derecha tomó la iniciativa en el Parlamento y en los Tribunales de Justicia. Bloqueó la mayoría de los proyectos del gobierno y acusó constitucionalmente a muchos ministros. El gobierno de Nixon congeló la ayuda económica. Una parte de la gente que apoyaba la Unidad Popular perdió la paciencia: quería ir más rápido y romper la legalidad. Sin embargo, a pesar de todo, Allende hizo lo posible por aplacar a sus partidarios y seguir adelante. No atendió las opiniones más atrevidas y eligió el camino del debate con sus adversarios (arriesgándose a provocar una división entre sus fuerzas). Pero nunca perdió la fe en una solución política. Mientras esto ocurría, nosotros concluimos por fin nuestra modesta película documental (*El Primer Año*), que terminó con la visita de Fidel Castro a Chile.

Un festival de cine documental

6 al 17 de mayo de 1997 en Santiago

Un festival de cine documental es una oportunidad única para mostrar al público una serie de personajes notables, como Arthur Rimbaud, Che Guevara, Henri Langlois y otros ignorados en Chile. También servirá para mostrar algunos eventos sorprendentes, como el incendio de Kuwait o la vida oculta del asesino de Trotsky.

Es una oportunidad para ver «historias de la realidad». Historias con poesía, suspenso y acción. Historias que nos demuestran que la emoción también está en el género «no ficcional».

La primera edición será en mayo de este año: del 6 al 17 de mayo de 1997.

No es (y tampoco será) un evento de grandes dimensiones. Las obras documentales convocan a un público selectivo. Será un festival especializado –para todo el público–, pero en particular para las personas vinculadas a las universidades, a los medios de comunicación, a las escuelas de arte, al ambiente artístico en general.

Su instalación nos pondrá en contacto con la producción internacional, que florece en algunos países: obras apasionantes sobre cualquier actividad humana.

Servirá de apoyo a nuestros creadores (que en su mayoría trabajan en solitario, sin mucha ayuda, con pocas referencias universales). Tal vez estimule las vocaciones documentales de los alumnos en las escuelas de cine. Puede que llame la atención de los programadores de televisión.

Para llevarlo a cabo hemos tomado contacto con Marie Bonell, del ministerio de Relaciones Exteriores de París. Ella nos ha ofrecido la colección de títulos documentales de su departamento. A la vez, nos ha prometido financiar en el futuro una visita de Claude Lanzmann a Chile, con su obra monumental *Shoah*.

UN POCO DE HISTORIA

En 1957 apareció el primer director chileno de documentales, Sergio Bravo, que hizo cuatro películas notables que tuvieron resonancia adentro y afuera del país: *Láminas de Almahue*, *Mimbre*, *Días de Organillo* y finalmente *Trilla*. Después Bravo trabajó en varias obras en Francia.

En 1962 apareció Joris Ivens, uno de los cineastas más viajeros del mundo, para hacer una película documental sobre el puerto, *A Valparaíso*, con texto de Chris Marker, música de Gustavo Becerra e imágenes de Patricio Guzmán (un camarógrafo y fotógrafo que tiene el mismo nombre que yo). Más tarde, Ivens realizó *El Tren de La Victoria* para acompañar a Salvador Allende en una de sus campañas presidenciales, editada también por Sergio Bravo.

Alrededor de 1957, Rafael Sánchez filmó una película excepcional sobre una de las villas miseria de Chile, *Las Callampas*, asistido por Alicia Vega, una joven historiadora y profesora del documental. Un año más tarde, en 1958, Armando Parot hizo *La Feria Volandera* sobre la primera exposición plástica del Parque Forestal. En 1965 aparecieron las primeras obras de Pedro Chaskel y Héctor Ríos, *Érase una vez* y *Aborto*, con premios internacionales. A la vez surgieron otros precursores de talento, como Jorge di Lauro, Nieves Yancovich, Raúl Cuevas y Hernán Correa.

UN FESTIVAL DOCUMENTAL

Pasó mucho tiempo antes que el movimiento pudiera desarrollarse (superar un terrible golpe de Estado y después otros gobiernos que no sabían qué era el cine documental). Así pasaron cuarenta años. En 1997 pudimos despertar finalmente e inaugurar el primer festival internacional de documentales, FIDOCS, una iniciativa que fue aprobada por el Estado gracias a una beca que yo presenté ese mismo año. Así pudimos abrir las puertas de la primera edición en una sala estupenda: el Instituto Goethe de Santiago.

Comprobamos muchas cosas que ya sabíamos: en Chile nunca hubo una «memoria» del cine documental. Nunca se hizo un catálogo de todas las obras. La pequeña Cinemateca Nacional no tenía los recursos para hacerlo. Por lo tanto, el primer catálogo del festival nos sirvió para reunir *el movimiento nacional completo,* con todas las obras, desde la primera hasta la última. Y añadir la exitosa muestra *INTERNACIONAL* con 31 películas de circulación mundial. Nunca antes en Chile se había hecho algo así.

Era un festival necesario por dos razones: aglutinar a los autores y mostrarles la producción internacional; en particular las obras europeas, que habían permanecido censuradas o desconocidas en Chile; con ella se recuperaría la perspectiva del género.

Empujé con energía el proyecto que unificó al movimiento. Mis grandes colaboradores fueron Ignacio Agüero, Carlos Flores y Pedro Chaskel. En un artículo del primer catálogo ellos hacen el resumen de los 21 años de creación documental, cuyo punto de arranque fue la película *Láminas de Almahue* (realizada en 1967 por Sergio Bravo), y su glorioso punto final fue *Cien niños esperando un tren* (realizado en 1988 por Ignacio Agüero).

Más tarde, en el año 2000, los realizadores crearon su propia organización profesional, ADOC-CHILE, un espacio de defensa del documental y a la vez una plataforma para difundir el género, un caballo de batalla para introducir el documental en todas las esferas audiovisuales.

Ahora se puede hablar de un *movimiento* documental, con creadores jóvenes y menos jóvenes, que producen por su cuenta o en colaboración, más la ayuda del FONDART. Predomina la memoria colectiva, la memoria histórica, así como el lenguaje de la subjetividad y la búsqueda formal.

Mientras este movimiento crece, los canales de televisión lo niegan. Ellos desconfían (o sienten miedo) de las obras críticas, polémicas o de exposición del pasado histórico. Temen ofender a los «padres de la patria». Temen la crítica de los jefes políticos, religiosos, militares. Es el resultado contradictorio de un país cuya transición política no termina de terminar.

Antes de concluir, deseo mencionar a las figuras históricas que nos visitaron y ayudaron entre 1970 y 1973: al cubano Santiago Álvarez, al francés Chris Marker y al italiano Roberto Rossellini.

MÁS DE 60 AUTORES

En un período de 40 años (entre 1957 y 1997), trabajaron más o menos 63 documentalistas en Chile: Ignacio Agüero, Carlos Flores, Pablo Salas, Patricio Guzmán, Carmen Castillo, Francisco Gedda, Sergio Nuño, Samuel Carvajal, María Luisa Mallet, Gastón Ancelovici, Orlando Lübbert, Douglas Hübner, Juan Andrés Racz, Claudio Sapiain, Angelina Vásquez, Álvaro Ramírez, Beatriz González, Leonardo Céspedes, Augusto Góngora, Sergio Marras, Hernán Castro, Germán Malig, Guillermo Cahn, Hugo Correa, Claudio di Girólamo, Patricia Mora, Pablo Basulto, Cristián Leighton, Sergio Gándara, Herman Mondaca, Jimena Arrieta, Yessica Ulloa, Juan Carlos Altamirano, Raúl Cuevas, David Benavente y Jorge Müller Silva (este último, detenido y desaparecido). También es justo mencionar a muchos realizadores de ficción que hicieron al menos un documental: Raúl Ruiz, Valeria Sarmiento, Miguel Littin, Sergio Castilla, Pablo Perelman, Helvio Soto, Ricardo Larraín, Tatiana Gaviola, Antonio Skármeta, Juan Carlos Bustamante, Gonzalo Justiniano, Silvio Caiozzi, Cristián Sánchez, Luis Roberto Vera, Pablo de la Barra, Sebastián Alarcón, Leonardo Kocking, Perci Matas. Y finalmente está el primer grupo de autores ya mencionados: Sergio Bravo, Patricio Guzmán Campos, Armando Parot, Rafael Sánchez, Pedro Chaskel, Héctor Ríos, Jorge di Lauro, Nieves Yancovich, Raúl Cuevas, Hernán Correa.

OBRAS DEL PRIMER FESTIVAL

MUESTRA INTERNACIONAL:

* *Che Guevara, el diario de Bolivia*, 1994, de Richard Dindo.

* *Baka*, 1995, de Rhierry Knauff.

* *A veces miro mi vida*, 1981, de Orlando Rojas.

* *Mother Dao*, 1995, de Vincent Monnikendam.

* *La Batalla de Chile I-II-III*, 1973-79, de Patricio Guzmán.

* *Los fuegos de Satán*, 1992, de Werner Herzog.

* *El sonido de Hollywood*, 1995, de Joshua Waletzki.

* *Alejandro*, 1994, de Guillermo Escalón.

* *Asaltar los cielos*, 1996, de López Linares y Javier Rioyo.

* *La vida es inmensa y llena de peligros*, 1994, de Denis Gheerbrandt.

* *Un animal*, los animales, 1995, de Nicolas Philibert.

* *Aquí o acá*, 1995, de Sandra Kogut.

* *Aire*, 1994, de Velu Viswanadhan.

* *El convoi*, 1995, de Patrice Chagnard.

* *Cuesta que cuesta*, 1995, de Claire Simon.

* *Una jornada donde mi tía*, 1996, de Christophe Otzemberger.

* *Jaime Nevares*, 1995, de Carmen Guarini y Marcelo Céspedes.

* *El país de los sordos*, 1992, de Nicolas Philibert.

* *La resistencia de la luna*, 1985, de Otávio Bezerra.

- *Ciudadano Langlois*, 1995, de Edgardo Cozarinsky.
- *La ciudad Louvre*, 1990, de Nicolas Philibert.
- *Chile, la memoria obstinada*, 1997, de Patricio Guzmán.
- *Arthur Rimbaud*, una biografía, 1991, de Richard Dindo.
- *Ruta número uno / USA*, 1989, de Robert Kramer.
- *Hombre marcado para morir*, 1984, de Eduardo Coutinho.
- *La hora de los hornos*, 1966-68, de Fernando Solanas y Octavio Getino.
- *Kieslowski, diálogos*, 1991, de Rubén Korenfeld.
- *Adiós Babushka*, 1997, de Rebecca Feigg.
- *La flaca Alejandra*, 1994, de Carmen Castillo y Guy Girard.

RETROSPECTIVA CHILENA:

- *Andacollo*, 1968, de Jorge di Lauro y Nieves Yancovich.
- *Láminas de Almahue*, 1961, de Sergio Bravo.
- *Herminda de La Victoria*, 1969, de Douglas Hübner.
- *Venceremos*, 1970, de Pedro Chaskel y Héctor Ríos.
- *Compañero presidente*, 1970, de Miguel Littin.
- *El Charles Bronson chileno*, 1981, de Carlos Flores del Pino.
- *Una foto recorre el mundo*, 1981, de Pedro Chaskel.
- *El Maule*, 1981, de Juan Carlos y Patricio Bustamante.
- *El Willy y la Miriam*, 1983, de David Benavente.
- *Santiago Blues*, 1984, de Francisco Vargas.
- *Carrete de verano*, 1984, de Patricia Mora y Marcos de Aguirre.
- *Dulce Patria*, 1984-85, de Juan Andrés Racz.
- *Somos +*, 1985, de Pablo Salas y Pedro Chaskel.
- *Memorias de una guerra cotidiana*, 1985-86, de Gastón Ancelovici.
- *Eran unos que venían de Chile*, 1985-87, de Claudio Sapiaín.
- *Cien niños esperando un tren*, 1988, de Ignacio Agüero.

Jorge Müller

Jorge Müller Silva y Carmen Bueno Cifuentes,
detenidos desaparecidos bajo la dictadura de Pinochet.

Al empezar *La Batalla de Chile* yo tenía la intuición de que Jorge Müller era la persona indicada para llevar la cámara. No estaba completamente seguro, ya que el costado *hippie* de Jorge me inquietaba un poco. ¿Sabrá mantenerse disponible, disciplinado, tantos meses? Estas dudas fueron borrándose a lo largo de marzo de 1973.

Como era de esperar, entramos en buena comunicación, aun cuando yo marcaba mucho los planos en esa época: «quiero esto, quiero esto otro»... Era un cineasta recién salido de la escuela; es cuando a uno le gusta «mandar», controlar la luz, el encuadre, los movimientos de cámara, etc. Hoy estoy muy lejos de ese método. Pero en ese tiempo yo acababa de recibir el «título» y quería estar encima de todo. En este sentido, Jorge fue inmensamente paciente conmigo. Me escuchaba. Pero no sólo eso. Tenía un instinto cinematográfico personal, tenía *reflejos* de cineasta. No sólo encuadraba bien, sino que seguía a un personaje, cambiaba de ángulo, etc. Hacía planos verdaderos y no ilustraciones.

Teníamos el mismo sentido del humor: una especie de ironía, de sarcasmo o humor negro. En realidad, trabajábamos relajados, y cuando había un problema desaparecía pronto. La situación era tan épica o bien tan dramática, que no teníamos tiempo para pelearnos.

Atravesamos muchos momentos complicados. Por ejemplo, cuando llegamos a filmar los funerales del edecán naval de Allende[42], en el patio de la Escuela Naval de Valparaíso, que estaba repleto de enemigos de la izquierda. Había un clima de conspiración que se podía tocar con los dedos.

Le dije al oído a Jorge: «Acércate lo más posible a los oficiales y haz lentas panorámicas de las charreteras, condecoraciones, botones, rostros, ojos, gestos: ahí está la secuencia»... A la vez, le dije a Federico Elton, nuestro jefe de producción, que se subiera arriba de una silla y se pusiera a hacer fotografías de forma aparatosa, de tal manera de llamar la atención de los militares. Así nos dejarían el terreno libre para que Jorge y yo nos fuéramos acercando un poco más a los oficiales, sin que ellos se percataran de que estaban siendo filmados desde el otro lado.

Hay muchos otros ejemplos como este. Nuestro estilo de rodaje era agresivo, temerario. Había otro tipo de situaciones menos controladas, donde Jorge tomaba la iniciativa, porque él mismo desarrollaba una idea.

Según mi opinión, sus *mejores* secuencias son varias: las elecciones de marzo de 1973, los funerales del obrero Ahumada, la

---

[42] Funerales del edecán naval de Allende, comandante Arturo Araya Peters, en *La Batalla de Chile II.*

gran huelga del cobre (en la primera parte), el paro de los transportistas, los funerales del edecán de Allende (en la segunda), y el «juicio popular» contra un funcionario de la Unidad Popular (en la tercera). Pero hay más. Por ejemplo, el plano del vendedor que avanza casi volando con un carretón y que abarca una trayectoria de 300 metros. También recuerdo la secuencia del *Cordón Recoleta*, donde hay dos obreros que discuten entre sí y que Jorge fotografió con una especie de luz cenital: parece una reunión de obreros soviéticos de 1920. No sé cómo lo hizo, porque una de las luces la tenía yo mismo en la mano y no estaba tan alta como para producir ese efecto cenital.

Compartíamos muchas ideas que habíamos acordado antes. Teníamos el mismo gusto por los encuadres y la composición. Muchas veces yo determinaba los planos. Otras veces él tomaba la iniciativa. Como la cámara *Eclair* se apoya en el hombro derecho, en muchas ocasiones yo me acercaba por el otro lado para hablarle en su oído izquierdo. Esto me permitía decirle cosas sin que él interrumpiera el plano que estaba haciendo. La cámara a veces le impedía ver lo que pasaba a la derecha. Entonces yo le indicaba lo que estaba pasando por ese lado. Por ejemplo, le decía: «flaco, quédate con el grupo de obreros que ahora estás enfocando y espera un poco para que el camión que viene por la derecha entre en el cuadro; cuando lo veas entrar empiezas a hacer el *zoom* hacia atrás». Esto ocurría a menudo cuando estábamos bien emplazados. Pero cuando estábamos en medio de la gente, el caos nos impedía hablar y Jorge actuaba por su

cuenta. Él siempre sabía lo que era importante. Jorge dominaba a la perfección los movimientos de cámara y podía caminar y hasta correr filmando sin que se notara mucho.

En el fondo estábamos poniendo en práctica todas las fórmulas del «cine directo», a pesar de que ninguno de los dos tenía una verdadera *cultura documental*. Chile vivía aislado esos años y no llegaba casi ninguna obra *moderna* de documental. Para nosotros, los trabajos de Joris Ivens o de Roman Karmen nos parecían sobrepasados. Más bien estábamos a favor de la vitalidad de Santiago Álvarez, aunque tampoco habíamos visto casi nada de él. Lo que conocíamos eran las películas de la Nueva Ola francesa y las obras del *Free Cinema* inglés. También los primeros filmes de Cassavettes y muy poco más. Cuando salí del Estadio Nacional, Jorge me vino a ver a mi casa y me trajo de regalo un libro de Godard, que habla de la admiración que sentía por éste. También fue la última vez que lo vi.

Lo que nos apasionaba era el llamado «cine directo» *(el cinéma verité)*. *La Batalla de Chile* no se diferencia mucho de otras obras de esa tendencia. En los años sesenta y setenta apareció un estilo, una forma de filmar, que tuvo seguidores en Canadá, Estados Unidos, Francia y otros lugares. Nosotros estábamos dentro de esa tendencia, que era la de *Primary* (1960) de Robert Drew; *Calcutta*, (1969), de Louis Malle; y *Hospital*, (1970), de Frederick Wiseman, etc.

Estas obras tienen puntos en común. Nosotros hicimos casi lo mismo. Teníamos la misma cámara y el mismo «escenario» colectivo. Era la revolución de las cámaras livianas conectadas a un grabador sincrónico. Estábamos inmersos en la misma revolución cultural, social, política, tanto aquí como allá.

EL RODAJE INTERMINABLE

También hay que mencionar la constitución fuerte de Jorge. Recuerdo sus manos. Podía sujetar con una mano el cuerpo de la cámara con holgura y con la otra mano manejaba el disparador o bien la bajaba, pues le bastaba una mano para sostener la *Eclair*, que es bastante pesada en comparación con las cámaras de hoy.

A veces cuando yo conducía el auto durante horas, él limpiaba la cámara una y otra vez con algunos pinceles viejos y un pedazo de gamuza amarilla. Aseando la cámara se entretenía para espantar los nervios. Hacíamos chistes, nos contábamos historias o hacíamos comentarios irónicos de cualquier cosa para darnos valor. Toda la parte final de la filmación fue un calvario; el miedo se fue apoderando de nosotros. El ambiente festivo del mes de marzo de 1973 ya no existía en el mes de agosto. Aun así, Jorge siempre tenía la faz tranquila, serena, y sus labios no sonreían pero tampoco mostraban una preocupación especial, pues todo lo que pasaba lo veía con placer. A menudo se miraba las manos, las uñas, para distraerse, era una manía suya.

Usaba unas chaquetas arrugadas, de color marrón, de *cotelé* acanalado cuyas mangas parecían muy cortas. Usaba grandes zapatos de media caña. Era un hombre flaco. Se veía más alto cuando apoyaba la

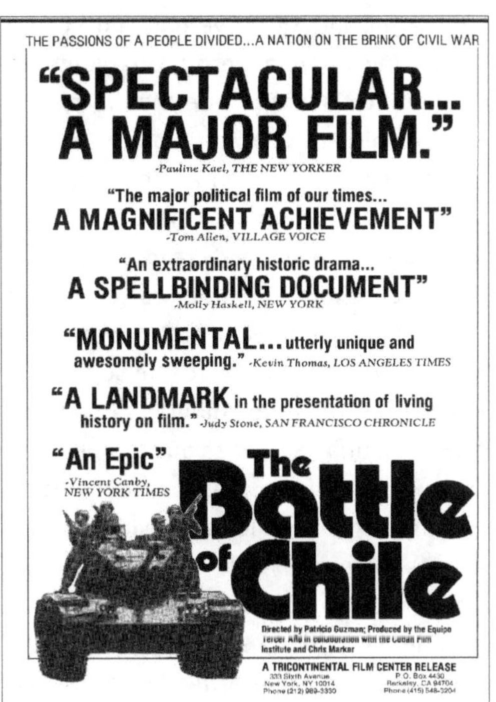

Poster de
La Batalla de Chile

cámara en el hombro. Su risa era suave y cuando reía se rascaba la cabeza. Era un hombre atractivo sin nada de coquetería. Era natural: una persona con una sobria elegancia. Tenía una actitud reservada, no la perdía incluso en los momentos más peligrosos. Proyectaba una extraña moderación y nobleza para ser una persona tan joven.

Hablábamos mucho de cine y poco de la vida. Estábamos obsesionados por nuestro trabajo; era algo básico para los dos. Sin embargo, en esa época agitada se producían muchos cambios de pareja. Cuando supe que Carmen Bueno era su compañera me alegré de verdad. Tal vez no era su única pareja. Pero probablemente Carmen era la mujer que más le convenía. No sólo era una actriz que prometía mucho, sino que además tenía mucha tranquilidad y confianza en sí misma. La recuerdo con exactitud. Trabajé con ella brevemente para que doblara con su voz algunos planos de *El Primer Año* que habían quedado con defectos de sonido. En esa película, cuando Allende saluda con la mano a unas personas que lo aplauden en la calle Ejército (después del desfile militar), alguien le dice al presidente «Saludos a la Tencha». Esa es la voz de Carmen. Y cuando una señora grita «Allende, Allende», también es la voz de Carmen. Tres años después Carmen y Jorge desaparecieron.

La última vez que sentí la presencia viva de Jorge, es decir, cuando escuché un instante el ruido de su corazón, fue cuando tomé la cámara que habíamos usado para filmar *La Batalla de Chile*, en 1996, en una oficina de Santiago. Permanecí un largo momento observando el cuerpo de la cámara y los chasis para guardar la película. Después estuve largo rato tocando el cinturón de la batería, el *zoom*, los otros lentes, palpando las piezas por separado, pensando que algo de su calor aún estaría allí.

No hace mucho tiempo –en noviembre de 2012– una espectadora de *Nostalgia de la Luz* me escribió una nota muy breve desde su país, creo que desde Santo Domingo. La nota dice lo siguiente: «Pensé que sería bueno contarte que cuando estaba en el campo de concentración de Cuatro Álamos, en lo profundo de la noche, me tocó ver por el hueco de la cerradura el momento en que Carmen y Jorge fueron sacados de su celda, hacia un pasillo, hacia un destino incierto. Mientras viva me voy a acordar de sus caras».

Un largo exilio

Durante la dictadura militar la mayoría de los cineastas partieron al exilio, repartidos en varios continentes del mundo, desperdigados. Eran un grupo de creadores sin conexión directa con su país. Un número logró regresar a Chile temporalmente y filmar películas sobre las víctimas, la opresión, la sociedad afligida. O bien, sin moverse, pudieron editar obras con imágenes de archivo que venían de Santiago. En total, más o menos cincuenta autores, hicieron uno o más documentales contra la represión o en favor de los derechos humanos. Fue un fenómeno único en la historia del cine de Latinoamérica, que superó la cantidad de obras que generó la guerra civil española. Fue el grupo más numeroso de «cine en el exilio» que haya generado América Latina:

Leopoldo Gutiérrez (en Canadá), José Echeverría (en Inglaterra-España), Jorge Fajardo (en Canadá), Rodrigo González (en Canadá), Juan Forch (en Alemania), Sebastián Alarcón (en Rusia), Luis Roberto Vera (en Rumanía-Suecia), Wolfgang Tirado (en Nicaragua), Dunav Kuzmanich (en Colombia), Leonardo de la Barra (en Bélgica), Pablo Perelman (en México), Sergio Bravo (en Francia), Pablo de la Barra (en Venezuela), Douglas Hübner (en Alemania), Leonardo Céspedes (en Suecia), Rafael Guzmán (en Italia), Marcos Galo (en Francia), Guillermo Palma (en España), Jaime Barrios (en Estados Unidos), Patricio Henríquez (en Canadá), Víctor Viaux (en México), Leo Mendoza (en Holanda), Jorge Montesinos (en Canadá), Patricio Paniagua (en Francia), Reinaldo Zambrano (en Suiza), Jorge Lübbert (en Bélgica), Gustavo Rojas Bravo (en México), Gonzalo Justiniano (en Francia), Cristián Valdés (en Rusia-Francia), Juan Downey (en Estados Unidos), Sergio Bustamante (en Suiza), José Letelier (en Estados Unidos), Carlos Puccio (en Alemania), Pedro Meneses (en Suiza), Raúl Ruiz (en Francia), Federico Elton (en Francia), Miguel Littin (en México), María Luisa Mallet (en Canadá), Valeria Sarmiento (en Francia), Pedro Chaskel (en Cuba), Carmen Castillo (en Francia), Antonio Skármeta (en Alemania), Leutén Rojas (en Canadá), Gastón Ancelovici (en Alemania-Francia-Canadá), Orlando Lübbert (en Alemania), Angelina Vásquez (en Finlandia-España), Claudio Sapiaín (en Suecia), Beatriz González (en Alemania), Juan Andrés Racz (en Estados Unidos), Álvaro Ramírez (en Alemania), Sergio Castilla (en Suecia-Francia-Cuba-Estados Unidos), Patricio Castilla (en Cuba-España), Jorge Durán (en Brasil), Emilio Pacull (en Francia) y Patricio Guzmán (en Cuba-España-Francia).

UN CINE LIBRE

Durante el gobierno de la Unidad Popular, la ficción y el documental caminaron juntos. Los principales autores de ficción hicieron documentales, como Raúl Ruiz, Miguel Littin o Silvio Caiozzi, tal vez porque

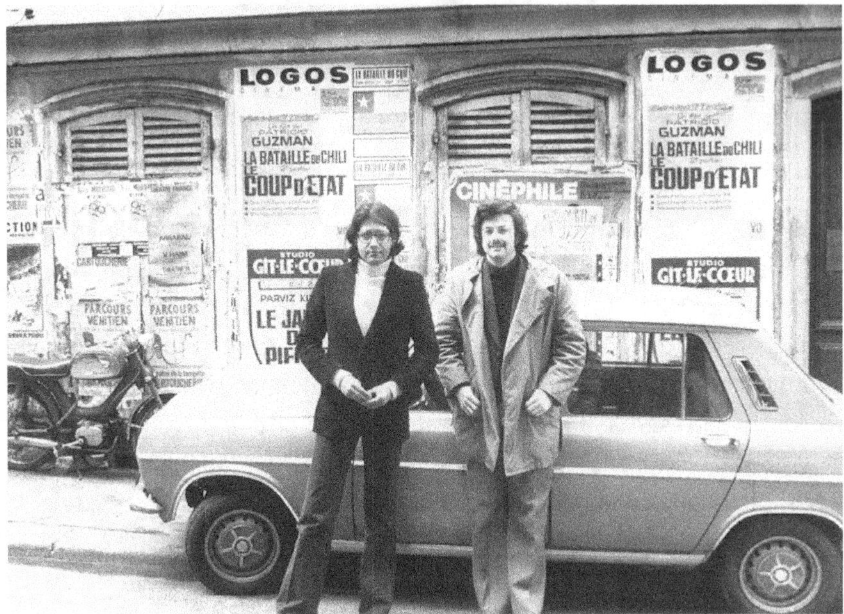

Patricio Guzmán con Gastón Ancelovici para el estreno de *La Batalla de Chile II* en Cannes, 1976.

la realidad era tan poderosa que ninguno pudo escapar a su influencia.

También apareció una generación de documentalistas *especializado*s que se puso al servicio de los cambios políticos que proponía la Unidad Popular. Fue un *cinema verité* realizado al pie de los acontecimientos bajo la influencia del *Cinema Novo* brasileño, en contacto con el *Cine Cubano* de Santiago Álvarez y también en contacto con el *Cine de la Base* argentino. Las obras más destacadas fueron: *Venceremos* de Pedro Chaskel y Héctor Ríos, *Los puños frente al cañón* de Orlando Lübbert y Gastón Ancelovici, *Descomedidos y chascones*, de Carlos Flores y mis tres películas: *La Batalla de Chile I-II-III*. Todas ellas filmadas entre 1970 y 1973.

Durante los peores momentos de la dictadura, la policía política asesinó al camaró-grafo Jorge Müller Silva y a su compañera la actriz Carmen Bueno, que, hasta hoy día, forman parte de la lista interminable de *desaparecidos* que hay en el país.

En estos tiempos dramáticos, el cine documental resurgió con la obra que realizó Pablo Salas durante 45 años: es la crónica inagotable de la resistencia popular hasta hoy. Le siguieron otros autores del mismo estilo: Hernán Castro, Pablo Basulto, Germán Malig, Claudio Di Girólamo, Raúl Cuevas y Augusto Góngora, que hicieron filmes de denuncia hasta el último día de Pinochet. A la vez, en esos tiempos dramáticos, una serie de películas personales apareció con la memoria incorporada. Fueron los filmes de Ignacio Agüero, David Benavente y Cristián Leighton. Mientras tanto, Francisco Gedda filmó durante quince años una serie monumental de naturaleza y ecología.

Mi fugaz experiencia como exhibidor

En Santiago de Chile, cuando yo tenía más o menos 24 años, trabajé en un departamento universitario donde asistí por primera vez a una clase de cine. La escuela se llamaba Instituto Fílmico y pertenecía a la Universidad Católica. Era un grupo pequeño bajo el mando del sacerdote Rafael Sánchez, uno de los más ilustres pioneros del documental en Chile. Reinaba el entusiasmo, y entre todos hacíamos películas en 16 milímetros. En este espacio Rafael nos hacía clases todos los días. Pero también nos concedía la palabra. Cada uno de nosotros podía dar una conferencia eligiendo un tema determinado.

A mediados de la década del sesenta –entre 1965 y 1966– hicimos varios filmes, la mayoría por encargo y otros más personales, que podríamos llamar «documentales de autor». Pero nadie nos conocía. Muy pocas personas sabían que el Instituto existía.

Para salir del anonimato, le propuse a Rafael Sánchez que organizáramos una función para darnos a conocer, en particular para el mundo de los empresarios, las agencias de publicidad y algunas compañías que solían producir documentales industriales. Durante varias semanas nos preparamos. Yo me encargué de tomar contacto con los empresarios, mientras los otros transformaron el estudio en una sala de cine con capacidad para 80 personas. La función fue un éxito a juzgar por los aplausos y los comentarios que escuchamos. Exhibimos dos obras de Rafael: *Chile Paralelo 56* y *Faro Evangelistas*.

Sin embargo, al otro día nadie nos llamó. Pasaron algunas jornadas y tampoco sonó el teléfono. Nunca los espectadores nos enviaron un mensaje. Nadie nos escribió. Nunca nos visitaron. Nunca nos encargaron una película. El silencio fue absoluto. Nuestra función fue enteramente improductiva.

***

En aquella época yo admiraba el trabajo de la compañía ICTUS, un grupo teatral que estaba cerca. Tenía amistad con el actor Nissim Sharim y el director Claudio Di Girolamo. La compañía funcionaba en la calle Merced, en el teatro «La Comedia», una sala muy cerca del Instituto Fílmico. Una tarde me atreví a decirles sin ninguna diplomacia: «La sala de ustedes queda libre el día lunes». Y continué: «¿Podrían prestarnos la sala los días lunes para exhibir nuestros cortos?»… Después del primer instante de sorpresa, aceptaron con cierto recelo.

Rafael Sánchez acogió la idea con satisfacción. Nos pusimos a fabricar un telón portátil que podía doblarse en dos mitades para guardarlo al fondo del escenario del teatro. Luego diseñamos una cabina de proyección desarmable para ponerla debajo de la escalera del *foyer*[43]. Imprimimos

---

[43] La persona que vendía las entradas era Gloria Münchmayer, que en esos años era una actriz que empezaba. Mucho después ganó el premio de Interpretación en el Festival de Venecia (la Copa Volpi, en 1990).
El constructor de la pantalla era nuestro vigilante Jorge Baldú.

un *press book* y pusimos dos anuncios en *El Mercurio*. Lo más complicado para mí fue conseguir los boletos oficiales de entrada (los *tickets* para la boletería).

Tuve que hacer varios viajes a «Impuestos Internos». Los funcionarios me miraban como si yo fuera un extraterrestre. Me recibieron con suspicacia y no creían en la utilidad del proyecto. Decían que era *ilegal* proyectar cine en una sala de teatro. Después de muchas reuniones en esos fríos pasillos, me entregaron por fin los paquetes con los boletos oficiales, timbrados, perforados, como son las entradas *normales* de todos los cines de Chile.

El público llenó la sala. Aparecieron unos aficionados al cine documental que ni soñábamos que existían. Nuestro programa incluyó varias obras: primero las dos películas de Rafael Sánchez ya señaladas. Después: *La feria volandera* de Armando Parot; *Imágenes para percusión* de René Kocher; *Por la tierra ajena vamos* de Miguel Littin; *Érase una vez* de Pedro Chaskel y Vittorio Di Girólamo; *Electroshow* y *Viva la libertad*, mis primeros cortos. Demostramos que la mirada documental también moviliza al público.

Para evitar la monotonía, elegí dos filmes sobre la conquista espacial, hechos por la NASA, que me prestó la Embajada de Estados Unidos. Más tarde, cuando abandoné Chile para estudiar cine en Madrid, el proyecto declinó y murió por falta de mano de obra. Éramos pocos y el Instituto no tenía reemplazantes para empujar esta iniciativa, que demandaba no poca energía.

Las proyeccionistas eran nuestras dos mezcladoras de sonido, Graciela Bresciani y María Eugenia Rodríguez Peña, que cargaban la pesada proyectora Siemens ida y vuelta

Yo permanecía en una cabina lateral del teatro para encender y apagar las luces y poner la música en el intermedio. Nunca hicimos debates con el público ni tampoco salimos al escenario para agradecer los aplausos; en aquella época no se hacía.

Otra manera de reaccionar

En los últimos años, por regla general, los directores verifican que es mucho más difícil mostrar su película dentro de su propio país que mostrarla afuera. Recientemente he visto pasar por la cartelera de París no menos de veinte películas latinoamericanas de directores jóvenes y no tan jóvenes, un fenómeno nunca antes visto. Y han logrado aceptación, buenas críticas y bastantes espectadores.

No obstante, en América Latina estas obras se encuentran atascadas por una generación de exhibidores apáticos que no ayudan a los directores locales. No es un fenómeno nuevo. Es una calamidad que viene ocurriendo desde hace cincuenta años. Yo lo he sufrido y visto con mis propios ojos.

¿Por qué las escuelas de cine no forman distribuidores y exhibidores? ¿Por qué los centros de enseñanza audiovisual no preparan a estos profesionales?... En América Latina estos especialistas son escépticos. Forman una muralla donde chocan nuestros anhelos. No cumplen con su público. No firman los contratos. No hablan con un lenguaje transparente. No apoyan las cinematografías nacionales.

¿Hasta cuándo seguirán dando ese mal servicio a los espectadores?... ¿Qué ocurre cuando ven una excelente película de Ecuador o Guatemala?

En Francia, las cosas han evolucionado de otra manera. Si un distribuidor se interesa por una película de Haití, por ejemplo, lo primero que hace es ponerse en contacto con los haitianos, luego contacta a los profesores del Liceo «Puerto Príncipe», invita al director de la película por tres días, organiza exhibiciones gratuitas para el «círculo haitiano». Llama a las organizaciones no gubernamentales. Llama al embajador de Haití. Invita al director de la escuela LA FEMIS (cuyo director es un haitiano, Raoul Peck). Es decir, pone en marcha a toda la comunidad que está cerca del tema. Impulsa una corriente de comentarios antes que la película salga. Finalmente llama a la prensa, que es algo apática.

El distribuidor invierte dinero en la película. Se convierte en parte de ella y la impulsa. En este caso puede alcanzar 50.000 espectadores durante un semestre, sin contar con las provincias. Esta es la forma adecuada para movilizar al público hacia un cine lejano, desconocido. Es una profesión interesante que pone en contacto una cultura con otra. Es un arte de la comunicación. El problema no es la censura. Tampoco es el precio de las entradas. El problema es la inercia de algunos distribuidores.

Mi primera superproducción

En plena Unidad Popular –en el año 1971– yo desembarqué en Chile después de haber estudiado cinematografía en Madrid. Estaba orgulloso de tirar pinta con mi título de «director realizador».

A finales de ese año, me gané un verdadero gran premio de la lotería.

Chile-Films me invitó a rodar mi primera *película profesional*, mi primera obra de ficción, mi primer largo con actores... ESTO FUE SENSACIONAL PARA MÍ... ¡Una película histórica sobre Manuel Rodríguez, nuestro héroe popular!... Una gran producción con primeros actores, numerosos extras y aparato técnico.

Primero había que adaptar el guion (que era de Isidora Aguirre). Era importante hacerle algunos cambios, y para eso llamamos al escritor Alfonso Alcalde. Todo era rápido: había que modificar algunas situaciones, seleccionar a los actores, diseñar el vestuario, localizar las armas, buscar caballos, etc. Y desde luego, hacer los decorados. Era un trabajo inmenso, agotador y apasionante

Recorrimos algunas comarcas del centro de Chile para descubrir mansiones, caseríos y aldeas donde suponíamos que nuestro héroe había vivido. El camarógrafo, Patricio Castilla, inventó un *blimp* de cuero de chancho para silenciar la cámara. Amaya Clunes, la mejor decoradora del momento, diseñaba el vestuario. Mis ayudantes, Federico Elton, Guillermo Cahn y Leutén Rojas, viajaban sin cesar.

Aunque era una película de ficción, se me ocurrió empezar con una secuencia documental. Nos acercaríamos a una persona y le preguntaríamos, a boca de jarro, algunas cosas: «Señor, buenos días. ¿Cómo se imagina usted a Manuel Rodríguez? ¿Es un hombre alto? ¿Tiene bigotes? ¿Qué edad tiene? ¿Es gordo? ¿Le gusta el vino?».

Entrábamos a los parques y lanzábamos las preguntas. Recuerdo haber llegado al parque Cousiño, un poco antes de la Parada Militar, con Manuel Rodríguez montado a caballo (encarnado por Alejandro Cohen) y nuestras cámaras detrás. La gente nos miraba con recelo. En realidad era una introducción un poco alocada.

El público de las fondas era entusiasta:

«Manuel Rodríguez es un héroe de la pampa», decían algunos. «Hacía trampas jugando al tejo». «Fue un patriota que amaba el peligro». «Era un espía de Carrera». «Trabajó con mi abuelo en Maipú». «Le gustaba la noche». «Guardaba piezas de artillería en un convento». «Se disfrazaba de obispo». «La iglesia lo odiaba».

Estábamos en esto cuando estalló la huelga de Octubre en 1972: un gran conflicto que la derecha organizó con escándalo. Su propósito final era hundir al gobierno de Allende. Los comerciantes, camioneros, transportistas, profesionales, médicos y gran parte de la clase media dejó de trabajar. La huelga paralizó el país. No había transporte, no había buses, no había farmacias. No había mercados. El país parecía sacudido por una ola de temblores. Parecía que la realidad se nos venía encima. Sin embargo, a pesar de todo, los obreros siguieron trabajando. Las fábricas no se sumaron a la huelga, mantuvieron las faenas. No se cortó la distribución de alimentos. No se cortó la luz, ni el gas, ni el agua. Los trenes siguieron circulando. El movimiento duró cuarenta días. Resultado: los obreros triunfaron y Allende pudo seguir gobernando.

Pero nosotros, sin embargo, tuvimos que abandonar la película. Tuvimos que aislar el proyecto, olvidar el guion, los vehículos, los uniformes, los cañones. ¡Todo se vino al suelo en una semana! ¡Apareció la palabra «FIN» sin haber filmado un metro de película!... No era posible saltarse la huelga. Era imposible continuar el proyecto... ¡Chile-Films cerró sus puertas!

Durante los primeros días llegábamos atrasados. Había que guardar los equipos, desmontar los decorados, la iluminación, la utilería, etc. La tensión crecía entre nosotros mientras la huelga aumentaba. A pesar de todo, empezamos a buscar una solución práctica, una salida, algo que nos calmara. Filmar lo que estaba pasando, por ejemplo, era lo único realmente real. Filmar la huelga, salir a la calle. Empezamos a movernos[44]... Así nació un filme de la huelga, con un equipo reducido... ¡Chile-Films nos autorizó para filmar!

Salimos a la calle: nos instalamos en las fábricas que rodean Santiago. Avanzábamos corriendo con los trípodes en la espalda. Iniciamos las entrevistas con todas las personas que estaban cerca: obreros, albañiles técnicos, operarios, ayudantes, choferes, jefes, trabajadores... ¿Cómo ustedes pudieron resistir? ¿Cómo fue posible continuar la producción o incluso aumentarla? ¿Qué pasará en el futuro?... El resultado fue *La Respuesta de Octubre* de 40 minutos, que exhibimos con éxito en algunos barrios obreros de Santiago.

Conclusión: pasamos muy rápido de un extremo al otro de la producción.

Del largometraje histórico pasamos a las fábricas. De las fábricas pasamos al *cine-directo*. Del cine-directo pasamos al *cine-verdad*. Del gran equipo pasamos a la *actualidad* con la cámara en la mano, la grabadora colgada al hombro y corriendo por la calle.

Tuvimos que cambiar un equipo de 64 técnicos, 10 decorados y 3 estudios por un equipo de cinco personas sin luces, sin trípode, sin retaguardia, sin dinero. Fue una zambullida violenta en la realidad, y muchas secuencias de este filme (*La Respuesta de Octubre*, que yo guardé conmigo) fueron utilizadas después en *La Batalla de Chile*.

¿Cuál era el equipo?

El cámara era Jorge Müller; Guillermo Cahn fue asistente de dirección; Federico Elton fue el productor de terreno; Leutén Rojas era asistente. Carlos Piaggio hizo el montaje de la imagen. El sonido fue hecho por un brasileño cuyo nombre he olvidado. Yo fui el realizador.

---

[44] Jorge Müller como camarógrafo. Federico Elton y Guillermo Cahn como productores.

Las imágenes perdidas

En América Latina la medición del tiempo o incluso la velocidad del tiempo pertenecen al campo de lo imaginario. La historia se mide enumerando los golpes de Estado, revoluciones, terremotos, huracanes y guerras civiles que nos acontecen. Son hechos tan impresionantes que se recuerdan como «el año del golpe», «el año de la revolución», «el año de la epidemia», etc.

El «año del cine» también nos trajo a la memoria otra catástrofe: Latinoamérica es uno de los continentes donde más negativos cinematográficos se pierden por año. Es tan grande la cantidad de imágenes extraviadas que se ha borrado una parte de la historia del cine (casi todo el cine mudo).

Como nuestra prehistoria cinematográfica ha desaparecido –casi íntegramente–, no hay memoria para recordar lo que no se ha visto. La mayoría de las imágenes del período mudo se evocan por medio de la prensa. No es exagerado afirmar que la desaparición de los negativos de las primeras décadas del siglo crea en nosotros la impresión de que el cine fue inventado en los años cuarenta. El cine nos parece más joven.

Incluso muchas producciones modernas también se han perdido. En los países más pequeños –o más pobres– es común la desaparición de los negativos recientes. Conozco numerosos realizadores de mi generación que han perdido el negativo de un filme. Yo soy uno de ellos. Los negativos de *El Primer Año*, depositados en la Escuela de Artes de la Comunicación de la Universidad Católica, desaparecieron después del golpe de Pinochet[45].

En pocas regiones del mundo las filmotecas tienen un apoyo tan escaso como aquí. Además, los laboratorios se declaran en quiebra y muchos directores mueren sin alcanzar a recordar dónde están las bobinas de sus obras.

La zozobra que producen las crisis económicas por las que atraviesa la Cinemateca de Cuba y el pánico que provocó, en su momento, el incendio parcial de la Filmoteca de México, dos baluartes de la conservación en el continente, ponen de relieve la necesidad que tenemos los cineastas para detener el drama de las imágenes perdidas.

¿Qué hacer?

No tengo la menor idea.

Pero aprovechando el Centenario del Nacimiento del cine (es decir, del cine europeo), propongo que los certámenes cinematográficos abran un debate para crear una Comisión de Conservación y concebir a corto plazo un plan para apoyar el rescate de la memoria filmada. Un «libro negro» que describa las rayas, veladuras, desprendimiento de la emulsión, las perforaciones rotas, etc., es indispensable para tener un panorama global del asunto. No es mucho por el momento. Sin embargo, este Centenario podría transformarse en el PUNTO CERO para la defensa de los negativos y salvar la imagen de Latinoamérica.

---

[45] Recientemente apareció una copia en Francia, en restauración.

La importancia del cine documental

Un país que no tiene cine documental
es como una familia sin álbum de fotografías

El cine documental nació en el año 1922, aproximadamente, con el estreno de *Nanook el esquimal* (de Robert Flaherty). Desde entonces este «segundo género» no ha hecho más que crecer, recorriendo un camino sorprendente, azaroso y variado.

Los primeros documentalistas fueron grandes exploradores (Flaherty, Vertov, Grierson) que pusieron en marcha expediciones laboriosas hacia los puntos más remotos del globo, para filmar por primera vez acontecimientos o culturas que nadie conocía. Así trabajó y vivió la primera y segunda ola formada por hombres legendarios... como Medvedkine, Karmen, Ivens, Marker, Drew, Brault, Perrault, Rouch, Depardon.

La televisión –a partir de la década de los sesenta– amenazó gravemente a estos pioneros, obligándolos a replantear su trabajo, sustituyéndolos en parte por modernos equipos de reporteros que duplicaron su capacidad de viajar.

Sin embargo, después de esa fecha –poco a poco– los directores de documentales descubrieron que se podía hacer filmes temáticos sin salir del barrio. Aparecieron incontables cintas documentales sobre cualquier actividad humana. Por ejemplo, filmes sobre pintura, arquitectura, música, política, deportes, literatura, medicina, etc., que demostraron que el género documental no era sólo útil para mostrar geografías o conflictos lejanos, sino también para observar, analizar y fotografiar cualquier aspecto de la sociedad.

UN CINE MÁS HUMANO

Así empezó a consolidarse el llamado «documental de autor», que hasta hoy en día consiste en mostrar cualquier actividad humana, por diversa que sea, bajo el punto de vista personal del cineasta.

Fueron películas con mayores recursos narrativos que los viejos documentales. Pero ni la técnica ni el dinero eran lo más importante, sino su manera de contar las historias, exponiendo cada tema con un sentido humano del relato, utilizando mejor el lenguaje cinematográfico.

La aparición de este nuevo tipo de obras elevó la categoría del género, que abandonó el «realismo» y la «retórica» educativa de los primeros tiempos. A partir de los años noventa se produjeron muchas horas de este cine en Europa (más o menos 2.500 horas en Francia en 2002)[46], con una duración promedio de 50 a 100 minutos y un costo habitual de seis veces más barato que la película de ficción más barata[47].

---

[46] Las principales cadenas que apoyaron este cine son: Arte, France-2, France-3, France-5, Canal Plus, Planète, Histoire, Voyage, Ushuaïa, Mezzo, Premiére. Y algunos otros: ZDF y WDR (en Alemania); Channel Four y BBC (en Inglaterra). En algunos casos, los canales públicos supieron adaptarse mejor a la competencia mercantil sin abandonar la cultura.

[47] Cada año se organizan festivales y mercados de cine documental en todas partes: Marsella, Lussas, Ámsterdam, Nyon, Sheeffield, Cork, Goteborg, Leipzig,

LA NECESIDAD DE PRODUCIR DOCUMENTALES

En el presente y futuro, es básico apoyar y financiar a los realizadores *independientes* de cine documental por varias razones:

PRIMERO: la aparición de los canales de televisión temáticos ha creado una demanda mayor de cine no ficcional. Es necesario, por lo tanto, que cada país disponga de estos profesionales y no se vea en la obligación de importar todo el material que consume. Cada cultura posee una manera distinta de expresarse, y los filmes documentales contribuyen a fortalecer esa voz diferenciada.

SEGUNDO: la población universitaria de América Latina creció más de quince veces desde 1970. Millones de jóvenes han podido acceder a la educación superior. Una juventud con nuevos códigos de vestimenta, de sexualidad y de cultura irrumpió hace tiempo en el seno de nuestras sociedades, donde ha habido pocos cambios (o ninguno) en la vieja estructura de los canales de televisión.

¿Estos sectores más ilustrados, en el futuro, aceptarán la programación convencional de las cadenas de TV, todavía sin espacios culturales amplios, o bien elegirán Internet?

TERCERO: si estas grandes cadenas no cambian (lo que es probable), seguirán apareciendo más y más canales de televisión pequeños, de ciudad, de pueblo, de barrio, que serán canales alternativos, independientes.

CUARTO: también han hecho su aparición las películas documentales que vienen de las escuelas de cine, muchas de ellas profesionales desde todo punto de vista. La producción se expandirá más allá de las «productoras», porque muchos grupos o personas pueden comprar o compartir una cámara y tener en casa un programa de montaje digital. La «autoproducción» se impondrá poco a poco en todas partes.

Fipa (Biarritz), Du Réel (París), Dei Popoli (Florencia), Bombay, Seúl, Yamagata, Soundance, San Francisco, Toronto, Hot Docs, etc. Y algunos acogen a los documentalistas en sus academias cinematográficas.

El olvido como tema central

Cuando yo tenía más o menos la edad de ocho o nueve años (en realidad no me acuerdo exactamente), los alumnos del colegio donde yo estudiaba nos reunimos en uno de los costados de la avenida Bernardo O´Higgins en la ciudad de Santiago. Era una mañana nublada y gris. Nuestros profesores nos acompañaban.

Estuvimos esperando mucho tiempo, hasta que vimos aparecer un automóvil descubierto que avanzaba por la calle a una velocidad lenta. En el asiento de atrás venía una señora ya anciana que sonreía y saludaba con un pañuelo blanco. Era Gabriela Mistral, la escritora chilena que ganó el Premio Nobel de Literatura en 1945.

Nosotros levantamos el brazo y la vimos pasar fugazmente, más o menos durante unos diez segundos. Nunca más, ninguna otra vez en mi vida, volví a ver otra «imagen en movimiento» de Gabriela Mistral. Incluso varias décadas más tarde, cuando yo ya sabía quién era ella, nunca pude ver otras imágenes filmadas de la escritora, ya fuera en Santiago, en Nueva York o dónde fuera que ella viviese.

Una vez vi pasar a Pablo Neruda por una calle de Concepción, una tarde gris de 1968, a la cabeza de una pequeña manifestación política. Aunque después tuve la suerte de contemplar otras imágenes del poeta, nunca me impresionaron tanto como la primera.

Una sola vez en mi vida pude ver y escuchar al pianista Claudio Arrau durante un concierto en Madrid, en sus últimos años y ya enfermo, cuando entraba al escenario ayudado por otra persona. No podía caminar bien y este hecho fue lo que más me impresionó.

Estas minúsculas imágenes en movimiento son las únicas que yo puedo recordar de estas tres figuras de la cultura chilena. A partir de esta constatación comencé a pensar que era bajo todo punto de vista inadmisible que nosotros los cineastas sigamos inmóviles viendo pasar delante de nuestros ojos no solamente a una, sino a varias generaciones de creadores importantes, sin que tomemos una cámara para realizar una colección de biografías documentales sobre ellos.

En realidad, no hemos hecho nada (o casi nada) de la diáspora de artistas chilenos en el extranjero, y poco sobre los creadores que nunca han salido.

Nunca hemos contemplado a Violeta Parra cantando en Europa o en su modesta carpa de Santiago. Me refiero a imágenes documentales, no de ficción. Así como tampoco hemos visto al conjunto Inti-Illimani o al Quilapayún cantando ante millones de personas en Europa. Tampoco hemos visto a Raúl Ruiz acompañado de los mejores actores del mundo recibiendo honores en Cannes. Nunca hemos escuchado los conciertos en el extranjero de Ángel Parra ni los espectáculos del *Théâtre Aleph* de París, donde Oscar Castro estrenó una obra nueva cada año (durante 36 años seguidos).

Finalmente, una anécdota: cuando en mayo de 2004 me tocó subir por la alfombra roja del Festival de Cannes para presentar *Salvador Allende*, ya estaba prevenido y sabía que ningún *informador* chileno estaría allí. Tampoco estaba el embajador de Chile, ni el consejero, ni el cónsul, ni el agregado cultural. No había ningún medio de comunicación de Chile. Según un amigo que encontré más tarde, la mayoría de los periodistas chilenos había programado ir a ver otro filme.... Seis años más tarde, en la misma escalera, sufrí la misma experiencia con *Nostalgia de la Luz*.

Pedro Chaskel

Pedro Chaskel tenía siete años cuando llegó a Chile huyendo de la Alemania nazi en 1939. Muy pronto alcanzó la nacionalidad chilena en 1952. Después trabajó en la Cineteca Universitaria y en el Departamento de Cine Experimental, dos organismos que él mismo fundó. No sólo es director de obras documentales, sino que también es profesor, guionista, montador, camarógrafo y productor.

Sus obras despertaron la atención por su compromiso con la realidad, por su rigor y humanismo. Se acerca a dos figuras universales del documental: el alemán Peter Nestler y el estadounidense Frederick Wiseman. Es un creador sobrio, que busca extraer la riqueza del material que tiene delante y construir una exposición natural de la realidad: arranca de los hechos y no de su interpretación teórica.

No puedo hablar de Pedro como un pedagogo, porque nunca he sido su alumno. Eso sí, tenemos una rara experiencia en común (que parece un secreto). Durante cinco años (durante mil ochocientos veinticinco días)... trabajamos juntos, incluyendo los domingos y festivos, editando *La Batalla de Chile I-II-III*, en una lejana sala de montaje del segundo piso del ICAIC de Cuba (el Instituto Cubano del Arte y la Industria Cinematográfica). Fue allí donde Pedro me ofreció todo su talento de montador. Y no sólo de montaje sino también de paciencia, lealtad y tolerancia. Fueron años de fatiga y asombro que no olvidaré nunca.

Este encuentro fue bastante planificado. Cuando salí del Estadio Nacional de Santiago, convertido en cárcel en 1973, tenía miedo y casi no me atrevía a caminar por la calle, ni siquiera acompañado por mi mujer. Finalmente pude llegar hasta la casa de Pedro y le dije de un tirón: «Me gustaría que tú fueras el montador de *La Batalla de Chile*». Pedro aceptó enseguida y yo continué: «Cuando reúna los medios económicos te escribiré para iniciar el trabajo»...

Algunos meses más tarde teníamos la producción en marcha. Una parte del equipo ya estaba en La Habana y disponíamos de una sala de montaje en el ICAIC. Pedro y yo empezamos a montar *La Batalla de Chile I-II-III* a comienzos de 1974 y terminamos cinco años después.

Nos ayudaron varias personas: Alfredo Guevara, Julio García Espinosa, Pepe Bartolomé, Federico Elton, Marta Harnecker y Teresita Toledo.

La música de cámara

Un alto funcionario de la televisión me dijo en una oportunidad: «Por favor, aligere un poco la secuencia inicial de su documental porque es un poco larga. Si usted acelera un tanto el ritmo, tanto mejor. No cambie nada más, no es necesario. Yo creo que su *programa* puede tener una buena audiencia».

Lo primero que me molestó de esta conversación es que él llamara «programa» a mi obra documental. Yo creo que existe una confusión con respecto a la palabra «programa». La gente que trabaja en las televisiones designa con este término a todas las cosas que pasan por sus manos. Por el contrario, yo pienso que «programa» no es la palabra justa para referirse a una pieza cinematográfica. Programa más bien es un término que se usa para espacios de noticias, concursos, vida social, fútbol, política, variedades. La palabra «programa» también cambia de significado cuando uno va al teatro o un concierto. Aquí, el «programa» se refiere a los intérpretes, a los ejecutantes, o bien a los autores de la pieza que vamos a presenciar. Nadie dice: «¡Ayer escuché el programa número nueve de Beethoven, qué buena sinfonía!»

Lo segundo que me molestó es que el funcionario me dijera sin ningún tacto ni diplomacia que cambiara la velocidad del comienzo de la obra, como si él poseyera un conocimiento preciso, exacto, de la velocidad correcta de las imágenes del cine y todas las artes que se desenvuelven en el tiempo. Además, es una afirmación de mala educación. ¿Quién de nosotros se atrevería decirle a un pintor: «Por favor, cambie el color del cielo y saque los personajes que hay en el fondo?».

Lo tercero que me molestó –y esto es lo más importante– es que me hablara de la audiencia que podría tener mi documental. En realidad, no tengo el más mínimo anhelo de popularidad. Yo pienso que una película documental puede tener una cifra importante de público, pero esto que no tiene nada que ver con la cifra que obtienen los grandes programas de televisión. ¿De qué forma un documental podría superar el ritmo de algunas películas de guerra, misterio, espionaje? ¿Cómo competir con el carisma de *Brad Pitt* o *Angelina Jolie?*... Si alguno de nuestros documentales muestra a un escritor famoso, un Premio Nóbel, por ejemplo, nunca proyectará el magnetismo que una estrella de Hollywood. Pero, aun así, un buen documental obtiene una buena dosis de público.

El documental no atrae a la misma gente que buscan los programas de variedades. Reúne a un público más selecto, menos masivo. Es una cuestión de lógica. Los documentales se mueven en otro mundo, tienen otro tipo de temas: la vida de un bosque, la historia de una aldea, la mirada de un arqueólogo; o bien tocan sujetos polémicos, como la crisis económica mundial, la revuelta árabe, la contaminación polar. En todo caso, el documental es más bien un espacio de meditación o advertencia.

Hay algunos documentales que rompen la norma: se transforman en grandes éxitos populares, como *Ser y tener*, de Nicolás Philibert, o *El caso Grüninger* de Richard Dindo. O bien se trata de obras muy atractivas financiadas con mucho dinero (*Nómades del viento* u *Océanos*, de Jaques Perrin y Jacques Cluzaud). Pero en la práctica el documental no se puede definir a partir de estos grandes logros, porque no copia *las fórmulas del éxito*. Todos son diferentes.

El documental es algo parecido a la música de cámara.

Un recital para piano no alcanza a oírse en un estadio. Un cuarteto para cuerdas no se percibe en un gimnasio. El cine documental necesita un marco adecuado, y también una programación inteligente. Casi nunca un buen documental puede soportar varios cortes publicitarios. Las películas de ficción, en cambio, aguantan mucho más. Son resistentes. Son objetos de concreto armado. Por el contrario, los documentales están hechos con materiales frágiles, delicados, ligeros, incluso algunos de los llamados *documentales de autor* son una forma de poesía.

La velocidad del tiempo

Durante cincuenta años he vivido en el extranjero y sin embargo el proceso político chileno me ha perseguido por todas partes. He filmado 26 filmes sobre Chile (largos y cortos). Y a pesar de ello, hace poco, durante una visita a mi ciudad natal (Santiago), algunas personas me dijeron que yo no era «un chileno *verdadero*».

Afortunadamente las películas tampoco tienen una nacionalidad verdadera, sino muchas, y pertenecen al autor. Pinochet nos obligó a emigrar a miles de chilenos a todas partes del mundo; pero hemos continuado siendo chilenos y haciendo nuestro trabajo. En el caso de los artistas, hemos continuado haciendo novelas, cuentos, ensayos, poemas o películas sobre Chile. Muchas veces la lejanía nos priva del placer de hacer una presentación en Santiago. A veces las cosas se atrasan un poco o mucho.

¡Cuarenta y seis años después de su estreno en Cannes! *La Batalla de Chile I-II-III* fue estrenada por primera vez en Chile, en el canal La Red[48] en septiembre de 2021... ¡Cuarenta y seis años después de su estreno en la Quincena de Cannes! (y dos años después en Berlín)... Parece una cosa insólita esperar cinco décadas para conocer la opinión de tu público en tu patria[49].

Sin embargo, ya me acostumbré a esta cadena de tardanza, demora o postergación. En realidad, muchos chilenos hemos vivido de modo invisible durante años y años; hemos vivido instalados en otro tiempo, a tal punto que una parte de nosotros ha desaparecido.

LOS MOMENTOS CRUCIALES

Quiero añadir algunas cosas que me parecen notorias, desde mi condición de *chileno* desaparecido en el tiempo. No se puede abandonar fácilmente la nacionalidad que uno tiene (para bien o para mal), a pesar del avance del calendario.

No se pueden borrar de la memoria algunos momentos cruciales de la historia personal: el primer día de colegio, la primera comunión, el primer fracaso escolar, la primera novia, la primera entrada a la universidad y muchas «primeras» cosas, como el nacimiento de mis hijas. Esta gran galería de acontecimientos queda alojada en la memoria para siempre. Son una especie de mochila que uno lleva detrás. Una mochila que también carga kilos de tiempo. Es una mochila que uno no se puede sacar, aunque tengamos la intención hacerlo. Está adherida a nuestro cuerpo como una segunda piel... De vez en cuando uno puede instalarse en ciudades lejanas; uno puede olvidar el idioma original o bien puede ha-

---

[48] Las tres partes de *La Batalla de Chile* fueron emitidas por el canal La Red los días 10, 11 y 12 de septiembre de 2021. Obtuvo 546.847 espectadores, según el *rating* realizado por Kantar Ybope Media.

[49] Afortunadamente otros filmes míos han salido en salas: *El Caso Pinochet* en 2000, *Salvador Allende* en 2001, *Nostalgia de la Luz* en 2010, *El Botón de Nácar* en 2015 y *La Cordillera de los Sueños* en 2019.

blar una mezcla de otras lenguas o incluso no hablar ninguna correctamente (como es mi caso). Y la mochila sigue ahí, pegada en la espalda, junto a nosotros.

Uno puede madurar, envejecer, cambiar de cultura, adoptar otras nacionalidades. Pero la mochila sigue en su sitio. No se puede abandonar esa primera vida. Uno continúa siendo *forastero*, extranjero, en todas partes y para siempre.

La pertenencia geográfica –en pleno siglo XXI– es un concepto que se ha vuelto anacrónico. Yo vivo en un edificio donde hay judíos, armenios y bretones. En realidad, uno se instala donde encuentra condiciones para poder trabajar y vivir. En mi caso, yo vivo en Francia porque me dan recursos para hacer documentales (y además es un país que amo). Por otra parte, viajo poco. De vez en cuando visito los festivales para promocionar una obra nueva. Pero mi velocidad es lenta: hago una película cada tres años.

En cualquier momento puedo regresar a Santiago de Chile cuando quiera. Sin embargo, tengo la certeza de que aquella ciudad (Santiago, la ciudad donde nací) no existe en ninguna parte excepto en mis sueños.

Manchas en el negativo

Sobre la utilización de la ficción dentro del cine documental

Cuando presenté mi película titulada *La Cruz del Sur* en numerosos festivales internacionales de la época (1992-1995), tuve la satisfacción de obtener muchas críticas favorables y tres primeros premios[50].

Sin embargo, me encontré también con muchos colegas y periodistas que subestimaron la película, porque yo mezclaba el documental con algunas secuencias de reconstrucción.

Existe al parecer una corriente de opinión que no acepta que el documental se contamine con otros géneros (la ficción, en este caso), que defiende con vehemencia una forma de «purismo», cuando precisamente estamos empezando a vivir una cultura de la mezcla.

Recientemente –al estudiar el trabajo de los grandes documentalistas– he verificado que va quedando poco del cine directo de Frederick Wiseman o Jean Rouch, por ejemplo, en su estado original. No digo que el cine directo y su influencia hayan desaparecido, sino que algunos de sus rasgos ya no se encuentran en estado puro, sino que actualmente forman parte de otras combinaciones de lenguaje.

También han desaparecido algunas polémicas estériles como «objetividad» contra «subjetividad». Hay consenso de que el cine documental es una forma de representación, no es una ventana de la realidad. Y que mezclar los géneros, una vieja tendencia literaria de América Latina, está imponiéndose con cierta frecuencia en todas partes.

MEZCLAR PARA ASEGURAR LO NUEVO

El contacto entre géneros diferentes asegura el descubrimiento de algo distinto. Permite alcanzar un enriquecimiento, una apertura, el hallazgo de otras posibilidades; recursos y modos nuevos que permiten asegurar la continuidad del documental en el futuro.

Frente a la invasión de imágenes fraudulentas (falsas noticias, falsas entrevistas, falsos reportajes, que hoy en día aparecen con tanta regularidad en la televisión), el cine documental no puede atrincherarse en el purismo –falso también–, puesto que el aislamiento conduce al encierro, a la repetición inútil, al retrato inmóvil de la vida, que es puro cambio, movimiento y mezcla.

La variedad, la diversidad, siempre conducen al campo de lo sorprendente. El afán de ir más allá, la apertura, igual que el pluralismo en un sistema político, garantizan el crecimiento y la invención de formas nuevas.

Durante décadas, una parte del cine documental estuvo preso en la cárcel del realismo, siguiendo recetas que producían películas que ya nos parecía haber visto antes.

[50] Gran Premio, Festival de Marsella Francia, 1992. Premio Tiempo de Historia, Festival de Valladolid, España, 1992. Premio Spirit of Freedom , Festival de Jerusalén, Israel, 1994.

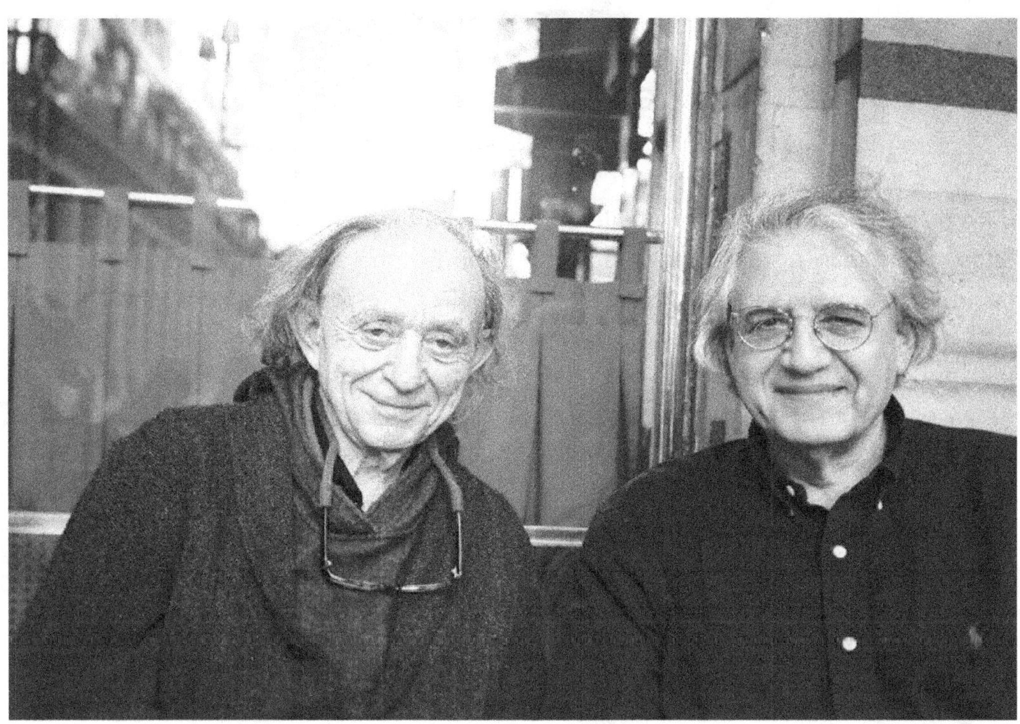

Patricio y Fred Wiseman en París, en febrero de 2007.

Estimo que hoy no basta con filmar datos y hechos. Los que se mueven en este espacio nunca podrán mostrarnos la realidad no visible que veía Cervantes o Kafka. Hay que ir más allá: enseñar lo que no sabemos, mostrar lo que no vemos.

Nuestra cultura latinoamericana (india, negra, europea, judía, árabe) ya no cabe en la exigencia de una sola realidad. Sólo el contacto y las diferencias aseguran el factor creativo. Aprovechar esta riqueza conduce a la ampliación de la palabra «documental».

Pedazos de vida

El valor de la «copia de trabajo» en el cine documental

Hace un tiempo, en plena noche, mientras estaba montando un documental en una sala estrecha y oscura, un joven colega me pidió auxilio desde la sala vecina. Dejé mi trabajo y lo seguí unos pasos. En la oscuridad, su sala parecía un almacén desordenado de materiales dispersos. Nos sentamos frente a la pantalla. Muchos trozos de secuencias aparecieron. Mi amigo estaba empezando una película sobre «el gran norte» de Québec, en Canadá. Sin duda tenía dificultades de síntesis. Había filmado catorce meses y acumulado una montaña de material.

Al observar los copiones, él estaba muy consciente de la calidad de su trabajo, pero no encontraba todavía la manera de unir las imágenes alrededor de la historia que marcaba el guion que él mismo había escrito. Cuando él me narraba con su propia voz los copiones por separado (que íbamos viendo en la moviola) me parecían muy atractivos y eran como películas independientes. En realidad, delante de mí, en el silencio de la sala, empezaron a aparecer varios documentales sobre Québec cuya elocuencia y brillantez eran imposibles de conservar a la hora de empezar a cortarlos y meterlos en una sola película. Era un problema sin solución. No sólo había muchas secuencias independientes, sin conexión entre sí, sino que además ninguna de ellas se dejaba manipular demasiado.

Este problema, sin embargo, no se debía a la inexperiencia de mi colega (ni tampoco a sus ambiciones). Por el contrario, es algo que nos pasa a todos. Es un problema común que se repite entre nosotros los realizadores. Él estaba sufriendo en carne propia una frustración colectiva. Es decir, el hecho de constatar que la energía de un copión *documental*, muchas veces, no se deja «tocar» libremente.

Hay situaciones que tienen su propio ritmo, su propia dinámica, su propio *tempo*, que no toleran para nada las tijeras, que desbordan el formato de trabajo original. Así ocurre a veces –por desgracia– que una parte de nuestro trabajo desaparece en los grandes cestos de «descartes» que hay en la sala y en el olvido para siempre.

¿Entonces, por qué no hacer exhibiciones de algunos «copiones» de películas sin terminar?

¿Por qué no mostrar «la médula» de unas imágenes en estado bruto?

¿Por qué no mostrar algunos trozos de obras inconclusas con las explicaciones del mismo autor –quién mejor que él– delante del público?

¿No son precisamente para esto algunos festivales especializados?

ALGUNOS ANTECEDENTES

En el 6° Festival Internacional de Marseille («Vue sur le Docs»), en junio de 1995, el famoso documentalista Jean Rouch presentó algunas de sus primeras obras en el marco de una retrospectiva. No se conformó con introducir cada filme desde el escenario, sino que también pidió un micrófono en la mano y desde su butaca hacía observaciones cada cierto tiempo para explicar una determinada imagen.

El resultado fue realmente atractivo: la voz de Rouch se convirtió en otro agente narrativo que podía alterar o modificar la proyección (y no porque Rouch fuera un cineasta genial, sino porque algunas imágenes documentales pueden interpretarse de una manera distinta cada vez que se proyectan).

Otro ejemplo:

Hace unos años, un grupo de cineastas chilenos tuvo la idea de mostrar algunas obras inconclusas en el festival documental que yo fundé en Santiago, el FIDOCS. Estos materiales sueltos, así como algunas secuencias de filmes inacabados, eran un material de primera mano para una mesa redonda. Un pedazo de cine documental en estado bruto, con los comentarios del propio autor, podría revelar tácticas originales de rodaje, una faceta inesperada del sonido, etc. En aquella oportunidad, creo recordar, mostramos cuatro ejemplos con la presencia de los cuatro autores (Pedro Chaskel, Pablo Salas, Carlos Flores y yo).

Pero no vino nadie. La función fue un fracaso. La sala estaba completamente vacía. Antes de empezar estuvimos mucho rato esperando, en silencio. Así pasaron unos veinte minutos. Después nos dimos cuenta de que no habíamos sido capaces de convocar a ningún espectador. No obstante, tomamos la decisión de exhibir nuestros propios ejemplos. Nos sentamos en la sala vacía y fuimos el único público.

En la esquina de mi casa

Cerca de mi casa, más o menos a unos cincuenta pasos, hay un café que se llama *El Globo Verde*. Es un local donde en la mañana casi no hay nadie. En la pared del fondo tiene un cuadro figurativo que llama la atención. Es un enorme globo del siglo XIX que vuela por encima de varias casas.

Parece una bella ilustración de Julio Verne. Cuando le pregunté al dueño si le gustaban los libros de Verne, se echó para atrás y esperó un momento antes de terminar el vaso que tenía en la mano. «Ese cuadro —me dijo—, fue hecho por un irlandés. En la parte de abajo aparece Dublín, donde está mi casa, pero arriba vuela el primer globo aerostático del mundo, me interesa el tema»... Me guiñó un ojo, sirviéndome otra cerveza. Luego me mostró el suelo con un brazo. «Aquí mismo», me indicó, mientras cambiaba el barril. «El despegue se produjo aquí mismo, en este lugar, a unos treinta metros de aquí».

Al principio pensé que me estaba tomando el pelo, pero cuando salí del café caminé unos veinte pasos por la calle Montreuil en dirección a la esquina –bastante cerca del metro–, hasta encontrar un poste donde está escrita la historia de ese globo. Arriba, en la pared del edificio, hay una placa donde se puede leer:

«Desde aquí se elevó el día 19 de octubre de 1783, el primer *Montgolfiere* que pilotaba el señor Pilâtre de Rozier» ... La información continuaba más abajo, en el poste: «Jean-François Pilâtre de Rozier, pionero de la aviación mundial, realizó el primer vuelo libre de la historia viajando 13 kilómetros durante 25 minutos desde París hacia las afueras. Un año más tarde subió a una altura de 3.000 metros. En 1785 se estrelló tratando de cruzar el canal de la Mancha».

Me quedé impresionado por estas revelaciones que aparecían a dos pasos de mi casa. Durante toda mi vida he sino un admirador de Julio Verne... ¿Cómo es posible vivir tan cerca de este acontecimiento y no saberlo? Desde entonces he regresado aquí muchas veces para beber una cerveza delante del cuadro.

La odisea de
Nostalgia de la luz

Mi película documental *Nostalgia de la luz* fue estrenada en la Selección Oficial del Festival de Cannes en 2010. Recibió muchos galardones, como el premio de la Academia Europea del Cine: «Mejor documental europeo 2010», un premio equivalente al Oscar en este continente. En total obtuvo 28 premios.

La cinta se estrenó en Francia el 27 de octubre de 2010 con 42 copias. Se proyectó en 342 salas y logró hacer 70.000 espectadores en doce meses. Tres años más tarde continuaba en el *Cinéma La Clef* en París. Mientras tanto, en el resto de Europa y Estados Unidos hizo unos 300.000 espectadores. Finalmente, en 2016, fue elegida como la obra audiovisual para todos los alumnos del Bachillerato en Francia.

Pero esta cadena de recompensas no anuló los contratiempos previos, que amenazaron la ejecución del filme. El proyecto fue rechazado por 15 canales de televisión europeos y uno estadounidense: Arte, Canal Plus, France-2, France-3, Planète, Histoire, Ushuaïa (en Francia), IKON, NPS, VPRO (en Holanda), Rtbf (en Bélgica), YLE (en Finlandia), ORF (en Austria), TSR (en Suiza) y finalmente ITVS (en Estados Unidos). Además, el proyecto fue rechazado dos veces por el CNC (el *Centre National de la Cinématographie*) para obtener la subvención llamada *Avance sur Recettes*.

El jefe de un canal francés importante nos dijo: «Su obra es interesante, pero no es para el gran público». Y agregó: «A pesar de su alta calidad, no es un filme para las salas». En otro canal, también francés, el jefe de compras aprobó el filme para comprarlo. Sin embargo, fue descartado por su propio equipo de programadores, que afirmó que no lo programaría. Fue como golpear la puerta de un museo y que el director nos dijera: «el cuadro es bueno, pero no tenemos ningún muro dónde colgarlo».

En mi país de origen –Chile– fue rechazado dos veces por el Fondart y una vez por Corfo (las ayudas que otorga el Estado chileno para el cine). En Argentina fue descartado por el departamento de cine de la Universidad San Martín.

Para superar esta situación, Renate Sachse (jefe de producción de la película) decidió tomar en sus manos la producción delegada del proyecto, a través de nuestra compañía Atacama Productions SARL. Sin embargo, esta implicación no garantizaba su éxito; solamente aseguraba la permanencia del proyecto.

Ni Renate Sachse ni yo teníamos una experiencia directa para producir en Francia. Teníamos tres o cuatro ejemplos de coproducción con mis filmes anteriores y que nos sirvieron de escuela (*El Caso Pinochet, Salvador Allende, La Memoria Obstinada*), más los consejos de un grupo de amigos, algunos productores y realizadores, con los que siempre sostenemos un intercambio de información. En este grupo, Eric Lagesse (*Pyramide*) fue el distribuidor que nos apoyó desde el inicio.

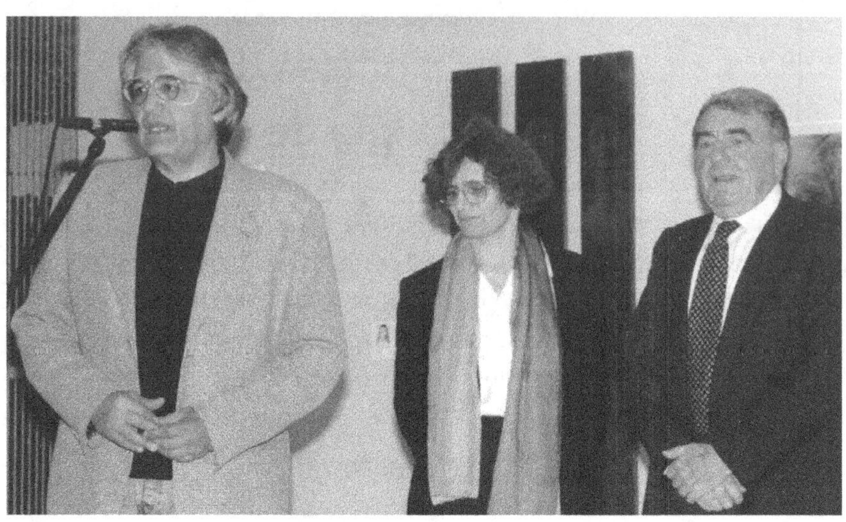

Patricio Guzmán, Renate Sachse y Claude Lanzmann para el estreno de *Shoa*, en Santiago en 1999.

La obra –después de todo– se hizo gracias a dos préstamos personales de amigos muy cercanos. Esta fue la ayuda más clara y decisiva. También nos apoyó Manuel Pérez Estremera, de Televisión Española, y algunas contribuciones moderadas: el canal alemán WDR y el apoyo de la Région Île de France. Más dos ayudas para la escritura: la beca Brouillon d'un Réve de la SCAM y la Fundación Sundance.

El aporte definitivo, no obstante, vino del FONDS SUD, una subvención cinematográfica especial para América Latina, África y el Próximo y Mediano Oriente, que otorga el Ministerio de la Cultura y Comunicación de Francia, junto con el Ministerio de Exteriores. Con esto, el proyecto tuvo el estatus de: *obra francesa hablada en una lengua de la Comunidad Europea.*

Como es fácil de suponer, el presupuesto final de la película fue bastante bajo para Europa (€ 600.000). Pero ni siquiera pudimos alcanzar esa suma. Nos quedamos con € 378.000, una cifra que no cubrió el sueldo, ni los derechos de autor, del director, ni los salarios de la productora delegada en Francia y la productora de terreno en Chile. Tampoco hemos devuelto algo importante: los préstamos personales de nuestros amigos más cercanos. Y aún nos falta pagar una parte a los músicos. Esta ha sido la odisea financiera de *Nostalgia de la luz.*

Otras contradicciones que han aparecido poco a poco: en Estados Unidos la película hizo 60 mil espectadores en 116 salas y se vendieron 5.142 DCD hasta diciembre de 2012 (Icarus Films). En Inglaterra hizo 26.000 espectadores en 80 salas con 7 copias la primera semana, 14 copias la segunda y 23 la tercera. En Alemania hizo 15.000 espectadores en 50 salas con 10 copias. En Suiza hizo 13.158 espectadores en 50 salas con 3 copias en 35 mm. En Chile hizo 6.000 espectadores en 8 salas con 8 copias en 35 mm (Estos datos son de diciembre de 2012).

PREMIOS Y DISTINCIONES QUE OBTUVO LA PELÍCULA:

- Mejor documental, Award European Film Academy 2010
- Selección Oficial Festival Cannes 2010.

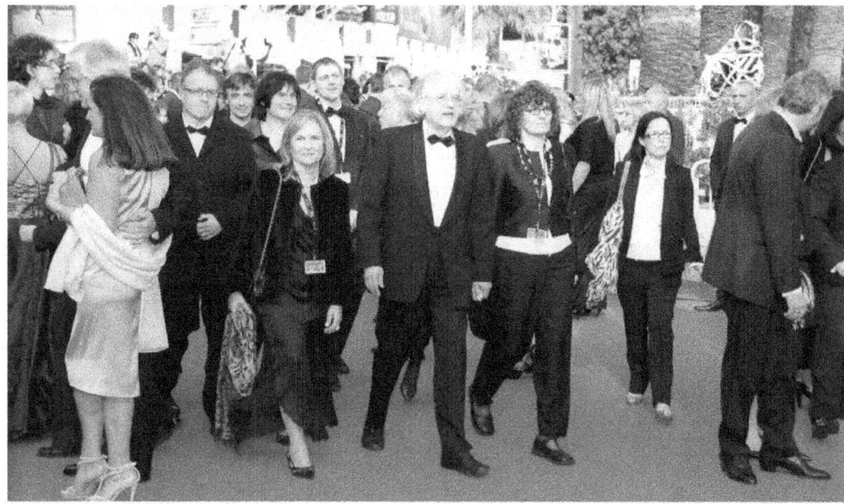

Eric Lagesse, Verónica Rosselot, Patricio Guzmán, Renate Sachse, Laurence Granec, para *Nostalgia de la luz* en Cannes, 2010.

- Mención especial del jurado, premio François Chalais, Cannes 2010
- Premio del público, Toronto Films Festival 2010
- Premio del público, Festival de Biarritz 2010
- Premio Ciné Découverte, Bruselas 2010
- Premio Age d'Or, Bruselas 2010
- Mejor documental, Abu Dhabi Film Festival 2010
- Mejor documental, Festival de Santa Bárbara, EEUU, 2010
- Mejor documental, Festival de Guadalajara, México, 2011
- Mención especial del jurado, Sheffield Film Festival 2010
- Mención especial del jurado, Ronda, España 2010
- Sesión inaugural, Marseille Film Festival 2010
- Sesión inaugural, Leipzig Film Festival 2010
- Premio Altazor, Chile 2011
- Premio Amnistía Internacional, Festival de Cine y DDHH, San Sebastián 2011

- Mejor documental de año, IDA, International Documentary Association, Los Ángeles 2011
- Mejor documental del año, CTA, Cinema Tropical Award, Nueva York 2011
- Mejor documental del año, Toronto Film Critics 2011
- Mejor documental del año, Círculo de Críticos de Arte de Chile 2011
- Mejor documental, director y fotografía, premios Pedro Sienna, Chile 2011
- Premio Audacia, Festival Paris Science 2011
- Mayor Prize, Festival de Yamagata, Japón, 2011.
- Primer Premio, Festival Ciencia e Cinema de La Coruña 2011.
- Awards Season, The New York Times, Nueva York 2011
- Nominado mejor documental por Cinema Eye Honors, Nueva York 2012
- Nominado mejor guion documental, Annual Writers Guild of America Awards, 2012
- Nominado mejor documental, The Critic's Circle, London 2013.

Carta abierta al ministro de Cultura

(Santiago, 2012)

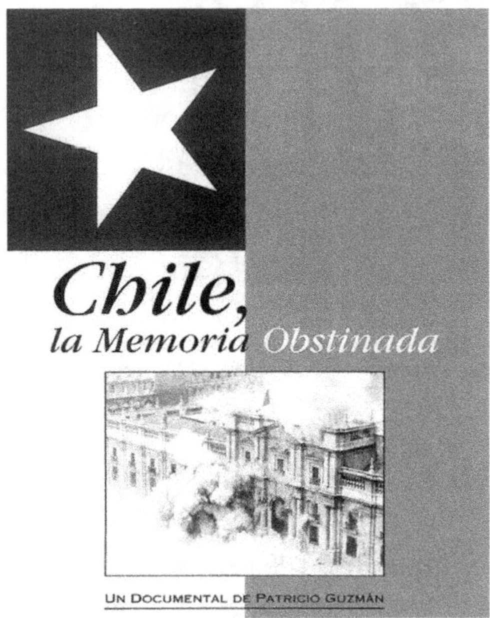

Poster de
*La Memoria
Obstinada.*

Hace pocos días el Consejo Nacional de la Cultura de Chile rechazó los proyectos audiovisuales chilenos que venían del extranjero (desde fuera de Chile). Me refiero a los guiones creados por chilenos que viven lejos. Todos fueron rechazados; todos quedaron sin ayuda del Estado. No se sabe si esto fue una casualidad o una actitud deliberada del jurado.

Es un misterio.

Probablemente nunca lo sabremos.

En todo caso, supongo que los miembros del jurado eran conscientes de que esta actitud se presta para varias interpretaciones. ¿Ellos desconocen que no existen fronteras geográficas para la creación?

Yo me pregunto:

¿Están informados de que Raúl Ruiz filmó el grueso de sus 105 películas fuera de Chile? ¿No saben que muchos temas de Violeta Parra se crearon afuera? ¿Desconocen que una parte de la obra de Neruda se gestó afuera del país, primero como perseguido político y luego como viajero cosmopolita?

¿No saben que casi la totalidad de las obras de Isabel Allende fueron escritas lejos de Chile? ¿Que los relatos literarios de Ángel Parra se escribieron en Francia, así como algunas de sus creaciones musicales? ¿Que una parte de los libros de José Donoso, Antonio Skármeta, Luis Sepúlveda, Ariel Dorfman, Roberto Bolaño, se redactaron en el extranjero? ¿Que el actor y dramaturgo Óscar Castro ha montado 24 obras de teatro sobre Chile en las afueras de París, en *Ivry sur Seine*?

¿Saben que una parte de la obra poética de Vicente Huidobro se concibió en Europa, y que el noventa y nueve por ciento de los conciertos que ofreció el pianista Claudio Arrau se interpretaron en Estados Unidos, Europa, Asia y Australia? ¿Desconocen que los cuadros de Claudio Bravo fueron hechos en Marruecos y los cuadros de Roberto Matta en Francia?

¿Qué otras cosas más ignora el Consejo de la Cultura de Chile?

No somos los únicos que vamos a seguir trabajando sobre la memoria histórica. Muchos otros seguirán discutiendo el tema *mapuche*, los derechos humanos o la necesidad de cambiar la Constitución, *adentro* o *afuera* del país.

Yo soy uno de esos *extraños* creadores audiovisuales que viven afuera y que han sido rechazados por esta comisión. Para mí ha sido un balde de agua fría.

¿Cuáles eran las razones para desestimar mi proyecto?

Una idea documental no se puede desarrollar en forma de «guion» definitivo. Una idea documental sólo puede plantearse como «guion imaginario», como prospección, como un trabajo tentativo.

Mi «guion imaginario» era un punto de partida, un punto de arranque de una idea documental en clave poética, metafórica. Mi guion es una parábola con reflexiones amplias, con yuxtaposiciones inesperadas, a veces oníricas, que se conectan con el cosmos, como mi película *Nostalgia de la luz*.

Cuatro de mis filmes anteriores tampoco recibieron ayudas chilenas. Estas obras son: *La Memoria Obstinada, El caso Pinochet, Salvador Allende* y *Nostalgia de la Luz*.

Muy cordialmente, señor Luciano Cruz-Coke. Y también con la sincera amistad que no puedo dejar de tenerle como alumno mío que fue.

NOTA:
Un año más tarde, en enero de 2013, el Consejo de la Cultura aprobó finalmente el proyecto *El Botón de Nácar*.

Algunos personajes

El cineasta ruso Alexandre Medvedkine fue el inventor del llamado «cine tren», una forma sorprendente de transformar la exhibición cinematográfica... Alexandre Medvedkine tuvo la idea de construir una sala cinematográfica adentro de un tren, algo que nadie había hecho antes. Veamos los detalles: el «cine tren» tenía un vagón convertido en la platea baja, con butacas, altavoces y pantallas. Otro vagón era la sala de montaje, un tercer vagón era la sala de sonido, un cuarto para los laboratorios y el quinto para él y su equipo. Medvedkine filmaba las reuniones de los obreros en la estación de un pueblo y procesaba la película en pleno movimiento para que los trabajadores de la próxima parada vieran la película terminada. Entonces los nuevos espectadores discutían la película y eran filmados para ser exhibidos a los terceros espectadores que esperaban en la cuarta estación...

Medvedkine era un hombre genial que creó esta «red» de comunicaciones insólita para los trabajadores de la Unión Soviética en 1932. Su tren viajó por el inmenso territorio ruso atravesando miles de kilómetros para proyectar las películas de unos campesinos a otros campesinos.

Este hombre único apareció como invitado en el Festival de Lille en el año 1979, en Francia, donde saludaba a todo el mundo con un abrazo y una modestia de campesino. Tenía casi noventa años. En las noches nos invitaba a su habitación. Entonces abría

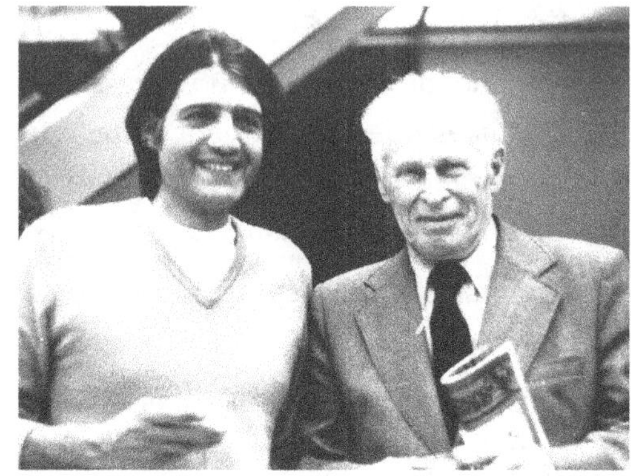

Patricio Guzmán y Alexandre Medvedkine en el Festival de Grenoble en 1980.

su equipaje para sacar innumerables latas de sardinas rusas que él acomodaba en su cama. Nosotros traíamos el vino y así pasamos todas las noches de aquel festival de otros tiempos.

***

En otra temporada viajé a Montreal para montar una película que había filmado en Chile[51]. Montreal es una ciudad bastante grande que no ha perdido sus barrios viejos con calles silenciosas que aparecen nevadas en invierno. Yo salía por la mañana con una pala para sacar la nieve del auto que me había prestado un amigo. Toda la gente hacía lo mismo y nos mirábamos de reojo. Los otros tenían más pericia que yo. Primero había que despejar la puerta del chofer. Así uno podía poner en marcha el motor (y calentarlo); esto era básico para que el co-

[51]   *La Memoria obstinada* en 1997.

che pudiera arrancar más tarde. El viaje era terrible, pues cada vez que uno frenaba el coche avanzaba un poco más, a veces en dirección diagonal, hacia un costado. Había que calcular una zona enigmática de movimiento antes que el auto parara.

Después de abandonar el vehículo en un hangar, había que seguir las flechas por un jardín congelado y penetrar en un bloque de hormigón. El edificio era muy grande, simétrico, horizontal. Un pasillo conducía a otro corredor lleno de puertas que llegaba a otro corredor. Cada pasillo tenía nombre, con letras y flechas. A veces había fuentes para tomar agua.

En medio de este edificio, llegamos a una puerta con un nombre, «Pierre Perrault», donde uno podía entrar directamente. Aquí se encontraba una persona muy cordial, que era el orgullo del National Film Board de Canadá.

Pierre Perrault había realizado una colección de filmes documentales que fueron el primer cine con sonido sincrónico del mundo, que se titula *Pour la suite du monde*. Se puso de pie para saludarme con esa rara gentileza canadiense. Me regaló dos libros suyos que acababa de publicar y una película que se llama *Loumigmag*, donde trata de explicar una forma diferente de hacer cine documental, sólo con paisajes y sin seres humanos. Aparece su voz y unos animales prehistóricos parecidos a los búfalos perdidos en los hielos del polo.

Durante años, Perrault trabajó con otro gran documentalista canadiense, Michel Brault. Entre los dos crearon el «cine directo» antes que los europeos y estadounidenses. Por primera vez ellos utilizaron una cámara conec-

tada por un cable a un grabador de sonido. En ese momento, el sonido *sincrónico* produjo una verdadera revolución en el mundo.

***

Mucho tiempo después formé parte de un congreso de realizadores de documentales en Estocolmo, donde tomé contacto con dos colegas interesantes. El primero fue Johan van der Keuken, holandés, a quien ya conocía por sus numerosos filmes documentales, como *Amsterdam Global Village*. Nos hicimos amigos y recorrimos juntos la parte más antigua de la ciudad. Después nos vimos por última vez en París, cuando se estrenó su película, *Vacaciones Prolongadas*, que hizo en 1998 antes de morir por un cáncer. Nunca lo olvidaré.

La otra persona que conocí en ese evento fue Heddy Honigmann, la gran documentalista holandesa que al mismo tiempo tiene la nacionalidad peruana. Es la persona que mejor domina la cocina de América Latina, ya que conoce cada uno de los restaurantes de Lima. El arte maravilloso de ella puede resumirse en varias películas únicas, como *Metal y Melancolía*, *O Amor Natural*, *La Orquesta Subterránea* y tantas más.

***

Por esos años también tomé contacto con Joris Ivens en París. Se me ocurrió invitar a este cineasta –famoso y renombrado– a una proyección de *La Batalla de Chile* en una pequeña sala privada.

Descubrí que había trabajado con un doble mío. Cuando él estuvo en Chile, un tal Patricio Guzmán había sido su camarógrafo en dos cortometrajes. Este doble mío tiene el mismo nombre y apellido que yo. Entonces me hice pasar por él para facilitar el encuentro.

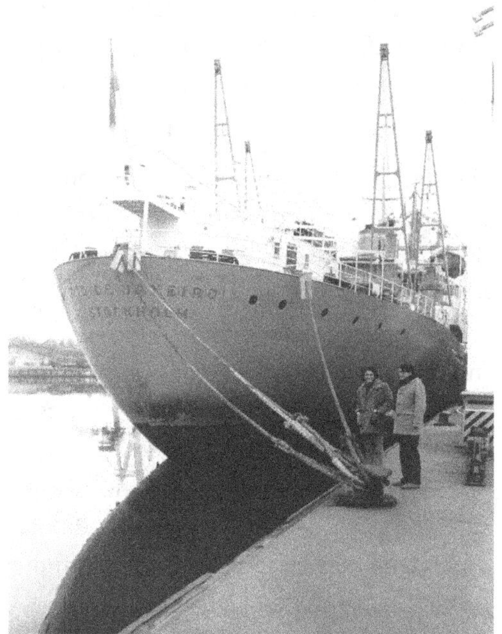

Federico Elton y Patricio Guzmán en Estocolmo frente al barco que trajo los negativos de *La Batalla de Chile*, 1974.

–Soy Patricio Guzmán, –le dije.

Ivens puso cara de asombro, me miró serio, recibió la invitación y cerró la puerta.

Yo estaba acompañado por Federico Elton, el productor de *La Batalla de Chile*. Tuvimos la impresión de que habíamos metido la pata.

Una semana más tarde fuimos a la sala de exhibición. Puntualmente apareció Joris acompañado de su esposa, Marceline Loridan. A pesar de todo, nos felicitaron y abrazaron con cariño.

Años después conocí al verdadero o falso Patricio Guzmán Campos (en Suecia). Joris lo había llamado por teléfono para decirle que había un «doble» de él, sin duda un chileno mentiroso.

*****

Años más tarde –también en París– estaba saliendo de una función de teatro de Ariane Mnoushkine en el parque de Vincennes. Su pieza era *Tambores en el Dique*.

Estaba acompañado por mi mujer y mi hija Camila. Ella me señaló a una persona que salía en medio del público. Era Frederick Wiseman, el famoso documentalista. Camila nos presentó con entusiasmo, pues ella había sido su alumna[52]. Desde ese momento hemos disfrutado de una buena amistad.

Wiseman es un observador apasionado y me da buenos consejos. En mis filmes me hace cambiar cosas y me sopla recomendaciones. Disfruto con su visión de la vida y su cine en particular. Capta lo esencial de una situación, encuentra el lado invisible de los temas. A veces trabaja en dos o tres películas a la vez... «Si no tengo una película por delante, moriré», me dijo.

Me habló hace poco de *National Gallery*»(2013). Se trata de la pinacoteca de Inglaterra, y me dijo que tendría varias horas. «No soy un experto en pintura –me confesó–. Eso no impide que pueda entrar en un cuadro con mi cámara. Los cuadros son secuencias separadas y no sé el orden que van a tener. El rodaje es libre, un descubrimiento que me motiva. Cuando monto, descubro el valor de los cuadros y puedo armar la película. No uso una voz para explicar lo que veo, pero narro la película con mi mirada. Tampoco encargo música, pues usaré la misma que se oye en el museo».

---

[52] Camila Guzmán Urzúa, realizadora de documentales.

Libertad para dos cineastas

Si un realizador de documentales resuelve hacer una película sobre el movimiento palestino *Hamás* y recibe dinero de varias cadenas de televisión, está en pleno derecho de filmar lo que quiera sin dar explicaciones a nadie y menos ser acusado de malversación de fondos, agredido o encarcelado como le ha ocurrido a la cineasta chilena **Elena Varela** por filmar a los indios *mapuche*, que no poseen ni remotamente las armas y las ideas de *Hamás*.

Esta misma libertad de imagen vale para los documentalistas que están haciendo películas sobre Afganistán, Georgia, Irak, Bolivia, Chechenia, Líbano, Tíbet y muchos otros lugares donde existen movimientos de reivindicación nacionalista, ya que el papel del cineasta es filmar la realidad cualquiera que ella sea.

El Estado chileno aplica una ley antiterrorista concebida por Pinochet para meter en la cárcel a Elena Varela por hacer una película documental que denuncia el robo de tierras de que han sido víctimas los indígenas *mapuche* desde la creación de la República de Chile. La operación es sostenida por un gobierno débil que no hace nada.

Hace tres años la policía mexicana golpeó, robó, vejó sexualmente y después expulsó a otra documentalista chilena, **Valentina Palma** (NOTA AL PIE: el año 2006 la documentalista Valentina Palma fue detenida en el poblado de San Salvador Atenco y luego fue expulsada del país.), por estar filmando la represión policial en una comarca cerca de la capital. En aquella época, en la ciudad de Madrid, encontré personalmente a la ministra de Cultura, Paulina Urrutia. Le entregué un sobre con los antecedentes del caso, pero no pasó nada. El gobierno de Chile no reclamó nada al gobierno mexicano... ¿Pasa lo mismo con Elena Varela? ¿Quién tiene las pruebas de que Elena Varela es asaltante de bancos o guerrillera como dicen los funcionarios de Michelle Bachelet? ¿Por qué se la mantuvo encarcelada meses y después en libertad provisional? ¿Por qué la policía actúa como si detrás del documental de Elena Varela se escondiera un complot? ¿Es que detrás de los bosques *mapuche* se oculta un ejército de liberación que está preparando el asalto a Santiago? ¿Cómo es posible que la policía use las imágenes de Elena Varela para acusar a los participantes del documental como delincuentes? ¿No tienen ellos derecho a expresar sus ideas?

Todo ello deja al desnudo la gran falta de libertad de expresión, una justicia y unas fuerzas del orden público que usan los métodos de una dictadura y no los de un país democrático. Exigimos libertad definitiva para Elena Varela y la devolución de su material.

La detención de Pinochet

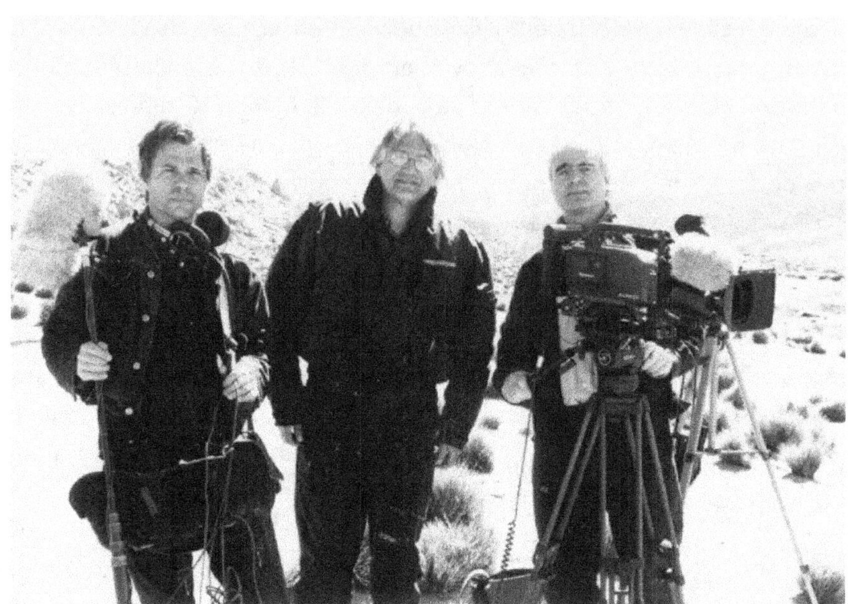

Patricio Guzmán, André Rigaud, Jacques Bouquin para *El Caso Pinochet* en la cordllera en el 2000.

La noticia de la detención de Augusto Pinochet en Londres llegó a mis oídos cuando estaba en Madrid, desmontando y empaquetando mi casa, a punto de trasladarme a vivir en París. Me encontraba rodeado de mis maletas, baúles y libros, cuando escuché la noticia... Me quedé estupefacto. ¿Cómo era posible contemplar en la televisión a un ex dictador latinoamericano «detenido en Londres» por primera vez en la historia?

Rodeado de mis cajas, objetos, papeles y rollos de películas, comencé a llamar por teléfono a los amigos. Nadie sabía algo concreto en ese momento. Sin embargo, tampoco tenía la calma para hacer un análisis de ese instante.

Todos los objetos me conducían hacia aquel pasado chileno. Las cartas, fotos, periódicos, bobinas, afiches, cintas de sonido, documentos, etc., que tengo conmigo y que he transportado de un país a otro durante 25 años de exilio, me hablan de Pinochet. Objetos que aparecen por todas partes, empaquetados, clasificados, tirados en el suelo, en los armarios, en cada pasillo, en los rincones de esta casa[53].

¿Hasta qué punto Pinochet formó parte de mi vida?... ¿Cuántos años he pasado cerca de él?... ¿Hasta qué grado puso en peligro a mi familia, a mis hijas?... Desde el golpe he

[53] Texto de una secuencia del guion de *El Caso Pinochet* (2001).

vivido en seis países diferentes –como un cineasta trashumante, sin rumbo–, pues nunca me atreví a instalarme en mi patria en veinte años. Pinochet apareció como un demonio, una fuerza, un poder que se metió en la existencia de nosotros sin preguntar. ¿Cómo esclarecer, interpretar, este miedo que Pinochet causaba (y causa) a partir de los muertos y los *desaparecidos* chilenos y por la destrucción íntegra del país que era antes?

* * *

Algunos días después, hago la cola en las escalinatas del viejo edificio de los tribunales de *Bow Street* –en Londres–, donde hay un piquete de policías y un centenar de periodistas y cámaras de todo el mundo para filmar el juicio contra Pinochet.

Los trípodes, maletas y equipos de sonido con sus cables y conexiones forman una especie de barrera. Los periodistas llevan arneses, fotómetros y filtros colgando del cuello. Me hacen sentirme fuera de lugar con mi pequeña cámara en la mano[54].

Adentro se ven las siluetas de los jueces con peluca y capas de color rojo que añaden más irrealidad a todo lo que veo. Parece el rodaje de una película histórica desconocida. A las 10.00 horas comenzará «el juicio de extradición» de Pinochet. Un grupo de magistrados trabajará aquí muchas jornadas, semanas, tal vez meses, para determinar si hay razones suficientes para juzgarlo.

En la esquina más próxima hay un grupo de exiliados chilenos que gritan toda clase de consignas contra Pinochet y cantan canciones de la época de Allende. La música llama la atención de todo el mundo. Al escuchar estas melodías cargadas de añoranzas siento una emoción extraña. ¿De qué manera los chilenos hemos llegado hasta aquí?... No puedo reprimir cierta nostalgia que llega no sé de dónde. Tengo la sensación de que las intimidades de mi país han pasado a ser un problema universal y no puedo acostumbrarme a eso.

Entre la gente hay corresponsales de todos los países. También hay periodistas chilenos, en su mayoría pinochetistas. Son jóvenes ambiguos que hablan en inglés para camuflar su identidad. La guerra civil –una guerra que estalló silenciosamente en Chile– se siente en la atmósfera, como si el golpe de Estado estuviera aquí, muy adentro de este tribunal de Londres. Y más allá –a pocos metros– aparecen tres personas con abrigos colgados del brazo. Son tres hombres de edad mediana que hablan entre sí. Son los responsables de toda esta operación: Baltasar Garzón, Carlos Castresana y Juan Garcés. Yo me acerco para saludarlos.

---

[54] Una cámara de bolsillo Canon.

El miedo cotidiano

Como documentalista, voy a tratar de recordar los momentos en que pude filmar al *fascismo* chileno. No sé si esto se puede decir así, como si el fascismo fuera una persona. Pero voy a tratar de hacerlo, recordando el miedo que tenía.

Al final de *El Primer Año* (1971), después de la visita de Fidel Castro a Chile, aparece una secuencia donde aparecen muchas mujeres. Es una escena filmada por Pablo Perelman y el flaco Müller[55]. Cerca del parque Forestal, aparece un grupo de mujeres que ocupa la calle gritando «queremos pan, queremos pan». Pablo Perelman y el Flaco pudieron captar a este grupo de mujeres de clase alta que atraviesa el parque y se aproxima a la plaza Baquedano. Es el mejor retrato del fascismo a la chilena, lleno de ironía.

Estas mujeres no producen temor. Ellas proyectan una imagen ridícula, irónica. Una señora lleva una estatua del Sagrado Corazón en sus brazos y más adelante avanza otra que lleva una pancarta: «Queremos orden, seguridad y progreso». Todas van gritado: «El medio litro de leche, ja, ja, ja»... «El medio litro de leche, ja, ja, ja»...

***

Más tarde, en *La Batalla de Chile*, hay un plano de varias escuadras de Patria y Libertad gritando: «¡Nacionalismo presente!,

¡Nacionalismo adelante!»[56]... Ellos bajan la cabeza cuando la cámara se acerca. Pero cuando nosotros nos acercamos mucho, uno de los jefes del pelotón empuja la cámara hacia atrás, con fuerza, con su escudo. Nosotros retrocedemos y mantenemos el equilibrio. Así hemos retratado a algunos líderes del fascismo (Pablo Rodríguez Grez, Roberto Thieme, Guillermo Medina, Ernesto Cisterna, Gustavo Lorca y otros). Algunos eran políticos, camioneros, comerciantes, mineros, empleados, ingenieros, diputados.

***

Recuerdo en particular una secuencia que hicimos en la Escuela Naval.

Estábamos en el patio de esa escuela en Valparaíso, donde eran velados los restos de Arturo Araya[57], edecán de Allende, asesinado por un comando de Patria y Libertad en 1973. Había un pesado silencio entre los oficiales. Yo estaba filmando con el flaco Müller rodeado de las miradas agresivas, hostiles, desconfiadas, de ellos, mientras nos movíamos con sigilo buscando ángulos. Recuerdo la percha del micrófono de Bernardo encima de las cabezas, mientras Federico[58] sacaba fotos parado arriba de

---

[55] Jorge Müller Silva, asesinado por Pinochet en 1974.

[56] *La Batalla de Chile*, primera parte.

[57] Arturo Araya Peeters, edecán naval de Allende, asesinado por la extrema derecha el 27 de julio de 1973.

[58] Bernardo Menz, sonidista de *La Batalla de Chile* y Federico Elton, jefe de producción del mismo filme.

una silla. Salvador Allende, muy tenso, tenía anteojos oscuros. Se mantenía imperturbable, acompañado por su escolta personal y cercado por sus peores enemigos, en medio de ese silencio que era interrumpido por una trompeta.

Esta ceremonia duró mucho tiempo. Al fondo había cientos de jóvenes cadetes. En el centro estaban los oficiales, arrogantes, presuntuosos, que hablaban entre ellos en voz baja. Formaban un grupo compacto, vestidos con esos uniformes oscuros. Eran los peores enemigos de Allende. Odiaban a los «upelientos», a los «picantes» y los comunistas de Chile.

***

Un tiempo después, estábamos al borde de una carretera cerca de Santiago, esperando la llegada del Ejército. Nosotros suponíamos que llegarían para disolver una concentración de camioneros en huelga, que estaba cerca. Pero pasó el tiempo y no llegó nadie... Estuvimos muchas horas esperando, hasta que empezó a oscurecer[59].

De repente aparecieron dos vehículos que se pusieron adelante y atrás de nuestra camioneta, tocándonos con sus parachoques. Un hombre nos pidió las credenciales de prensa y nos dijo que «estábamos detenidos». Nos obligaron a avanzar un kilómetro con pequeños golpes en el parachoques. Nos obligaron a entrar en su campamento, donde había cientos de camiones estacionados. Nos rodearon algunos huelguistas, que nos comenzaron a insultar, sin que nos permitieran salir del vehículo. Serían unas veinte personas. Empezaron a apoyarse en

los costados de nuestra *citroneta*, moviéndola de un lado para el otro, para volcarla.

Esto duró algunos minutos, hasta que apareció una persona que parecía ser el *jefe*. Era un diputado de la derecha que se dirigió con voz firme al grupo. Les dijo que las tropas podían llegar en cualquier instante para requisar los camiones. Había, por lo tanto, que volver a ocupar los puestos de vigilancia como estaba previsto. No dijo nada más, pero dispersó a la gente. Nos saludó con frialdad, nos devolvió nuestras credenciales. Después de un rato nos ordenó a salir por donde habíamos entrado. Este hombre nos salvó.

***

Cuando me tomaron preso para llevarme al Estadio Nacional, una semana después del golpe, me llevaron al cuartel que estaba cerca de mi casa. Allí me pusieron frente a una pared sin zapatos durante horas. Después me colocaron boca abajo en el suelo con las manos atadas en la espalda. Empecé a pensar que sería fusilado a la mañana siguiente. Estuve pensando en mi mujer y en mis hijas, que eran pequeñas. Después me invadió una cierta calma. «No pueden quitarme la película (*La Batalla de Chile*) porque está escondida. Nadie sabe donde está, con la excepción de mi mujer, pero ella no dirá nada», pensé.

«Tal vez Chris nos ayudará», me dije. A las seis de la mañana nos sacaron del cuartel. Nos metieron en un bus. Nos llevaron al Estadio Chile. Como estaba lleno, no cabía más gente. Entonces nos llevaron al Estadio Nacional, donde la pesadilla continuó.

---

[59] *La Batalla de Chile*, segunda parte.

Una lejanía que está cerca

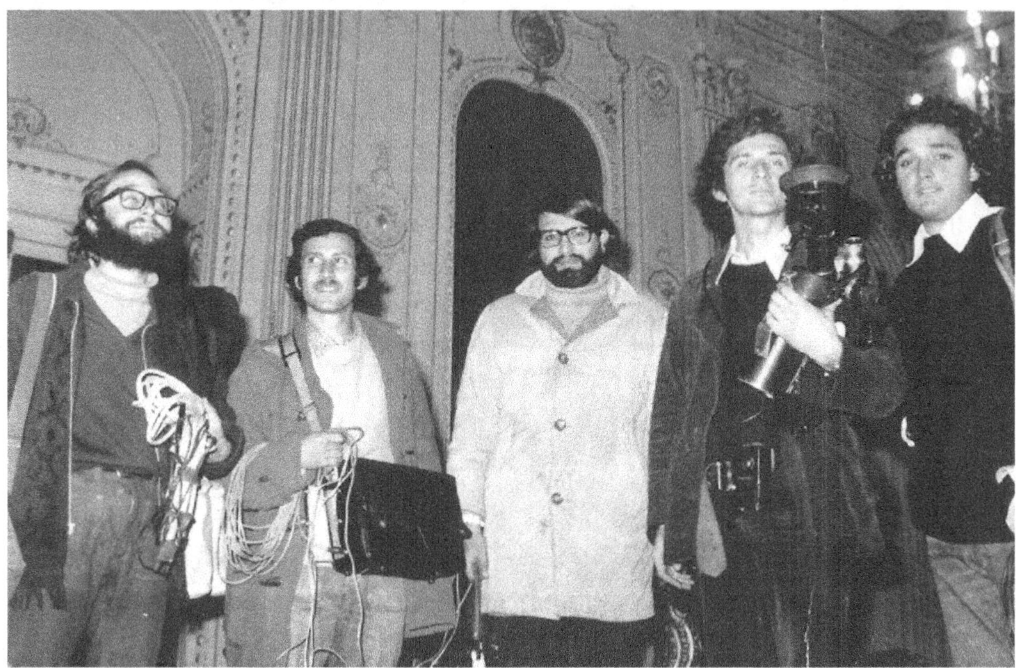

De izquierda a derecha: José Bartolomé, Bernardo Menz, Patricio Guzmán, Jorge Müller y Federico Elton, equipo original de *La Batalla* en 1973.

En 1967 yo pertenecía al ambiente intelectual de Santiago. Era un alumno más de la escuela de teatro de la universidad. En realidad, era un alumno malo porque no tenía ninguna condición natural para el teatro. A los 17 años pude obtener un trabajo voluntario en la sala Antonio Varas, una sorpresa para mí, gracias al director Pedro Orthus y María Cánepa. Allí se presentaba el famoso *Macbeth* de Shakespeare, que despertaba mucha expectación. Me dieron un puesto de *alabardero*, un soldado que aparecía en una torre con una lanza en la mano (una *alabarda*) frente al público que llenaba la sala. Era un papel mudo.

Una tarde se produjo la catástrofe durante un apagón. En la oscuridad se bajaba desde arriba una enorme mesa con platos, candelabros, copas y cubiertos. En la oscuridad la mesa pasaba delante de nuestros ojos deslizándose hacia abajo. De pronto los cables se enredaron y una parte de la mesa se inclinó. Todo lo que había encima se estrelló contra al suelo con gran estrépito. El público se quedó paralizado. Sin embargo, las luces se encendieron y los actores entraron como si no pasara nada. Continuaron actuando y recogieron del suelo los objetos de una forma casi natural. Nosotros, inmóviles, seguíamos arriba con la lanza en la mano.

En Santiago, en esa época, había una gran vida teatral y cultural. En el teatro Victoria funcionaba el Ballet Nacional, que dirigía un coreógrafo alemán, Ernst Uthoff, que ofrecía *La Mesa Verde* (de Kurt Joos) y *Carmina Burana* (de Carl Off). Mientras tanto, la orquesta sinfónica de Víctor Tevah interpretaba *El sobreviviente de Varsovia* de Arnold Schoenberg. El Instituto del Teatro ofrecía *La Ópera de Tres Centavos (de Brecht).*

Mientras esto ocurría en Santiago, nosotros filmábamos en mi barrio unos cortos cinematográficos con una cámara de 8 milímetros.[60] Después hicimos películas con dibujos que hacía yo. Más tarde publiqué unos cuentos y una novela. Mi mujer, Paloma Urzúa, me empujó y acompañó para salir de Chile.

¿Por qué sentíamos esa necesidad de salir del país en aquella época? ¿De dónde venía esa idea?

Vivir en Chile pegado al océano y la naturaleza era un privilegio. Así como leer a Gabriela Mistral, Pablo Neruda y otros escritores. Pero no soportábamos esa rara lejanía, donde la vida política tradicional de la derecha no cambiaba nunca.

Las cosas, sin embargo, cambiaron de repente con la elección de Allende, el primer jefe de Estado marxista elegido democráticamente en el mundo, que quería hacer una revolución pacífica sin guerra civil. Allende era un personaje único. Volví rápidamente a Chile. Hicimos cuatro películas documentales sobre su gobierno. Fueron los mejores años de mi vida.

Sesenta años después me pasa algo similar. Un movimiento de un millón de personas estalla en Santiago y otros miles se movilizan en diversas ciudades de Chile. Se inicia el proceso para escribir la Nueva Constitución. Casi inmediatamente vuelvo otra vez para continuar la misma película de antes, cuyo nombre en realidad no cambia con el tiempo: *La Batalla de Chile*[61].

---

[60]   Con Eduardo Stagnaro y Rodrigo Vera.

[61]   *Mi país imaginario*, 2022, último filme de Guzmán.

Reseñas

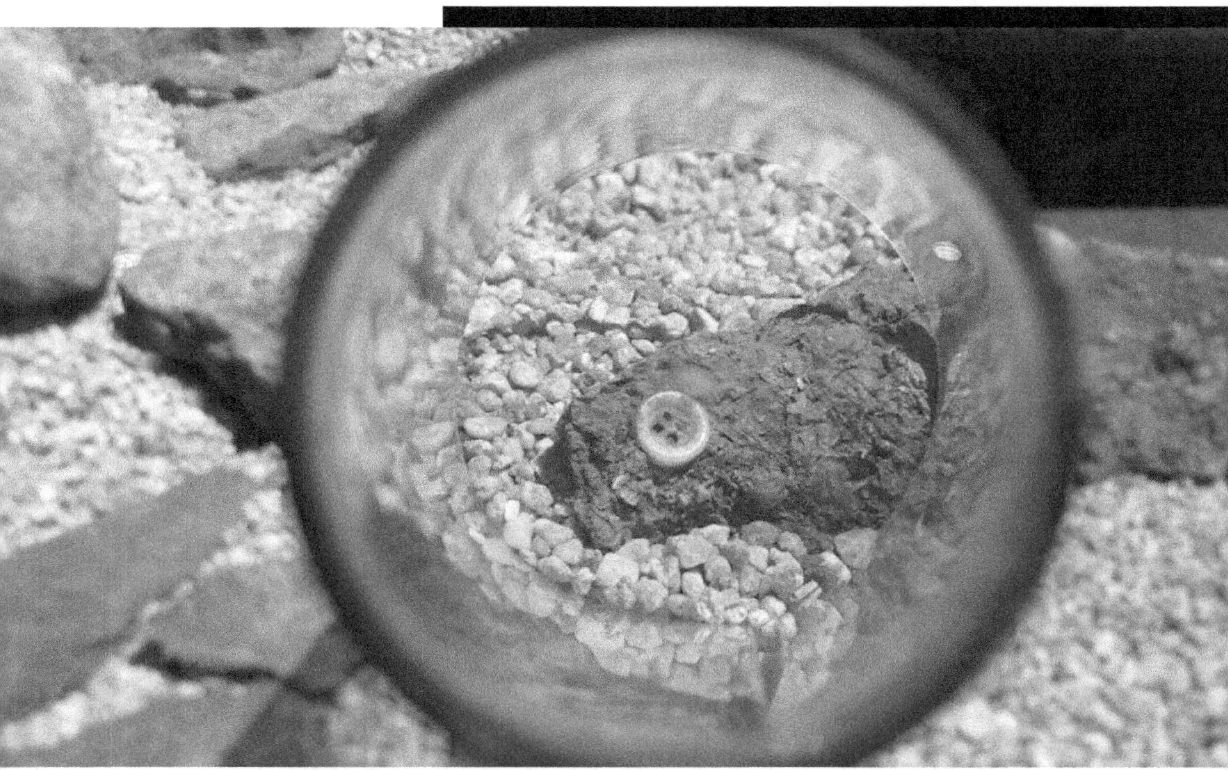

**El botón de
un prisionero** arrojado al
océano Pacífico,
en *El Botón de
Nácar,* en 2015.

PRESENTACIÓN

Chile estuvo desconectado de la producción de cine documental durante 16 años (los años de la dictadura) y después siguió aislado más o menos otros 20 años más (durante los primeros gobiernos democráticos). Fue un largo período de tiempo, precisamente cuando el documental se expandía principalmente en Europa, Canadá y Estados Unidos.

Pero vamos al principio.

Entre los años 1950 y 1960, se pudo ver en los cines de Santiago una pequeña cantidad de documentales que aparecieron de repente en la cartelera. Casi todos eran europeos, como *Estados Unidos visto por un francés*, de François Reichembach, y *Mi lucha*, de Erwin Leiser. Había colas en el cine Pacífico para ver la guerra civil española de *Morir en Madrid*, de Frédéric Rossif. También tuvo público *Europa de noche*, de Alessandro Blasetti, mientras el capitán Cousteau y Louis Malle ofrecían *El Mundo del Silencio*. En esa época también se mostró *Perro Mundo*, de Gualterio Jacopetti, y más tarde *Zoo*, de Bert Hanstra.

Recuerdo otro fenómeno. Había una pequeña sala (creo que se llamaba Cine Principal) donde se mostraban actualidades, noticiarios y cortos. Aquí se podían ver imágenes que llegaban del viejo continente: Actualidades Francesas, el Nodo español, el UFA alemán. Desde Estados Unidos llegaban el Paramount, el Movietone y el Universal. También se proyectaban dibujos animados y algunos cortos. Aquí pude ver el desfile de la coronación de la reina de Inglaterra, sin comentarios, solamente con el ruido del público y las bandas de música. Estos fueron los primeros *documentales* que vi en mi vida.

Años después me desplacé a España para estudiar cine en Madrid, con muchas escapadas a París. Allí pude conocer los nuevos filmes del *cinema verité* que, por primera vez, tenían *sonido sincrónico*. Es decir, por primera vez se oía a la gente hablar de modo normal, con sus pausas, sus silencios, sus dudas. El sonido directo pasaba por encima del «doblaje» que almidonaba las voces de la gente. Pude ver *Calcutta*, de Louis Malle (1969); *Crónica de un verano*, de Jean Rouch (1961); y *La batalla de los diez millones* de Chris Marker.

Cuando volví a Chile en 1971 la situación era interesante. Había un conjunto de expectativas con la llegada de la Unidad Popular. No se conocía todavía el sonido sincrónico, pero esto era secundario en un país con pocos documentales. Chile Films y sobre todo algunas universidades empezaron a producir cortos sobre la educación, la reforma agraria, la artesanía popular y otros temas: minas, parques, mercados, fábricas, represas, etc. Todo ello en manos de jóvenes directores. Fue cuando Carlos Flores hizo su primera película, *Descomedidos y Chascones*.

Yo también pude realizar mis primeras obras: *El Primer Año*, financiado por la Universidad Católica, y después *La Batalla de Chile* (que terminé afuera). Todo se vino abajo con el golpe de Estado. Se paralizó la creación y se detuvo el contacto con las productoras del mundo.

Mucho después, en 1996, cuando estaba filmando *La memoria obstinada*, se me ocurrió organizar un festival de documentales en Chile. La idea fue aceptada por el Fondart y, gracias a la ayuda de los autores locales (el primero fue Ignacio Agüero), empezamos a funcionar en mayo de 1997... ¡Habían pasado casi treinta años de soledad!

FIDOCS nos vinculó al cine documental del mundo. Ni la televisión ni los distribuidores chilenos tenían un compromiso con el documental. Nosotros, por el contrario, exhibimos 515 obras documentales en los primeros diez años.

¿Qué es lo que nos queda hoy?... Sin duda, la añoranza de muchas obras que nos ayudaron a crecer. Y también las entrevistas, comentarios y críticas. Y, sobre todo, nos quedan las *reseñas* de 17 años sin pausa.

¿Qué es una *reseña*?... son muchas cosas y al mismo tiempo no son nada. Son las sinopsis de cada película; son los borradores, los bocetos, las notas a vuelo de pájaro que uno hace para publicarlas en el catálogo.

He buscado algunas de las *reseñas* que hice para ustedes. He corregido algunos datos, que fueron escritos a toda carrera... ¡Son más de 240 películas!... Es una forma de hacer un balance de este primer tiempo de FIDOCS[1], que abarcó 17 años seguidos.

Empiezo con las obras que formaron la primera muestra chilena en París.

---

[1]   Los filmes fueron exhibidos en el Instituto Goethe y más tarde en el cine Hoyts, la sala Blanca de la Universidad Católica, el cine Lastarria 90, y finalmente la sala del GAM y la Cineteca Nacional de Chile.

Muestra de documentales
chilenos en París, 2008

COFRALANDES O RAPHSODIE CHILIENNE I

Un film de Raúl Ruiz

Francia, Chile, 81 min. 2006

En la más pura tradición de la literatura moderna de América Latina, Raúl Ruiz fabrica una película a partir de varias piezas musicales, tal como Cortázar escribió un cuento a partir de un cuarteto de Mozart. En este caso, la base musical proviene de tres famosos compositores chilenos (Arriagada, Leng, Amengüal) y numerosas rondas, cantinelas y estribillos, apoyadas con las voces humanas y el canto de las aves de Chile. Como su nombre lo indica, *Rapsodia Chilena* está hecha a base de trozos, pedazos de obras minimalistas, pequeñas píldoras dramáticas y retazos de filmes imaginarios que el cineasta nos presenta como un sueño. Narrada por su autor, con una voz íntima y a veces casi inaudible, la obra es un álbum de recuerdos personales que nos transportan al país más raro de América Latina, es decir, a un país de atmósfera asiática lleno de personajes húngaros con cara de indios mapuche, paisajes y ríos que parecen ser de Corea del Sur, gente extranjera que ha perdido sus raíces, personajes tendidos en el suelo que esperan socorro o sepultura. De tanto en tanto se oye la voz nasal de Violeta Parra (inventora de la metrópoli «Cofralandes») y del propio Pinochet mientras ataca el palacio de gobierno. Esta Rapsodia sinfónica nos ofrece un panorama precioso de innumerables secretos de Chile. Nos recuerda también la inagotable libertad de las primeras obras de Raúl Ruiz. Es como una larga entrevista donde el autor se expresa con imágenes acerca de su vida, sus amigos y sobre el «movimiento chileno».

OBRERAS SALIENDO DE LA FÁBRICA

Un film de José Luis Torres Leiva

Chile, 21 min. 2005

Uno se pregunta: ¿de qué manera la poesía entra en la vida de cuatro obreras de una fábrica de textil? Hay que ver esta película para tener una respuesta. La sinopsis puede resumirse en pocas palabras: «cuatro mujeres de una fábrica se reúnen y organizan un viaje a la playa»... Pero las diferentes imágenes están cargadas de tantos significados que se podrían escribir muchas páginas sobre ellas, todas incompletas, porque no sabemos en realidad qué ocurre en el fondo de cada una. La intriga está formada por nuestra propia curiosidad. La película nos hace reflexionar sobre muchas cosas: ¿qué sabemos en realidad de la gente que vemos por azar en una calle, una casa, una playa?... Torres Leiva parece reconstruir una situación que sus ojos vieron alguna vez sin preguntarse por su significado. «La historia se desliza como en silencio», dice el director, «pero no se queda ahí, se convierte en una excusa para crear sensaciones». También hay sonidos relevantes, poderosos y lejanos, que nos llegan como las olas de un lago. El director nos aconseja: «hay que relajarse y dejarse llevar» por la obra.

ACTORES SECUNDARIOS

Un film de Pachi Bustos y Jorge Leiva
Chile, 80 min. 2004

Una película excepcional por su carácter histórico y sus personajes inolvidables que empieza como un programa de televisión (con mucha música, velocidad y fragmentación) ... Sin embargo, detrás de esta acumulación se abre paso una poderosa narración de carácter épico que transmite a los espectadores la experiencia directa de una verdadera rebelión estudiantil. Se trata de la crónica de un levantamiento de adolescentes, es decir, cientos de miles de estudiantes secundarios que se lanzan a la calle para derrocar la dictadura de Pinochet, arriesgando su vida, su familia, sus estudios y su futuro. Muchos eran niños de 12 años que ocuparon las calles, aprendieron a fabricar bombas Molotov y desde los techos de los liceos desafiaron a la policía secreta y la policía visible del régimen militar, que asesinó a balazos a decenas de ellos. *Actores Secundarios* es a la vez la historia universal de una revolución juvenil (como lo fue mayo del 68 y la *Intifada* palestina). Es también la dramática historia de una derrota que sumió a sus integrantes en el olvido, en la tierra de nadie de una «transición política» incompleta, es decir, en la desilusión que produjo el acuerdo entre el Ejército y los Partidos Políticos tradicionales, que los expulsó de la Historia y los sumió en el desencanto... La fuerza del relato descansa en la estructura y sus personajes. Pero sobre todo en la energía, sinceridad y honradez con que Pachi Bustos y Jorge Leiva cuentan esta historia conmovedora de un combate tan desinteresado como puro.

ARCANA

Un film de Cristóbal Vicente
Chile, 80 min. 2004

Este documental es una mirada penetrante y perspicaz hacia el interior de la vieja cárcel de Valparaíso. Se trata de un edificio que parece un barco gigantesco arriba de una colina. Leamos algunas palabras del autor: «Yo quería hacer un filme que no fuera pedagógico. Lo que me impulsaba era hacer una obra no explicativa, sin narrador ni información literaria, llevado por la pureza de un relato intenso, elemental –continúa el director–. La cárcel es un mundo donde se aparenta *normalidad* y esta normalidad esconde una gran violencia que cada uno guarda en el fondo de sí mismo. El filme protege ese estado individual. Los presos no cuentan todo lo que se puede contar. Esta frontera que ellos se imponen es la misma que yo me tracé para filmar»... El resultado es una película respetuosa que se aproxima al centro de este gran cautiverio humano. Construida como una sinfonía coral, la película registra un océano de voces y ruidos que sirven mejor que cualquier comentario para hablar de la condición de los presos. El filme no toca los temas de la delincuencia, ni abogados, ni juicios. El filme habla de «la vida encerrada» donde los detenidos construyen una *normalidad* cotidiana. «Nadie se queja –dice el autor–. Es inadmisible para el honor de un preso mostrar debilidad. El silencio, el hermetismo, el hecho de esconder el recuerdo más doloroso, tragárselo y digerirlo solo, eso es lo que muestra mi película»... Cristóbal Vicente trabajó ocho años solo, sin salario, sin reconocimiento oficial y sin subvenciones estatales. Fue el primero que pudo entrar a esta cárcel secreta y filmar allí durante meses. «¿Por qué este tipo de iniciativas tiene que desarrollarse en un terreno de tanta marginalidad?», se pregunta él. «Es un desafío que nadie a mi alrededor supo valorar y cuyas dificultades me sirvieron de salario, es decir, pagaron mi esfuerzo».

NINGÚN LUGAR EN NINGUNA PARTE

Un film de José Luis Torres Leiva
Chile, 72 min. 2004

Igual como Joris Ivens, hace 42 años, se sintió fascinado por la ciudad de Valparaíso, este realizador chileno nos entrega su propia visión de esta ciudad construida en forma de escalera en la costa del océano Pacífico. Su arte es el arte de la descripción. Describir es mostrar, reconocer, mirar, explorar y descubrir. Torres Leiva rastrea cientos de diminutos fragmentos de vida, palabras sueltas que van formando frases o historias intangibles de lo cotidiano. Describir es grabar con nuestra mirada la «realidad». Describir es filmar lo que registran nuestros ojos y capturar la duración del tiempo. Las imágenes, por lo tanto, duran lo que tienen que durar. El tiempo y los sonidos de la ciudad se adormecen, se alargan, quedan inmovilizados para siempre por la mirada del cineasta, que nos hace revivir unos hechos impalpables de esta urbe medio destruida y solitaria que guarda la belleza intocable de los puertos abandonados y mecidos por el viento del olvido.

EL CORREDOR

Un film de Cristián Leighton
Chile, 75 min. 2004

El corredor narra una historia singular centrada en un personaje enigmático que simboliza el deseo de la perfección (un deseo que tiene una buena parte de los chilenos). Un funcionario ordinario se levanta a las seis de la mañana para cruzar la ciudad y llegar hasta su oficina corriendo –como un atleta–, durante 23 kilómetros, en medio del tráfico de la capital (un tráfico salvaje que pone en peligro su vida). Sin comentarios y casi en silencio, el realizador sigue al funcionario-corredor en esta carrera interminable que no tiene final. Una visión de la vida como entrenamiento sistemático y también como una manera de superar el estrés de la ciudad. El esfuerzo y la lucha contra el dolor y extenuación aparecen de manera indirecta. Detrás de las imágenes cotidianas se adivina el carácter estoico, austero, de este oficinista que vive la vida como una competición de la que no puede escapar y que canaliza su existencia. Empieza corriendo en una calle y termina en corriendo en un estadio, es decir, como un atleta amateur en un círculo sin salida. La calle y el estadio le obligan a estar en forma sin sobrepasar el umbral de la fatiga. El realizador confiesa haber aprendido algunas cosas de él. «A veces yo mismo salgo a trotar –dice– para despejarme del trabajo. Es difícil hacerlo. Cambiarse de ropa, abrocharse las zapatillas es un rito que cuesta abordar. Los primeros cinco minutos de trote son duros para cualquiera. En ese instante me acuerdo de *El Corredor* y en ese momento le doy las gracias en silencio»... Una película bien filmada, equilibrada, metafórica, que muestra el ritmo difícil de la capital de Chile.

LA MAMÁ DE MI ABUELA LE CONTÓ A MI ABUELA

Un film de Ignacio Agüero
Chile, 70 min. 2004

Ignacio Agüero nos muestra un pueblo de la zona central de Chile –un pueblo aislado y sin ilusión–, adormecido entre la soledad y el abandono de la capital. Un director de teatro (Héctor Noguera) llega de repente con un proyecto entre las manos: quiere escuchar y recopilar las historias y leyendas del siglo pasado con el fin de organizar una representación teatral animada por los vecinos. La gente empieza a recordar fragmentos de historias, que conforman el núcleo principal del filme: un viaje hacia atrás lleno de recuerdos incompletos. Es una comunidad que ha perdido una parte de su historia. Ignacio Agüero se desprende del proyecto teatral y filma también la vida del campo, donde aparece la inocencia de unos personajes ensimismados, víctimas de los grandes propietarios, y un régimen político centralista que los ha olvidado para siempre. El autor construye un retablo de la vida campesina en base a pequeños vistazos, una obra misteriosa y ambigua con una sutil respiración poética, compuesta por bellas imágenes fugitivas de un sueño rural sin fronteras.

OPUS DEI, UNA CRUZADA SILENCIOSA

Un film de Marcela Said Cares y Jean de Certeau
Chile, 52 min. 2006

En la tradición de los documentales del «periodismo de investigación», esta obra de Marcela Said y Jean de Certeau ofrece un panorama crítico del Opus Dei en Chile. Su mayor logro es mostrar las cosas concretas que hace la secta en lugar de teorizar sobre ella. He aquí varias frases de la banda sonora: «Hay que respetar a la policía y el orden establecido». «Hay que oponerse al divorcio». «El que nace obrero tiene que morir obrero». «Dios te ha colocado en el sitio que él ha elegido para ti» ... El filme demuestra la vinculación del Opus con las dictaduras de Franco y Pinochet. También la película analiza la condición de la mujer, según el Opus: mientras ellas limpian y cocinan, los notables deben dictar clases magistrales y hacer su carrera política. En su biblioteca poseen las obras completas de Pinochet pero en cambio no se puede encontrar a Jean Paul Sartre, Henry Miller o al teólogo Hans Küng. Con un comentario directo y equilibrado, el filme reúne una galería de personajes sorprendentes y analiza la institución más perversa de la iglesia católica.

PERSPECPLEJIA

Un film de David Albala

Chile, 113 min. 2004

Este título es una contracción de *perspectiva...* y *paraplejia...* Este último término designa la parálisis de la parte inferior del cuerpo. El filme cuenta la rehabilitación del realizador, David Albala, que quedó parapléjico a causa de un accidente de circulación. Se convierte en el dispositivo de su propio filme cuando va en busca de otros parapléjicos que le enseñan cómo se puede rehacer la vida después de esta tragedia. Los personajes muestran una madurez poco frecuente que llama la atención. Cada uno irá mostrando su manera de volver a encontrar el equilibrio, con una rara honestidad... Hasta aquí es otro documental sobre discapacitados. Pero en este caso el tema es tratado con humor negro; no es piadoso ni tampoco indulgente. David Albala es una persona franca que despliega una sinceridad brutal que desarma a cualquiera.

INASIBLE MARÍA FÉLIX

Un film de Carmen Castillo

Francia, 58 min. 2000

María Félix es uno de los mitos del cine de América Latina, según este filme de Carmen Castillo... Pasiones fatales, múltiples matrimonios, ataques repentinos, he aquí los componentes de la vida legendaria de la actriz (que hizo 48 películas). «María Féliz nació dos veces: una vez engendrada por sus padres y otra por ella misma», dijo Octavio Paz. Actriz ante todo, estrella de los años cuarenta y cincuenta, fue también una cantante que inspiró a una generación de artistas. Al final vivió aislada en sus mansiones y murió en 2002... «Yo fui una mujer con un corazón de hombre», dice de sí misma. Adulada y cortejada por todos, su primer amor fue su hermano Pablo. Carmen Castillo nos presenta el morbo y el misterio que ella supo proyectar. Pero hay más que eso: esta película nos entrega una visión latinoamericana del amor y la pasión. El personaje sirve de pretexto para mostrar el orgullo, el honor, la vanidad, de unos personajes que marcaron una época y crearon una manera de ser en este continente.

EL LADO OSCURO DE LA DAMA BLANCA

Un film de Patricio Henríquez

Canadá, 90 min. 2006

Este barco escuela de la marina de guerra de Chile que los chilenos llaman la «dama blanca» (su verdadero nombre es «Esmeralda»), se llenó de prisioneros políticos después del golpe militar de Pinochet. Casi 200 personas: más de 52 mujeres y 97 hombres fueron encerrados y torturados aquí. Los marinos chilenos dicen que ignoran dónde están los cuerpos de las víctimas, 35 años después de los crímenes. El filme muestra la conducta inhumana de estos oficiales y ofrece la palabra a los sobrevivientes, como María Eliana Comené, violada sistemáticamente por un oficial. Ofrece la palabra a Sergio Vuskovic, amigo de Allende, profesor de Filosofía y ex alcalde de Valparaíso, torturado con electricidad y molido a puñetazos. Él mismo no se reconocía ante el espejo. «Sólo Dios puede juzgar a los culpables», afirma el almirante Guillermo Aldoney Hansen, mientras el almirante José Arancibia dice: «La tortura es un mal universal y humano» ... Patricio Henríquez es un realizador chileno de trayectoria internacional que vive en Montreal.

Programa del
Festival Internacional
Documental de Santiago
FIDOCS
en sus primeros dieciséis años

CHE GUEVARA, EL DIARIO DE BOLIVIA

(Che Guevara, le journal de Bolivie)
Un film de Richard Dindo
Suiza, Francia, 100 minutos, 1994

Es una adaptación cinematográfica del *Diario de Bolivia* con los documentos originales, imágenes de los sitios de combate y algunos testimonios de los protgonistas. Todo ello filmado por un cineasta suizo, muy conocido por sus interesantes biografías anteriores. Después de recorrer en un *jeep* y caminar a pie el mismo itinerario que hizo el Che, Richard Dindo construyó una crónica desnuda, sobria, sin adornos, para recuperar la fuerza del drama original que impulsó a Ernesto Guevara a internarse en las montañas de Bolivia. Tal vez es la mejor película que refleja la personalidad de este guerrillero en su último viaje. Terminado el filme, el director viajó a La Paz para mostrarlo a las personas que había entrevistado, que aprobaron la obra. Richard Dindo ha dicho: «Lo que más me interesa es la noción de biografía. ¿Cómo contar la verdad de una persona?... Yo parto de la idea de que esa persona de la cual yo cuento su vida, siempre la ha contado ella antes, ya sea en un libro, una crónica, una pintura, etc. Yo solamente hago una nueva lectura y la reconstituyo en cine».

BAKA

Un film de Thierry Knauff
Bélgica, 55 minutos, 1995

El pueblo nómade de los pigmeos «Baka» vive en el Camerún, en la zona fronteriza con Gabón y el Congo. Este filme de Thierry Knauff deja que la propia comunidad hable por sí misma, y sobre todo pone en escena su música coral. Ningun narrador interrumpe los ruidos de la selva, la atmósfera húmeda de la espesura ni el juego de sombras de la fotografía. El viejo profesor de la tribu, *Lengé*, proporciona a los cantos una dimensión narrativa y de iniciación religiosa bajo los árboles de 40 metros de altura. La música representa la tradición y sostiene la vida ritual y la vida cotidiana. A veces los personajes golpean el agua (que ellos llaman «tambores de agua») cuando toman un baño mientras cantan. Sin duda esta es la secuencia culminante. La sombra de Robert Flaherty está muy cerca. Tanto Thierry Knauff como Flaherty buscan la utopía, aquel paraíso imaginario perdido en la mañana de los tiempos. Para reproducir este clima incontaminado de una comunidad humana, Knauff utiliza la fotografía en blanco y negro, una caligrafía formal y una estilización que se aproxima a la perfección.

MOTHER DAO, COMO LA TORTUGA

(Mother Dao, the turtlelike)
Un film de Vincent Monnikendam
Holanda, 88 minutos, 1995

Vincent Monnikendam revisó más de 260.000 metros de película documental muda en 35 mm, de nitrato, provenientes de los archivos holandeses, que le sirvieron de materia prima para construir este panorama monumental de las Indias Holandesas (Indonesia) de 1912 a 1933, que muestra de qué forma los Países Bajos administraron durante décadas esta gran colonia asiática. El comentario tradicional ha sido reemplazado por poemas (retocados y a veces escritos de nuevo por el realizador) y por cantos tradicionales de la región. El director respeta la duración original de los planos y los sonoriza a medias, dejando a veces las bocas mudas y algunos ruidos fuera de sincronismo para dejar sentado que se trata de imágenes sin sonido en su origen y al mismo tiempo para crear una atrmósfera onírica apoyada a su vez por sonidos electrónicos. Por primera vez en la historia del cine (con imágenes reales y detalles minuciosos) observamos la devastación que produjo el colonialismo, y de qué manera una cultura «superior» aplastó a otra cultura considerada «inferior». El resultado es algo parecido al que nos ofrecería una máquina del tiempo. Es como si existiera una película sobre los faraones o los reyes persas que nos permitiera asomarnos a ese pasado humano de manera exacta. Siete años duró la fabricación de este filme sorprendente.

LOS FUEGOS DE SATÁN

(Lesson of darkness)
Un film de Werner Herzog
Alemania, 52 minutos, 1992

Werner Herzog nos entrega una especie de alegoría sobre la guerra a partir del conflicto de Kuwait. Ayudándose con textos de Peter Handke y la Biblia, Herzog hace una reflexión apocalíptica, salvaje, sobre la guerra, mostrando desde un helicóptero las hogueras colosales de los pozos de petróleo incendiados, las tierras calcinadas y agonizantes, con grandes fragmentos musicales de Wagner, Mahler, Grieg y otros. Estos fragmentos musicales sublimes confieren a la película un tono de espectáculo grandilocuente y ambiguo. Pero la música termina de golpe cuando la película aterriza cerca de los bomberos. Estos se convierten en los héroes de la obra, que abandona el tono bíblico del comienzo y se convierte en un documental realista sobre el gran incendio. Sin embargo la visión colosal del país hirviente, las tomas iniciales, atrapan la memoria del espectador. Son una colección de imágenes mitológicas del infierno, rozando un lenguaje visionario difícil de olvidar.

ALEJANDRO

Un film de Guillermo Escalón

Canadá, El Salvador, 110 minutos, 1994

Esta película de casi dos horas es, sin duda, la primera reflexión que un director latinoamericano hace sobre lo que significa ser un cineasta en América Latina; es decir, muestra el terrible desgaste sin compensación que la carrera cinematográfica exige y sobre todo el dolor que significa para un artista brillante no ser reconocido en su propio país. Sobre las glorias y miserias de este director lúcido pero olvidado (Alejandro Cotto), otro director que vive y conoce muy bien El Salvador, Guillermo Escalón, construye una larga reflexión que nos involucra a todos. Una reflexión crítica, a veces irónica y equívoca, que muestra el fracaso y el éxito de un cineasta atrapado por su soledad y aplastado por el subdesarrollo de su país... ¿Qué hubiera sido de Spielberg, Tarantino, Haneke, etc., si hubieran nacido en El Salvador?

ASALTAR LOS CIELOS

Un film de J.L. López Linares y Javier Rioyo

España, 90 minutos, 1996

León Trotski, líder de la revolución rusa y creador del ejército rojo, fue asesinado en su casa en México en 1940 por un agente español de la KGB, Ramón Mercader, que seguía las órdenes de Stalin. Esta película, al mostrar la trayectoria de ambos personajes, nos enseña *grosso modo* la historia de un siglo. Mercader era un *dandy* de Barcelona que participó en la guerra civil española y después estuvo exiliado en París, Moscú, Nueva York y México. En esta última ciudad se vinculó con las amistades de León Trotski, entre las cuales figuraban los pintores Diego Rivera y Frida Kahlo, también la última amante de Trotski. Después del crimen, Mercader cumplió una condena en México y luego regresó a la URSS, donde nunca pudo adaptarse. Acabó viviendo de incógnito en La Habana gracias a un permiso especial que le concedió Fidel Castro. Tal vez el punto central de esta obra es el gran acierto de vincular acontecimientos tan diversos que forman parte del mismo cauce histórico.

LA VIDA ES INMENSA Y ESTÁ LLENA DE PELIGROS

(La vie est inmense et pleine de dangers)
Un film de Denis Gheerbrandt

Francia, 80 minutos, 1994

Con este título que parece copiado de una película de aventuras, Denis Gheerbrandt fabrica una de las obras más íntimas del presente alrededor de un niño enfermo que una mañana murmura desde su lecho: «La vida es inmensa y está llena de peligros»... Equipado con una cámara liviana y un grabador amarrado a su espalda, sin ayudantes, sin asistencia, el director permaneció ocho meses al pie de la cama de un niño enfermo de cáncer en el Instituto Curie de París. No sólo capta la intimidad de su protagonista, sino también la vida de un grupo de niños enfermos: una existencia resignada, dolorosa y alegre a la vez. El resultado es una mirada nueva, más cercana que ninguna otra, de unos pequeños pacientes que han aprendido a vivir afrontando la muerte. Y sin embargo no es una película deprimente. La energía de los personajes desborda la pantalla y el optimismo acaba imponiéndose. El cine documental aquí aparece en toda su dimensión.

UN ANIMAL, LOS ANIMALES

(Un animal, des animaux)
Un film de Nicolas Phillibert
Francia, 59 minutos, 1995

Estamos en el Museo de Historia Natural de París. Un hombre está retocando los pelos de la cabeza de una jirafa. No muy lejos otro hombre pinta la espalda de un elefante arriba de una escalera. Un tercer personaje cambia las plumas de un pájaro tropical. Cerrada al público durante 25 años, la famosa Gran Galería de Zoología de París (la misma donde Chris Marker filmó *La Jetée* en 1962) ha sido completamente remodelada y se prepara para reabrir sus puertas. Esta película cuenta la metamorfosis de este lugar y la resurrección de sus animales, que estuvieron abandonados en la oscuridad y el olvido. Sólo faltaba que apareciera la cámara de Nicolás Phillibert para que los mamíferos, peces y aves empezaran a moverse. Con esta obra sobria y minuciosa, Philibert recupera la faceta educativa del cine documental para todos los públicos.

AIRE

(Vâyu)
Un film de Velu Viswanadhan
Francia, India, 60 minutos, 1994

Estamos en la India y nos preguntamos, ¿Qué es el *vâyú?*... El *vâyu*, del sánscrito, *vâ*, moverse, desplazarse) se caracteriza por el movimiento libre. Es el aire... Es diáfano, incoloro y no tiene forma. Se reproduce infintamente. Envuelve la tierra y hace posible la vida. Velu Viswanadhan, director de fotografía y pintor nacido en Kerala (India), nos ofrece una película asombrosa y contemplativa donde no pasa nada. La mirada del cineasta nos lleva hacia la calle, las viviendas, las plazas, los caminos y el campo. Es una película que emana una fuerza religiosa sin ser una obra específicamente dedicada a la religión, a pesar de que también se ven algunos templos y santuarios de la India, cerca de Bombay, donde sopla el viento del espíritu. En una de las secuencias finales, las miradas de la muchedumbre se dirigen hacia el cielo. Flotando en el aire aparecen enormes figuras de papel, «volantines» y «cometas», que provocan la emoción de los niños y adultos... *Aire* es la cuarta película de una larga pentalogía titulada «Los Elementos».

LA MEMORIA OBSTINADA

Un film de Patricio Guzmán

Francia, Canadá, Chile, 60 minutos, 1997

El autor vuelve a Santiago para encontrar a los personajes de *La Batalla de Chile* realizada 23 años antes. Poco a poco surgen algunas voces del pasado: el viejo tío de Patricio Guzmán, Ignacio, que fue la persona que guardó en su casa las bobinas de *La Batalla de Chile* salvándolas de su destrucción. Más tarde, en un garaje de autos, Guzmán encuentra a los escoltas de Allende que por primera vez se atreven a hablar en público. Después escucha a los jóvenes (que no han vivido el golpe de Estado) proyectando *La Batalla de Chile* en seis colegios secundarios y dos universidades. Para hacer esta secuencia el equipo se puso en contacto con más de 40 establecimientos educacionales. La mayoría de los directores se negó con indignación: «Mostrar este filme es un acto doloroso, dañino, para el futuro de los alumnos; nosotros anhelamos mirar el futuro»... Como dice el pintor José Balmes, «la memoria y el olvido nos hacen sufrir y morir, pero también nos hacen vivir». El resurgimiento de la memoria aparece cuando una banda de músicos interpreta el himno de la Unidad Popular, «Venceremos», en el centro de Santiago, cuya partitura fue enviada por su autor Sergio Ortega desde París. El filme es un baño de memoria que hace bien.

A CUALQUIER PRECIO

(Coûte que coûte)

Un film de Claire Simon

Francia, 95 minutos, 1995

Según palabras de la autora, «no es una película militante en favor o en contra de la libertad de empresa. Yo sólo quería hacer un filme sobre la vida. Tengo la impresión de que ciertos periodistas toman las películas documentales como un simple archivo de la realidad. Y no saben decir después qué es lo que les provoca placer y emoción cuando esos filmes les gustan». Esta obra documental se transformó en un gran éxito de público y de crítica: permaneció cinco meses en la cartelera de Francia. Se convirtió en el símbolo que expresaba la crisis económica de los años noventa. Mucho mejor que los *dossier* que fabrican los expertos en economía, esta película muestra mejor que ninguna otra cosa la angustia de los pequeños empresarios hostigados por los bancos y las grandes empresas que no perdonan a nadie.

JAIME DE NEVARES, ÚLTIMO VIAJE

Un film de Carmen Guarini y Marcelo Céspedes

Argentina, 87 minutos, 1995

Una cámara instalada en el lecho de muerte de un obispo sirve de punto de partida para revisar buena parte de la historia reciente de Argentina y para conocer a un hombre de honor y de acción: el obispo de Neuquén, Jaime de Nevares, quien nos cuenta su vida a partir de sus últimas horas de existencia. Organizada como un largo y brillante *flash-back*, la película retrocede hasta la primera época del personaje y describe su carrera eclesiástica dedicada a la defensa de los pobres, mostrando su repulsa al poder arbitrario del ejército. Esta falta de miedo a los militares y su propia estatura moral lo convierten en un héroe popular, cuya memoria es venerada en todo el país. Carmen Guarini y Marcelo Céspedes alternan su profesión de cineastas con la de grandes divulgadores del género documental en la Argentina. Han creado numerosos puntos de encuentro, debates y congresos, entre los cineastas de Europa y América Latina. Pertenecen al grupo de los pioneros del documental en su patria.

EL PAÍS DE LOS SORDOS

(Les pays des sourdes)
Un film de Nicolás Philibert
Francia, 99 minutos, 1992

Durante ocho meses y con 40 horas de película en 16 mm, Nicolas Philibert se sumerge en la cultura de los sordos, un mundo formado por 130 millones de personas que posee códigos y modelos propios. Este filme representa un ejemplo de filmación abierta, libre, donde la improvisación y la espontaneidad ocupan un lugar destacado. «Desde luego yo establecí algunas líneas de narración. Pero siempre dejé la puerta abierta. No me gusta sentirme prisionero de mi propio proyecto», dice Philibert. El resultado es tal vez una de las más sensibles aproximaciones al universo de los «sordos profundos» en el mundo. No es un estudio sociológico, sino una película llena de historias, acciones y personajes. Nicolás Philibert es uno de los documentalistas que trabajan sin apoyarse en ningún guion o idea cerrada sino que avanza a medida que los hechos se producen y va creando la estructura por el camino y más tarde la consolida en el montaje, que él realiza solo y sin ayudantes. Philibert tiene también la virtud de hacer sus películas sin recurrir al comentario convencional leído por alguien.

LA RESISTENCIA DE LA LUNA

(A resistência da lua)
Un film de Otávio Bezerra
Brasil, 30 minutos, 1985

Pocas ciudades en el mundo son tan atractivas y misteriosas como Salvador (en Bahía, Brasil), donde un clima de euforia llena las calles de animación y música. En la plaza más tradicional se encuentra el «Café de la Luna», donde los artistas se reúnen en una tertulia infinita. Hacia los años 1983 y 1984 sirvió de tribuna para protestar contra la remodelación de la ciudad vieja. A partir de sus patios y salones Otávio Bezerra inicia una descripción subjetiva de la ciudad, con una estructura libre e imprevisible que le permite atrapar el estado de magia de Bahía y su gente como ningún otro filme anterior lo hizo.

CIUDADANO LANGLOIS

(Citizen Langlois)
Un film de Edgardo Cozarinsky
Francia, 65 minutos, 1995

Henri Langlois, el creador de la Cinemateca Francesa, fue un ciudadano polémico, espontáneo y turbulento, del cual se ha conservado una imagen legendaria que ha aumentado con el tiempo. Jean Cocteau lo llamó el «dragón que cuida nuestros tesoros», mientras los burócratas de la administración lo calificaron de «buscador de basuras». Fue un hombre que modificó la noción de cinemateca. «¡Nada de archivos pasivos!», exclamaba. Y convirtió su fimoteca en una sala de reuniones, discusiones y proyecciones. El autor de este filme, el cineasta argentino Edgardo Cozarinsky, agrega: «fue el hombre que tuvo la idea de salvar, de conservar y de mostrar los viejos materiales cinematográficos a las jóvenes generaciones. Tambien guardó la memoria del imaginario del siglo veinte... ¿qué fue lo que impulsó a este hombre para dedicar toda su vida a salvar las huellas del pasado?»... La película responde en parte a esta interrogante y transmite la personalidad temeraria de este personaje, único entre los jefes de las cinetecas, que desgraciadamente en su inmensa mayoría son personas demasiado pasivas.

HOMBRE MARCADO PARA MORIR

(Cabra marcada para morrer)
Un film de Eduardo Coutinho
Brasil, 119 minutos, 1962-1989

Eduardo Countinho dirigía una película de ficción (que empezó en el año 1964) sobre la vida de Jôao Pedro Teixeira, un lider agrario brasileño asesinado en 1962. Pero la producción fue interrumpida por el golpe militar que derrocó al presidente «Jango», Jôao Goulart... Los negativos fueron confiscados y varias personas fueron detenidas. Veinte años más tarde, en 1981, Eduardo Coutinho regresa para reactivar el proyecto y continuar la historia de Jôao Pedro, con materiales antiguos y del presente, mezclando ficción y documental, pero ahora con un nuevo personaje, Elizabeth, la viuda del protagonista. La película termina narrando la historia global de las ligas campesinas del país. Es una obra de gran complejidad que significó la renovación del género documental en el cine brasileño. Un clásico.

LA HORA DE LOS HORNOS

Un film de Fernando Solanas y Octavio Gettino
Argentina, 100 minutos, 1966-1968

Es un ensayo de cuatro horas (ofrecemos aquí la primera parte) cuya elaboración tardó dos años. Es una película-manifiesto, la primera de su género en Argentina y más allá de sus fronteras, que llama a una toma de conciencia nacional, denuncia el neocolonialismo económico y preconiza la liberación popular en todas sus formas. Mezclando elementos de diversas fuentes (noticiarios, títulos, fotos, entrevistas), esta obra fue innovadora a nivel formal por el empleo rítmico que hizo del montaje. Para completar su acción, Solanas y Gettino formularon una base teórica para su trabajo en forma de un texto de 40 páginas: «Hacia un tercer cine» (1969), traducido a diez lenguas. Es el primer manifiesto tercermundista que ejerció una influencia internacional. Un clásico del documental latinoamericano. La obra provocó tal fervor y entusiasmo en el público italiano de la época, que la gente del Festival de Pessaro sacó en hombros a Fernando Solanas de la sala, igual como un torero es sacado en hombros por la puerta grande de una plaza de toros.

ADIOS BABUSHKA

(Bye bye Babushka)
Un film de Rebeca Feigg
Estados Unidos, 75 minutos, 1994

Adiós Babushka (adiós abuela) cuenta la historia de al menos tres generaciones de mujeres rusas: aquellas que nacieron al final del sistema, luego las que vivieron en el apogeo de Stalin y las que hicieron con sus manos la revolución, estas últimas casi centenarias. Ahora podemos verlas, al final de sus vidas, cuando el reino soviético se ha apagado. Vivieron para trabajar, sufrir y soñar. Hablan del amor, de la nostalgia y la lealtad. Sus testimonios reflejan los conflictos y las pasiones de la Rusia del siglo XX. Un filme que revela una página secreta de la historia que tal vez hubiera permanecido para siempre inaccesible.

LA FLACA ALEJANDRA

Un film de Carmen Castillo y Guy Girard
Chile, Francia, 54 minutos, 1994

Marcia Merino, llamada «la flaca Alejandra», celebró en noviembre de 1992 una conferencia de prensa en Santiago de Chile en la que confesó su colaboración con la DINA, la policía política de Pinochet, y pidió públicamente disculpas a las víctimas que había denunciado. Marcia Merino fue dentenida en 1974, apenas un año despues del golpe militar contra el gobierno de Salvador Allende. Ella fue interrogada y torturada y dio a conocer los nombres de amigos y de miembros de su partido, el MIR. Permaneció dieciocho años en manos de la DINA. Ella habla de sus experiencias y culpabilidad. Carmen Castillo, víctima de su traición, vuelve del exilio a Santiago para filmar el camino por el infierno de esta mujer. Carmen Castillo hace probablemente su mejor obra documental (secundada por Guy Girard) y demuestra, como siempre, un gran valor personal. Acerca de su encuentro con Marcia Merino ella dice: «Lo que ambas teníamos en común era la relación con la muerte, y yo vengo a escuchar la otra parte de esa relación, vengo a tratar de que ella hable de su relación con el torturador; yo ya había trabajado mucho la situación de la tortura y sabía que en ese momento podía estar junto a ella sin juzgarla. Nos juntamos para hacer un trabajo. Luego ella siguió su vida y yo la mía».

LA CIUDAD LOUVRE

(La ville Louvre)
Un film de Nicolás Philibert
Francia, 81 minutos, 1990

El Museo del Louvre de París es una verdadera ciudad dentro de la ciudad, donde trabaja más de un millar de personas. Guardianes, funcionarios, conservadores, guías turísticos, historiadores, empleados de restaurante, libreros, decoradores y jardineros. Por primera vez un gran museo revela sus secretos a un equipo de cine que, durante doce meses de filmación, con cámaras en 16 mm, siguió de cerca los trabajos de remodelación del edificio hasta el día de su reapertura. Tal vez lo más notable de la película es que Nicolás Philibert transformó los principales cuadros en personajes. La obra empieza con la llegada de los héroes (los cuadros) al nuevo museo, es decir, cuando las pinturas y esculturas entran al Louvre. Es una espléndida película de acción que se aleja completamente de la erudición pictórica. Parece una película de mudanzas, de traslados, y no una fina pieza dedicada a la más importante pinacoteca de Francia. Philibert sabe encontrar las fábulas humanas, las anécdotas íntimas, el humor, la observación sabrosa y nos entrega una obra amena, llena de vida y adicionalmente llena de pinturas célebres. Una vez más Philibert se lanza solo y sin guion deliberado al fondo de un tema para ofrecernos un gran espectáculo documental de la vida y el arte. Un clásico.

RUTA UNO - USA

(Route one, USA)
Un film de Robert Kramer
Estados Unidos, Francia, 240 minutos, 1989

Durante su vida, Robert Kramer se negaba a trazar una frontera entre el documental y la ficción. «Prefería confundir los géneros, hacerlos rebotar el uno contra el otro», afirmó el crítico Jean Louis Comolli. En *Ruta Uno* Kramer se apoya en su colega Paul McIsaac, un actor, quien es la persona que va delante de la cámara abriendo camino a la película. «Yo interpreté uno de los papeles centrales de esta historia –dice McIsaac–, una historia que se inventaba a medida que filmábamos»... Robert Kramer recorre la autopista nacional número uno, la más antigua de los Estados Unidos, unos cinco mil kilómetros desde la frontera canadiense hasta La Florida. Bajo la forma de una bitácora o carnet de viaje, Kramer vuelve a su país y su infancia. Es tambien una manera para descubrir la América profunda a lo largo de este camino cargado de historia. Una obra de cuatro horas que avanza por «una delgada franja de asfalto que va cortando los sueños de una nación», dijo el autor. Es un viaje por las costumbres de esa zona, su violencia y sus miserias. Es un *road-movie*, quizás inspirado en la literarura de Kerouac. Un filme reconocido por la crítica como un clásico del documental estadounidense.

LA BATALLA DE CHILE I-II-III

Un film de Patricio Guzmán

Chile, Francia, Cuba, 272 minutos, 1972-1979

Un filme clásico del cine latinoamericano y mundial. Se compone de tres partes que son películas individuales o bien se pueden ver una detrás de la otra. Fueron montadas a lo largo de seis años entre 1974 y 1979. PRIMERA PARTE: Allende pone en marcha un programa de transformaciones sociales para modernizar el Estado y frenar la pobreza. La oposición bloquea sus leyes en el parlamento y utiliza la mayoría simple para destituir a sus ministros. Nixon congela los créditos y ampara la huelga del cobre y del transporte. A pesar de las dificultades, los partidos de Allende obtienen el 43,4% de los votos en marzo de 1973. La derecha comprende que los mecanismos legales ya no les sirven para destituir legalmente a Allende y se inclina por la estrategia del golpe de Estado. SEGUNDA PARTE: El país se polariza. Los dos bandos se enfrentan en la calle, fábricas, tribunales, parlamento y medios de comunicación. Washington alienta el caos social y financia la segunda huelga del transporte. Allende dialoga sin éxito con la Democracia Cristiana. Los militares conspiran en Valparaíso. Un amplio sector de la clase media alienta la «desobediencia civil». Los militares buscan armas en las fábricas sin encontrarlas. El once de septiembre Pinochet bombardea el palacio de gobierno con el presidente adentro y el respaldo de la Casa Blanca. TERCERA PARTE: Los sectores más combativos organizan almacenes populares, cordones industriales, comités campesinos y otras iniciativas con la intención de neutralizar el caos y apoyar a Salvador Allende. Esta trilogía fue distribuida en 34 países sin estrenarse nunca en Chile... (Por fin el 10, 11 y 12 de septiembre del 2021, se produjo el estreno chileno, la emisión por televisión abierta fue a través del canal La Red)

2° FESTIVAL 1998, INSTITUTO GOETHE

TUPAMAROS

Un film de Heidi Specogna y Rainer Hoffman

Uruguay, Alemania, 95 minutos, 1996

Un país desconocido, Uruguay, salió del anonimato gracias a un puñado de jóvenes guerrilleros, los «Tupamaros», que soñaron con una sociedad sin clases y organizaron una serie de asaltos y atentados en la década del sesenta. Estados Unidos y el ejército local reaccionaron y Uruguay se convirtió en un infierno. Cincuenta mil personas fueron encarceladas por la dictadura. El Uruguay alcanzó el record mundial de tortura per cápita. Ahora, cuarenta años más tarde, algunos «tupamaros» sobrevientes se confiesan delante de la cámara para hacer memoria. La película arranca: el personaje principal aparece, José Mujica (hoy es el presidente de la República). En este momento vendía flores que cultivaba en un terreno de la periferia y que trae a Montevideo en una vieja moto junto con su esposa. Mujica va contando su vida. Una de las secuencias antológicas es cuando visita la antigua cárcel de Punta Carretas, hoy convertida en un lujoso *Mall*, donde él y otros cuarenta guerrilleros se escaparon ante la nariz de los militares. Al ver llegar a un hombre (que se convertiría en presidente) que muestra agachado en el suelo el ventanuco por donde se escaparon, los vendedores piensan que se trata de un loco. Es un filme emocionante sobre los ideales perdidos.

EVITA, LA TUMBA SIN PAZ

Un film de Tristán Bauer
Argentina, 81 minutos, 1997

La historia del cadáver de Eva Perón, primero embalsamado y luego oculto en distintos países, sirve de hilo conductor para mostrar la historia del peronismo en Argentina como una película de acción. Es un repaso de la historia reciente del país realizado con imágenes reconstruidas y numerosos archivos documentales, algunos inéditos, que relatan la situación convulsionada del país en los años cincuenta: los últimos días de Eva Perón y el inicio del largo itinerario que más tarde siguieron sus restos. El cine de Tristán Bauer, hecho con una caligrafía muy cuidadosa, navega entre el documental y la ficción y privilegia un relato personal y a la vez colectivo. Otros de sus trabajos están centrados en dos escritores de fama: Julio Cortázar y Jorge Luis Borges. Su obra más conocida y premiada es una obra de ficción sobre la guerra de las Malvinas, *Iluminados por Fuego*, basada en el libro de Edgardo Esteban.

FOTOS DE UNA REVOLUCIÓN

(Pictures of a revolution)
Un film de Susan Meiselas, Richard P. Rogers, Alfred Guzzetti
Estados Unidos, Nicaragua, 90 minutos, 1991

Susan Meiselas, fotógrafa estadounidense de renombre mundial, realizó en 1979 un álbum sobre la lucha armada del Frente Sandinista de Liberación, en Nicaragua. Trece años más tarde vuelve al país para buscar a los mismos personajes. La revolución ya ha sido olvidada y el país vive en la pobreza de siempre. Con el libro en la mano ella viaja sola, de aldea en aldea, y pregunta a la gente si conocen a los personajes que aparecen en su álbum. Lentamente van apareciendo algunos hombres y mujeres que ella captó con su cámara. Las fotos y las voces de las personas evocan lo que pasó: una revolución asfixiada por Estados Unidos, que le dio armas a la oposición *(los contras)*. La directora analiza las dificultades de un cambio social, la nobleza de la gente humilde, pero sobre todo provoca una reflexión que no se había hecho antes sobre Nicaragua. Susan Meiselas es miembro de la agencia Magnum y en 1982 fue designada «Fotógrafa del Año» en su país.

ROMANCE DE VALENTÍA

(Only the braves)
Un film de Sonia Herman Dolz
Holanda, 89 minutos, 1993

Para hacer su primer documental de largometraje, Sonia Herman y su equipo se unen a la cuadrilla del joven matador español Enrique Ponce y muestran la atmósfera ritual de la fiesta y sus distintos personajes (el torero, el ayudante, el ganadero, el picador, la cuadrilla, el público). Con la música, la fotografía y el montaje, más una rara aproximación a los personajes, Sonia Herman configura un relato casi perfecto hecho con brillo. Hija de una pintora española, la realizadora creció y se formó dentro de una familia que conoce bien la cultura hispánica. Aunque existen abundantes películas sobre los toros, hay pocas de verdadera calidad y que no abusan de los lugares comunes. Esta es una de las mejores.

EL ABUELO CHENO Y OTRAS HISTORIAS

Un film de Juan Carlos Rulfo
México, 30 minutos, 1995

Juan Carlos Rulfo, joven cineasta mexicano, explora la región desértica donde nació su padre, el gran escritor Juan Rulfo, fotografiando los rostros anónimos y escuchando las historias olvidadas de los ancianos que habitan aquellos pueblos perdidos, sobrevivientes de varias guerras. Es un pretexto para rendir un homenaje póstumo a estos veteranos melancólicos, abandonados por la Revolución y más tarde por los Cristeros. Por la fuerza del relato esta obra consiguió una nominación de la Academia de Hollywood para el premio Oscar dedicado a las escuelas cinematográficas.

LA MUERTE PROGRAMADA

(Death by design)
Un film de Peter Friedman y Jean-François Brunet
Inglaterra, Francia, 70 minutos, 1995

Peter Friedman, cineasta, y Jean-François Brunet, neurobiologista, han hecho una de las obras cinematográficas más notables de divulgación del mundo. *La muerte programada* es una cinta precursora del auge de la ciencia en el documental. Friedman afirma: «Se trata de mostrar la nauraleza tal como es. Utilizo las imágenes de archivo porque funcionan como los sueños»... La película es un *road movie* del cuerpo humano. Utiliza incontables fragmentos de películas hollywoodenses de todos los tiempos, incluso de Harold Lloyd, con melodías variadas, incluso con música de dibujos animados. De esta forma los autores nos revelan el funcionamiento del cuerpo. Una rara interpretación cinematográfica de la biología moderna. Un tema generalmente árido y complejo transformado en una historia seductora, con sentido del humor, que hipnotiza a los espectadores gracias al arte del relato. La obra ha sido presentada en congresos científicos de todo el mundo y en la India fue calificada como «filme budista».

EL SENA HA ENCONTRADO PARÍS

(La Seine a rencontré Paris)
Un film de Joris Ivens
Francia, 31 minutos, 1958

Desde la cubierta de un barco de carga, que entra en París, el maestro Joris Ivens nos ofrece una visión de la ciudad y los pequeños detalles de la vida cotidiana. Es la mirada poética de uno de los fundadores del cine documental en Europa. El texto fue redactado por Jacques Prévert y la idea original pertenece al historiador Georges Sadoul. En esta obra hay un aire de ingenuidad, de inocencia y simplicidad que todavía encanta a los jóvenes que la descubren. Recibió el gran premio del cortometraje en el festival de Cannes, en 1958.

ESPEJOS DE TÚNEZ

(Miroirs de Tunis)
Un film de Raúl Ruiz
Francia, 52 minutos, 1994

Raúl Ruiz –el director chileno más reconocido y universal– y un simpático escritor tunecino se encuentran en París y deciden viajar juntos a Túnez con el proyecto de hacer una película en esa localidad. Mientras el primero descubre la ciudad en su condición de extranjero, el segundo reencuentra la ciudad de su infancia y adolescencia. El forastero reconoce espacios idénticos a los que recuerda de su Chile natal y reconstituye a la vez sus recuerdos como un exiliado. Para ambos, estos rincones se vuelven emblemáticos, que motivan grandes preguntas acerca de su pasado y otras interrogaciones sobre el futuro.

LA LEY DEL COLEGIO

(La loi du collège)
Un film de Mariana Otero
Francia, 30 minutos, 1994

Con una pequeña cámara de video y sentada en una sala de clases como una niña, la directora Mariana Otero filmó un año escolar completo en la vida de un liceo en un barrio difícil de París, captando los momentos más duros de la vida del establecimiento. Sus personajes son los alumnos, profesores, padres, inspectores y la vida entera que entra por su cámara gracias a su extraordinaria sensibilidad y obstinación. La obra obtuvo resonancia inmediata. El filme involucró a casi toda la sociedad francesa. Por primera vez se vio realmente lo qué ocurre detrás de los muros de un liceo. A partir de la *La ley del colegio* se hicieron muchas otras obras sobre el mismo tema, sin superarla nunca. Ofrecemos aquí la primera parte (la versión integral se compone de seis capítulos de 30 minutos).

LA MONTAÑA DE LA VERDAD

(La montagne de la verité)
Un film de Henry Colomer
Francia, 30 minutos, 1996.

En el año 1900 un grupo de anarquistas construyó una colonia naturista en las montañas de Suiza («Monte Verità») con mucho sol y comida vegetariana. Durante cincuenta años algunas grandes figuras de la intelectualidad europea se encontraron aquí. El cineasta relata la vida de cuatro de ellas: Otto Gros, pionero de la revolución sexual, que muere en Berlín como un mendigo anónimo; Gusto Gräser, que inspiró la obra de Herman Hesse, que termina medio loco entre las ruinas de Münich; Rudolf von Laban, el renovador de la danza moderna, que acaba trabajando para Goebbels. Finalmente, Erich Mühsam, una gran figura de la revolución alemana de 1918, que muere bajo la tortura nazi. Estos cuatro destinos revelan la ambiguedad de «Monte Verità». Un filme sobre los sueños y las pesadillas del siglo.

LOS HOMBRES DE LA SAL DEL TÍBET

(Die Salzmänner von Tibet)
Un film de Ulrike Koch
Suiza, 110 minutos, 1997

Gran conocedora del mundo asiático, Ulrike Koch fue asistente de Nikita Mikhalkov para su película *Urga* y fue directora de casting para *El Ultimo Emperador* de Bertolucci. Su mirada exacta de la realidad proporciona una película de gran hondura humana con la belleza sobrenatural de los paisajes. La historia es sencilla: cada primavera los hombres del norte del Tíbet emprenden una larga y expedición hasta los lagos de la sal. La directora sigue esta caravana que se organiza desde la noche de los tiempos, que avanza sin contacto alguno con el mundo exterior, donde cada momento importante está marcado por un ritual religioso, hasta que termina en los grandes lagos para tomar el «oro blanco» para su pueblo.

DARÍO FO, EL JUGLAR

(Dario Fo, le jongleur)
Un film de Annie Chevallay y Pierre-André Boutang
Francia, 55 minutos, 1997

Saltimbanqui, trovador, agitador, poeta, director de teatro, Dario Fo es una especie de mito nacional en Italia. Durante cuarenta años nada le ha hecho apartarse de su mensaje principal: ayudar a los más débiles y rebelarse contra la injusticia, mediante la farsa, y utilizando como fondo *la commedia dell'arte*. En 1968 fundó el Colectivo Teatral de la Comuna, una compañía radical que estrenó obras en las calles, plazas y delante de las fábricas en huelga. Fue expulsado de la televisión, procesado por el Vaticano y declarado persona *non grata* en Estados Unidos. Con la complicidad de su mujer, Franca Rame, este director del teatro y de la vida siempre siguió adelante sin perder nunca el entusiasmo. Escribió cincuenta obras para la escena. Ganó el Premio Nobel de Literatura el año pasado.

LA ODISEA DEL CORREDOR DE FONDO

(L'Odisée du coureur de fond)
Un film de Jean-Christophe Rosé
Francia, 90 minutos, 1997

Sin duda el título está inspirado en *La soledad del corredor de fondo* (1962) del inglés Tony Richardson, estrenada en su época con gran éxito en Chile. *La Odisea* es una gran epopeya visual con grandes hazañas deportivas presentadas en paralelo con las convulsiones del siglo. Mientras vemos las grandes pruebas deportivas, también vemos lo que ocurría de verdad en el mundo: guerras mundiales, nazismo, socialismo, rebeliones en África y Asia. Es también la historia de un gran viaje que va desde Europa hasta Etiopía. Una obra épica que entretiene, emociona y sorprende. Reúne con material de archivo la historia de los principales corredores de todos los tiempos, como Zatopek, Clarke o Bikila. Es una obra de montaje admirablemente bien contada y narrada por una voz emocionante que hace vibrar a los espectadores. Jean-Christophe Rosé es una gran figura del documental europeo.

ÁMSTERDAM CIUDAD GLOBAL

(Amsterdam global village)
Un film de Johan van der Keuken
Holanda, 245 minutos, 1996

Johan van der Keuken es uno de los documentalistas más renombrados del mundo cuya primera obra fue estrenada en 1957: *Paris à l'aube*. Su último trabajo es su obra número cuarenta y siete. *Amsterdam ciudad global*, de cuatro horas de duración, es la historia de un grupo de personas que vive en esa ciudad pero que provienen de muchos lugares: Bolivia, Tailandia, Chechenia, Israel, Rusia... Es una obra de movimientos circulares, donde se producen encuentros, historias breves, pequeños acontecimientos, a veces narrados con poemas. «Es una obra sobre la tolerancia», declara su autor. Siguiendo sus recomendaciones obligatorias, presentamos aquí la versión integral de 245 minutos en una sola sesión.

RETRATOS DE ALAIN CAVALIER

(Portraits d'Alain Cavalier)
Un film Alain Cavalier
Francia, 116 minutos, 1991

Once cortometrajes que muestran el trabajo de once mujeres: una florista, una afinadora de pianos, una artesana del vidrio, una ilusionista. Una colección de retratos íntimos hecha a base de detalles que son un ejemplo de la diferencia descomunal que hay entre el cine documental y el periodismo. Cada plano, cada comentario, cada silencio, confirma la talla de la mujer entrevistada y la sutileza del lenguaje cinematográfico. Clásicas por su forma y modernas en la presentación de los sentimientos, estas once películas nos transmiten el trabajo femenino y el misterio de la presencia. Nos revelan a uno de los autores más talentosos del género.

EL MISTERIO PICASSO

(Le mystère Picasso)
Un film de Henri-Georges Clouzot
Francia, 78 minutos, 1955

El director puso un vidrio transparente entre la cámara y Picasso y le dijo que pintara encima.
El resultado es que uno puede ver en directo cómo trabajaba este genio de la plástica y además ver su cara, sus gestos, sus ojos, mientras pinta. «Este film supera todo lo que ha hecho
el cine por la pintura», dijo François Truffaut hace 43 años... Esta película nos coloca en el
corazón del acto creador; los cuadros no sólo son analizados, sino que «aparecen» delante de
nosotros. Brotan de la nada personas, ciudades, nubes, animales, todo el universo picassiano
a medida que el pincel avanza. El maestro aparece como una persona alegre, que a veces
pierde la paciencia: «Esto va mal, esto va muy mal. Yo lo borro todo», dice mientras trabaja.
Y agrega: «yo quiero mostrar la verdadera sorpresa en el fondo del pozo». Este documental
desmitifica al genio y a la vez lo engrandece. Una obra fascinante que hace 67 años fue un
éxito de público en todo el mundo (yo la vi por primera vez en 1966).

EL RECREO

(Récreations)
Un film de Claire Simon
Francia, 78 minutos, 1993

La realizadora se instala en el patio de un colegio público y elige a los niños más pequeños
para contemplarlos en sus desplazamientos, juegos, travesuras y soledades, buscando breves incidencias que van surgiendo de la nada. «Existe una especie de país pequeño –dice
ella– tan pequeño que parece un punto. Está ocupado dos o tres veces al día por su pueblo,
donde los habitantes tienen una talla pequeña: este país se llama patio y su pueblo se llama niños; aquí descubren la fuerza de sus sentimientos o la servidumbre humana... A esto
le llamamos el recreo, y filmar cine documental –agrega– es creer en la revelación del cine,
que es la revelación más simple y radical, donde el presente se transforma en presencia,
donde una acción se transforma en historia».

A VALPARAÍSO

(A Valparaíso)
Un film de Joris Ivens
Francia, 29 minutos, 1962

Valparaíso, la ciudad «de las 42 colinas», que parece una inmensa escalera, impresionó
a Joris Ivens por la falta de agua, por el viento que levanta los techos, por la pobreza y
finalmente por la violencia cotidiana. Con un texto de Chris Marker que organiza toda
la obra, el film es un panorama de la ciudad. Para acentuar la fuerza de sus impresiones,
Ivens introduce la ficción y el color con resultados irregulares... (muchos nos pregunta-

mos: ¿por qué se le habrá ocurrido?)... Pero también aparece la bruma, el mar, el alba, la noche, de una ciudad que tiene una magia propia y un nombre que hace soñar a todos los extranjeros del mundo.

LÁGRIMAS NEGRAS

(Black tears)
Un film de Sonia Herman Dolz
Francia, 29 minutos, 1997

«La vieja trova santiaguera» es un conjunto de cinco músicos cubanos que tienen como promedio 80 años de edad, que recorre Europa tocando salsa. Son parte de la generación más antigua de músicos formada en Santiago de Cuba. El más joven tiene 70. Todos son abuelos y algunos bisabuelos. La obra nos muestra la vida familiar, con los ensayos y el entorno de Santiago de Cuba, la más rica cantera de música tropical de todos los tiempos. Sonia Herman Dolz realiza un gran filme sobre los géneros musicales del Caribe y sobre el paso del tiempo. Es una espléndida demostración de que la vejez empieza cuando uno quiere.

PUEBLO EN VILO

(Les barrières de la solitude)
Un film de Patricio Guzmán
Francia, México, 52 minutos, 1996

Cerca de la capital de México, en las montañas del oeste, existe una pequeña localidad olvidada que se llama San José de Gracia. Es un pueblo que no tiene arquitectura original, tampoco tiene artesanía propia y mucho menos turistas. Es un pueblo donde no hay nada. No posee calidad singular y está lejos de todo, en los confines del mundo. Sin embargo, allí vivió un escritor genial, Luis González, que nació y murió en el pueblo. Luis González escribió un libro contando los pequeños acontecimientos de la aldea... «todo lo que pasa en un pueblo chico es un reflejo de lo que pasa en todo el país» ... Este libro aparentemente sencillo se convirtió en una sorpresa: fue considerado «un clásico de la microhistoria» (la pequeña historia del mundo que se desarrolla con actos mínimos); es un texto que se parece al gran clásico *Cien años de soledad*, pero en clave documental. Fue un éxito absoluto y se tradujo a varios idiomas.

AL PUEBLO ALEMÁN

(Dem Deutschen Volke)
Un film de Wolfran Hissen y Jörg Daniel Hissen
Alemania, Francia, 97 minutos, 1997

300 diputados votaron «sí» y otros 223 votaron «no» al proyecto del pintor Christo y su mujer Jeanne-Claude para empaquetar con varios kilómetros de plástico el edificio del

parlamento alemán (Reichstag). Cada diputado y cada ciudadano se puso a favor o en contra de estos artistas, que esperaron 23 años la autorización para hacerlo (batiendo todos los records de espera en materia de creación contemporánea). Afortunadamente la película fue hecha por dos personas más jóvenes. Aprobada la idea, Christo y su mujer se pusieron a filmar los 100.000 metros cuadrados de plástico plateado de 61 toneladas de peso, para cubrir este edificio emblemático de 42 metros de altura. Cuando la obra estuvo terminada, varios millones de personas acudieron a ver la proeza. Christo y Jeanne-Claude eran los únicos que sabían desde el principio que la idea iba producir este gran interés.

EL CONGRESO DE LOS PINGÜINOS

(Le congrès des pingouins)
Un film de Hans-Ulrich Schlumpf
Suiza, 97 minutos, 1993

«Primero eran un pequeño zumbido y después les pude ver... eran como un cortejo de pequeñas siluetas negras que parecian andar hacia un punto preciso. De repente entendí por qué me habían citado allí»... Con estas palabras mitad reales y mitad inventadas, el realizador construye una fábula documental para hablar con los pingüinos y para contarnos a nosotros sobre la defensa de la naturaleza. Toda la película es un diálogo con estos pequeños pájaros, que él retrata con maestría. Es una fábula ecológica para todos los públicos cuya enorme repercusión en las salas del mundo continúa. La obra fue hecha a lo largo de tres expediciones que salieron desde Punta Arenas (1990 y 1991) y desde Australia (1993).

BAILE DE ESPERANZA

(Dance of hope)
Un film de Deborah Shaffer
Estados Unidos, 75 minutos, 1989

Un grupo de mujeres chilenas comenzó a bailar la cueca sin su pareja. Son las heroínas de esta película emocionante. Ellas inventaron una de las formas de denuncia más conmovedoras que se pueda concebir. Es un homenaje que ellas rinden a sus compañeros asesinados por la policía de Pinochet. Esta coreografía genial inspiró al cantante Sting para componer «*They dance alone*». Junto con las mujeres aparece este cantante famoso para ofrecer un recital con las mujeres. Ellas son el hilo conductor que Deborah Shaffer utiliza para hacer un profundo análisis de la situación de los derechos humanos en Chile, con la ayuda de un equipo de cineastas locales; en particular Jaime Reyes. Deborah Shaffer (que ya ganó un Oscar en 1986) realiza una obra rigurosa que dio la vuelta al mundo.

MIÉRCOLES

(Sreda)
Un film de Victor Kossakovski
Rusia, 90 minutos, 1989

En su ciudad natal, San Petersburgo, el realizador Victor Kossakovski se propone hacer una película con 47 personas que nacieron el mismo día que él. Con mucha paciencia reunió 47 fragmentos de vidas simpáticas o difíciles que hablan mucho más que una enciclopedia sobre San Petersburgo y la condición actual de Rusia. Gentes simples, normales o raras, personas de todos los barrios y oficios, desfilan ante la mirada de este joven autor, considerado como una gran revelación por su película anterior, *The Belovs*.

3ER FESTIVAL 1999, INSTITUTO GOETHE

SHOAH

Un film de Claude Lanzmann
Francia, 9 horas y 30 minutos, 1974-1985

Dice el autor: «Shoah es un filme consagrado al tema del exterminio de los judíos europeos en el curso de la Segunda Guerra Mundial. Mi ambición fue realizar una obra cinematográfica que restituyera en toda su magnitud este hecho mayor de la historia contemporánea. Una obra que fuera a la vez historia –y reflexión sobre la historia– y a la altura de los hechos mismos. En lugar de limitarme a un capítulo o a un episodio de la destrucción de los judíos en Europa, me propuse por el contrario captarlo en su totalidad, en sus dimensiones gigantescas y en sus consecuencias, que no han desaparecido con el tiempo y que no dejan hasta hoy de revelarse y profundizarse. También por su duración y por la cantidad de implicados y la multiplicidad de temas alrededor de los cuales se articula. Se trata de un filme monumental. No he usado ningún documento de archivo. La totalidad del rodaje (350 horas) ha sido filmado ahora. La investigación preparatoria ha durado tres años y medio y me llevó a 14 países diferentes, con 10 viajes de filmación entre 1976 y 1981»... Hasta aquí las palabras de Claude Lanzmann, cineasta, escritor, filósofo, director de la revista *Les temps modernes*, miembro de la resistencia francesa y Chevalier de la Legion d'Honneur. Lanzmann empieza a trabajar en *SHOAH* en el transcurso del verano de 1974. La realización del film le ocupa tiempo completo durante once años. Desde su estreno en 1985 el film es considerado como un evento mayor, históricamente y cinematográficamente a la vez. Su resonancia no ha dejado de crecer, generando miles de artículos, estudios y seminarios. La proyección integral de esta obra se realizará en el Goethe Institut de Santiago de Chile (la sede principal de nuestro festival), con subtítulos en castellano, gracias a la colaboración especial del director del Goethe, Dieter Strauss, y bajo los auspicios de Marie Bonnel, en París, responsable del servicio audiovisual exterior del Ministerio de Relaciones Exteriores de Francia.

METAL Y MELANCOLÍA

Un film de Heddy Honigamm

Holanda, Perú, 80 minutos, 1995

Heddy Honigmann, mitad peruana y mitad holandesa, nació y vivió en Lima hasta los 23 años de edad. En esta película ella regresa a los viejos barrios limeños donde encuentra una galería de personajes que desgranan sus ilusiones y sus problemas mientras conducen un automóvil por la ciudad. La gran proeza narrativa de esta película es elegir como héroes a un grupo de taxistas, hombres y mujeres llenos de vida, que saben contar historias, evocar otros tiempos, cantar y soñar junto a la directora, que siempre ocupa el asiento del pasajero, mientras la cámara se coloca al lado del chofer, captando los perfiles de cada personaje y al mismo tiempo va mostrando, como en un *travelling* interminable, la ciudad de Lima destruida por el paso del tiempo. Como en un viejo *road movie* urbano, la cámara nos va enseñando la vida cotidiana de la ciudad, que pasa por el fondo. Una obra genial.

EL OJO DEL HALCÓN

(Falkens Öga)

Un film de Mikael Kristersson

Suecia, 89 minutos, 1998

He aquí la vida de un grupo de halcones que vive en los techos de una vieja iglesia en el sudoeste de Suecia. Se trata de una película íntima sobre la vida de unos pájaros que nos enseña al mismo tiempo la vida humana con los ojos de un ave salvaje. Es una obra que no tiene diálogos, ni voz en *off* ni tampoco música, donde únicamente hay efectos sonoros y una atmósfera de rumores lejanos. La cámara y el montaje juegan un rol de primera importancia y ofrecen al espectador el desarrollo de la vida cotidiana de estas aves indómitas. El autor Mikael Kristersson se mueve entre la película épica, la obra de autor y el filme de naturaleza.

LA ORQUESTA SUBTERRÁNEA

(The underground orchestra)

Un film de Heddy Honigamm

Holanda, 108 minutos, 1998

Heddy Honigmann quería hacer una película sobre el exilio y se fue a París a filmar a los músicos en el Metro. La administración del Metro nunca le dio el permiso de rodaje y tuvo que empezar a filmar clandestinamente. En esta primera secuencia ella encontró a los personajes principales, a los que siguió con la cámara hasta la superficie de la ciudad. Mediante una rica banda sonora compuesta de guitarras, cítaras, arpa y piano, un grupo de músicos latinoamericanos, africanos y asiáticos habla de la música en general y del desarraigo en particular. Como en casi todas las obras de la autora, la destreza narrativa y unos personajes inolvidables nos ofrecen una visión de la realidad que entretiene y emociona.

FERNANDO HA VUELTO

Un film de Silvio Caiozzi

Chile, 31 minutos, 1998

Silvio Caiozzi, uno de los grandes directores de ficción del cine chileno, nos entrega una película documental, quizás el filme más vibrante sobre el trágico destino de los presos desaparecidos bajo Pinochet. Los antropólogos y médicos del Instituto Médico Legal de Santiago explican a la familia de Fernando Olivares, el delicado proceso de reconocimiento de un esqueleto a partir del análisis de cada uno de sus huesos. La víctima, el joven Fernando Olivares, fue declarado «desaparecido» en octubre de 1973. Durante 25 años los expertos consiguieron reunir una parte de su esqueleto y deducir las causas de su muerte por la evidencia de 56 fracturas, productos de la tortura, más dos perforaciones de bala disparadas por la espalda cuando Fernando estaba arrodillado. El realizador filmó las explicaciones de los médicos, la entrega de los restos a sus parientes más cercanos y el entierro en 1998. Una gran obra de Silvio Caiozzi.

ECLIPSE

Un film de Bartabás

Francia, 58 minutos, 1998

Una película insólita animada por caballos. Bartabás, artista ecuestre francés, creador de un teatro de centauros que despierta la admiración internacional, nos entrega su primera obra. Nos hallamos en el paraíso perdido adentro de un viaje fantasmagórico. La música interpretada por el Teatro Zíngaro nos lleva a otros lugares del mundo y del universo. Equilibrio nostálgico entre el ser humano, los animales y los elementos. El diálogo de los contrarios da consistencia a la obra: luz/sombra, negro/blanco, masculino/femenino. Lo que predomina es la armonía entre los caballos, la música, los colores, la acrobacia de los artistas y los movimientos de los jinetes. El único objetivo es crear belleza, apoyada por la música tradicional coreana.

EL ÚLTIMO COMBATE DE SALVADOR ALLENDE

Un film de Patricio Henríquez

Canadá, Francia, 52 minutos, 1998

Como si se tratara de una larga cuenta atrás, las últimas horas de vida de Salvador Allende y las primeras horas después de su fallecimiento, constituyen el dispositivo narrativo de este filme riguroso de Patricio Henríquez, cineasta chileno radicado en Montréal de larga trayectoria. Los pocos sobrevivientes del bombardeo del palacio de gobierno, que vivieron los últimos momentos junto al presidente, son algunos de los testimonios que permiten evaluar el mayor drama sufrido por el pueblo chileno en su historia, y subrayan el valor de un jefe de Estado empujado al suicidio. Los archivos visuales y sonoros captados hace 25 años permiten una recreación minuto a minuto de ese día trágico: el once de septiembre de 1973.

VOLANTINEROS

Un film de Pedro Chaskel

Chile, 45 minutos, 1998

Pedro Chaskel nos traslada hacia nuestra infancia para hablarnos del prodigioso arte del «volantín». Con una selección de personajes variados y muchas veces antagónicos, el autor describe el proceso de fabricación, venta, trueque, plagio, destrucción, reparación y «pilotaje» de estas naves de papel. Nos damos cuenta de lo enojoso que puede ser un viento traicionero y la maravilla de la brisa de primavera. Nos muestra como «viven» y cómo vivieron siempre los volantines. Un paseo por nuestra cultura popular en su expresión más sencilla, narrado por la sencillez y la gracia de Pedro Chaskel.

DIARIO DE MEDELLÍN

Un film de Catalina Villar

Colombia, Francia, 73 minutos, 1998

«A veces en la vida me siento profundamente triste, sin ánimo de caminar, sin fuerza para salir a la calle, con las manos vacías. Es como si no existiera, como si el destino me hiciera pagar todo el mal que no he hecho ¿Por qué ser joven es un riesgo? ¿Por qué vivir es tener miedo?...». Estas frases están sacadas del diario de John Freddy, de 16 años. Estamos en Medellín, la ciudad de los narcotraficantes, mafias y emigrantes que huyen del campo asolado por la guerrilla. Este es el marco dramático elegido por Catalina Villar para su primer largometraje. El dispositivo es sencillo: un profesor pide a sus alumnos que escriban un «diario de familia» que narre su historia y la de sus padres. Inmediatamente aparecen los fantasmas de Colombia, que reflejan el deseo de vivir o morir. Una obra emocionante.

INMIGRANTES I-II-III

(Mémoire d'immigrés I-II-III)
Un film de Yamina Benguigui

Francia, 156 minutos, 1997

A través de tres generaciones de inmigrantes (los padres, las madres y los hijos), esta joven realizadora nos permite observar la vida y el destino de cientos de personas de origen magrebí que viven en París. Es una película sobre sus ilusiones, decepciones y anhelos. También es una trilogía sobre la sociedad que los recibió. Una película enorme, monumental, que se inscribe con fuerza en la memoria colectiva de nuestro siglo.

PARA QUE NO DUELA

(Zeby nie bolalo)
Un film de Marcel Lozinski
Polonia, 47 minutos, 1997

Con esta película Marcel Lozinski, maestro del documental polaco, vuelve atrás para revisar su propia filmografía. Elige una de sus primeras películas, *La Visita*, filmada hace 23 años. Se trata de una obra que tiene un personaje especialmente original: Úrsula, una mujer hermosa que maneja una granja en el campo. Esta mujer, interesada en la literatura y la política, se pasa las horas libres leyendo y estudiando. Vive aislada e ignorada por sus vecinos, que no entienden sus gustos ni su sensibilidad. No obstante, Úrsula no es una intelectual presuntuosa, sino es simplemente una campesina con una inteligencia fuera de lo común. Ella se mueve entre dos mundos: el mundo delicado del arte y la vida terriblemente dura de su granja. Sin embargo, ha permanecido fiel a su filosofía: «intento no soñar con lo que no es posible».

LA CRUZ DEL SUR

Un film de Patricio Guzmán.
España, 78 minutos, 1989-1992

Esta película muestra una parte de la historia de Iberoamérica: los mitos precolombinos, la llegada del hombre blanco y el sincretismo religioso. El filme se desarrolla en la zona sagrada que hay en Latinoamérica donde millones de personas encuentran protección y refugio. Según las palabras de algunos analistas: «En los años ochenta la iglesia defendía las ideas radicales en varios países del continente con los teólogos de la liberación; ellos creían que "sin liberación política y social no hay salvación cristiana"». El Papa Wojtila los acusó de marxistas y fueron destituidos por el teólogo Ratzinger, dejando el terreno libre a las sectas de origen norteamericano. A pesar de ello, los teólogos de la liberación lograron transmitir su mensaje al mundo entero.

4° FESTIVAL 2000, INSTITUTO GOETHE

YO SOY, YO FUI, YO SERÉ

(Ich war, ich bin, ich werde sein))
Un film de Heynowski y Scheumann
RDA (ex Alemania Democrática), 75 minutos, 1974

Después del golpe de Estado un equipo de cineastas de la Alemania comunista (RDA) se introdujo en Chile haciéndose pasar por un equipo de la Alemania capitalista (RFA). Ningún aparato represivo de Pinochet pudo detectarlos. El grupo engañó a los generales chilenos y pudo filmar en directo el campo de concentración de Chacabuco y muchos otros lugares y personajes. El estilo de Heynowki y Scheumann se caracteriza por su militancia política y un estilo muy prolijo. Sus obras son importantes para reconstruir un trozo de la resistencia popular chilena. Sin embargo, ellos pasaron por alto un hecho importante: la izquierda chilena aparece compuesta por un solo partido (el comunista), cuando era en realidad una coalición de siete partidos (además del MIR). Hay que resaltar el trabajo del camarógrafo Peter Heimlich, que filmó en solitario gran parte de estas obras y se arriesgó mucho personalmente. Y sin olvidar a Sergio Ortega, que compuso las músicas de este equipo alemán.

EL CASO GRÜNINGER

(L'Affaire Grüninger)

Un film de Richard Dindo
Suiza, 90 minutos, 1999

Antes de la guerra mundial el jefe de la policía de un cantón suizo –Paul Grüninger–, protegió a varios centenares de judíos austriacos que huían del terror nazi cruzando ilegalmente Suiza. Grüninger puso en riesgo su carrera para salvar la máxima cantidad de judíos, permitiéndoles la entrada. Falsificó las fechas de ingreso para esquivar las prohibiciones de las autoridades de Berna, que querían mandar de vuelta a todos los judíos. Cuando los jefes se dieron cuenta de que Paul Grüninger no cumplía las órdenes, lo suspendieron, después lo echaron y le hicieron un juicio por falsificación de documentos oficiales... Cincuenta años más tarde, el director de cine Richard Dindo buscó a los judíos que había salvado Grüninger. Es decir, localizó a decenas de judíos en Canadá, Argentina, Australia, Estados Unidos, Francia, etc., y les pagó el pasaje para que vinieran a Berna. Entonces Dindo filmó en la misma sala del tribunal del distrito de St. Gall donde Paul Grüninger fue condenado, para que testificaran a favor de Grüninger. Un acto de reconocimiento único gracias al cine documental. Una película emocionante. Paul Grüninger murió en 1980 con 80 años y no pudo disfrutar de una reparación. Hoy es el símbolo de un coraje ejemplar. Fue rehabilitado un poco tarde, después de su muerte en 1993. Grüninger salvó el honor del pueblo suizo. Colocó en primer lugar la pregunta sobre la responsabilidad de los funcionarios que cumplen órdenes por encima de su conciencia. Un gran filme recomendado en particular para las fuerzas armadas chilenas, uruguayas, brasileñas.

EL GOLPE BLANCO

(Die Konterrevolution)
Un film de Heynowski y Scheumann
RDA (ex Alemania Democrática), 70 minutos, 1976

La película plantea varias preguntas: ¿cuáles fueron los antecedentes del golpe de Estado de septiembre de 1973?... El filme investiga la estrategia golpista durante las elecciones parlamentarias de marzo de 1973. Aquelllos meses fueron una sucia batalla contra Allende. Sus adversarios entregaron dinero a los manifestantes, que bloquearon las calles, hicieron desaparecer alimentos necesarios y productos de primera necesidad, golpearon las cacerolas y vociferaron insultos contra el jefe del Estado. La oposición fabricó gran parte del caos social, para luego distanciarse con hipócrita indignación. El equipo de filmación sigue la huella de millones de dólares proporcionados por la CIA, y demuestra por qué manos pasaron y qué efectos produjeron contra las fuerzas populares. El filme tiene imágenes sobresalientes de Peter Heimlich y música de Sergio Ortega.

CAMBODIA, LA TIERRA DE LAS ALMAS ERRANTES

(Cambodge, la terre des âmes errants)
Un film de Rithy Panh
Francia, 90 minutos, 1999

Rithy Panh aprovechó el tendido de un cable de fibra óptica que cruza todo el territorio de Camboya, desde la frontera con Tailandia hasta la frontera con Vietnam, para hacer un retrato colectivo de su país. Describe a cientos de trabajadores que se desplazan abriendo una zanja interminable. La gente recuerda las guerras y genocidios del pasado más reciente. Al excavar la tierra encuentran granadas, minas, balas de cañón que no estallaron. En la retaguardia vienen las mujeres, los niños, los abuelos. El cable representa la última tecnología de Internet mientras la población vive sumida en una pobreza total, donde es difícil conseguir un plato de comida. Para la película, el tendido del cable representa una acción dramática que nunca se detiene. Poco a poco, el filme avanza según el cable avanza.

HOSPITAL

(Hospital)
Un film de Frederick Wiseman
Estados Unidos, 84 minutos, 1999

Frederick Wiseman es una de las grandes figuras del cine directo de todos los tiempos. Sigue activo a sus 83 años. En esta película, la cámara muestra una realidad dolorosa: de qué manera es tratada la gente humilde en el pabellón de urgencias de un hospital anónimo. Todos hacen lo que pueden: el cirujano, la enfermera, el siquiatra, el asistente social, el médico de guardia, cada cual se moviliza a su manera... Ninguna miseria humana queda lejos de la cámara del realizador. Es una cámara que no interviene, sino que se integra a la vida como si no tuviera consistencia material.

CARBONES ARDIENTES

(Charbons ardents)
Un film Jean Michel Carré
Francia, 90 minutos, 1998

Después de una lucha terrible contra el gobierno conservador de Margaret Thatcher, en 1994, los obreros de la mina inglesa de carbón «Tower Colliery», propiedad del Estado, de la «British Coal» en el país de Gales, deciden comprar «su mina» con el dinero de su desempleo... Ahora los obreros son accionistas, patrones y empleados de su empresa, organizada en cooperativa. Desde entonces la mina nunca ha perdido dinero. Para algunos incrédulos, tener éxito parece estar opuesto a la idea de socialismo. Cuatro años más tarde de una primera filmación, el realizador llega otra vez para filmar y presentarnos esta epopeya hecha de contradicciones. Sería interesante saber qué está ocurriendo hoy, en 2013, cuando nuevamente la sociedad está necesitando esos carbones ardientes.

EN LA PUERTA DE LA GRUTA DE CHAUVET

(La grotte de Chauvet, devant la porte))
Un film de Pierre Oscar Levy
Francia, 59 minutos, 2000

El 18 de diciembre del 1994 tres científicos, cuyos nombres son Jean Marie Chauvet, Eliette Brunel-Deschamps y Christian Hillaire, descubrieron en la región de Ardeche (sur de Francia), una caverna decorada con pintura rupestre donde los dibujos tienen 32.000 años... De ahí para adelante todo se puso en marcha para su protección. El historiador Jean Clottes y todo su equipo eran los únicos autorizados para entrar en la gruta, menos el cineasta Pierre Oscar Levy, que tiene que quedarse en la puerta. El realizador se pasa toda la película esperando en el umbral de la gruta... Uno se pregunta ¿por qué diez años más tarde le dieron el permiso a Werner Herzog, en el mismo lugar, para hacer su documental *La caverna de los sueños olvidados*?... ¿Es que Pierre Levy no logró convencer a los jefes? ¿Es que los jefes estaban esperando a un cineasta famoso para abrir la puerta? ¿O es que los jefes cambiaron de opinión diez años después?... Aparte de este hecho anecdótico (pero importante), la película reúne una serie de testimonios de los científicos, tal vez más exactos que en la obra de Herzog. En realidad, esta película es la cara opuesta de *La caverna de los sueños olvidados*.

LOS AMANTES DE LA AVENTURA

(Les amants de l'aventure)
Un film de Michel Viotte
Francia, 80 minutos, 2000

Es un documental construído como las epopeyas africanas del cine de ficción, parecida a *Lejos de África* de Sidney Pollack, con una música que recuerda a John Williams. Se trata de la vida de dos cineastas que exploran los Mares del Sur en búsqueda de caníbales y reductores de cabezas. La vida de Martin Johnson y Osa Johnson parece una novela de aventuras. El Museo de Arte Moderno de Nueva York apoyó este rodaje durante 15 años. Ellos eran precursores del llamado «documental etnográfico», a pesar del acento racista que tienen algunas de sus obras. En ese tiempo, algunos documentalistas de Estados Unidos creían que podían competir con Hollywood con este tipo de películas, efectistas y truculentas.

LOS OJOS EN LOS AZULES

(Les yeux dans le bleus)
Un film de Stéphane Meunier
Francia, 100 minutos, 1998

Durante el Campeonato Mundial de Fútbol de 1998, Stéphane Meunier, con la ayuda de una pequeña cámara de video, filmó la actuación del equipo de fútbol de Francia. Hasta aquí no hay nada especial. Sin embargo, el director se concentró en los vestuarios y nunca mostró el campo. Nunca se ve ningún partido... La película se desarrolla en el túnel, los pasillos, las escaleras, los interiores invisibles de un estadio. Consigue una fuerza dramática mucho mayor, capta algunos diálogos y comentarios que nunca oímos, elude los lugares comunes y convierte una modesta película de autor en un gran éxito popular... Además, consigue narrar el campeonato sin tener que pagar los derechos de imagen inalcanzables del fútbol. La película se llama *Los ojos en los azules*, un juego de palabras que suena bien en francés. Es un ejemplo extraordinario de un documental que llega a ser muy comercial y que jamás abandona el rigor.

MOBUTU, REY DEL ZAIRE

(Mobutu, roi du Zaïre)
Un film de Thierry Michel
Bélgica, 135 minutos, 1999

Dirigida por uno de los mejores documentalistas en temas históricos, esta crónica está hecha con materiales de archivo y sigue paso a paso el ascenso y caída de un tirano africano: Joseph Désiré Mobutu. Este último «rey» de África se convirtió en uno de los más longevos dictadores nacidos durante la guerra fría y la descolonalización. Mobutu toma el poder en 1965 en el ex Congo belga y bautiza al país con el nombre de «Zaire». Impone una paz basada en el miedo, la violencia y la represión. En menos de 25 años este ex sargento se convierte en uno de los hombres más temidos y ricos del mundo. Aliado de Occidente, construye una pirámide de poder autocrático y depredador impulsado por el dinero que reina sobre las ruinas de un país devastado por la corrupción. Thierry Michel es uno de los grandes documentalistas de Bélgica.

UNA HISTORIA DE AMOR EN AMÉRICA

(Une histoire d'amour en Amerique)
Un film de Jennifer Fox
Bélgica, 104 minutos, 2000

Esta obra de 10 horas es una aproximación a una familia de Estados Unidos. Se trata de una crónica cotidiana que dura un año y medio en la vida de una pareja interracial en Nueva York. Son mil horas de rodaje de cine directo hecha por una mujer joven estadounidense, bajo la influencia de Frederick Wiseman. La familia está compuesta por una jefa de empresa blanca (Karen Wilson) y un músico negro de blues (Bill Sims). Así llegamos a conocer esta historia basada en treinta años de vida común, con sus dos hijas de 20 y de 12 años. La realizadora vivió 24 meses con la familia, durmiendo en un colchón inflable en la sala, para captar los momentos ordinarios y extraordinarios de la vida normal. Presentamos aquí los dos primeros capítulos: «Bienvenido a América» y «Falta un pedazo del rompecabezas».

VACACIONES PROLONGADAS

(Vacances prolongées)
Un film de Johan van der Keuken
Holanda, 90 minutos, 2000

En octubre de 1998 el cineasta holandés Johan van der Keuken (uno de los grandes maestros del cine documental) recibe la noticia de que le quedan solamente unos pocos años de vida, pues su cáncer de próstata está generalizándose. El autor emprende un viaje por el mundo entero en compañía de su mujer, Nosh van der Lely. Ella sostiene el micrófono y la grabadora mientras él lleva la cámara. Los dos deciden dedicar este precioso tiempo que les queda juntos para observar el mundo. Johan van der Keuken considera el filme como su última mirada sobre el planeta. Esto le confiere un sentimiento de urgencia desesperada y también una rara tranquilidad. Luego los acontecimientos cambian: en Estados Unidos se descubre un medicamento que aumenta la chance de sobrevivir para superar el cáncer. Pero Johan van der Keuken muere antes, el 7 de enero de 2001. Hay muy pocas obras como ésta en el mundo. Es un testamento radiante.

ISLA DE ROBINSON CRUSOE

(Île de Robinson Crusoe)
Un film de Patricio Guzmán
Francia, Chile, 42 minutos, 1999

El director sale a la búsqueda de la isla de Robinson Crusoe, donde vivió el famoso náufrago que estuvo 28 años aislado del mundo. Pero la isla no es solamente un producto de la imaginación creada por Daniel Defoe en 1791, sino que existe en realidad en el océano Pacífico, a 700 kilómetros de la costa chilena. La película se desarrolla como un diario de viaje. Poco a poco capta muchas huellas: las de Robinson, Viernes, Daniel Defoe y Pablo Neruda. Para terminar, una mañana aparecen por sorpresa miles de marinos con tres buques de guerra, dos helicópteros y un submarino para hacer ejercicios navales (en realidad, uno no deja de asociarlos con los piratas del siglo XVIII). En resumen, el filme es una mirada afectuosa sobre los isleños, una mirada irónica sobre las langostas y una mirada sencilla sobre Daniel Defoe.

UN MINUTO DE OSCURIDAD NO NOS ENCEGUECE

(Eine minute dunkelheit macht uns nicht blind)
Un film de Heynowski y Scheumann
RDA (ex Alemania Democrática), 66 minutos, 1976

Gente que rodea la cámara, primero por azar y después por simple curiosidad, en la principal plaza de Santiago. Los periodistas que filman son reconociblemente extranjeros. «Aquí no se puede hablar», exclama un hombre!. Otros dicen: «Tenemos miedo.» Pero en realidad la gente ya no calla mucho. Hablan a pesar del riesgo que corren. Hay infinidad de cosas que denunciar: el hambre, los precios, la cesantía, los crímenes, la necesidad del exilio. La gente insiste: «Díganlo también afuera!»... La película es una prueba de que Chile recupera la voz poco a poco. Esto ocurre solamente dos años después del golpe. Después, varios funcionarios de la dictadura lanzan frases grandilocuentes, demagógicas, que se contraponen con las escenas de la calle: donde hay testimonios del dolor, pero también del tenaz esfuerzo por organizar la resistencia. Son pequeños movimientos que se producen debajo del hielo, «pequeñas luces entre el pasado y el futuro», con la música de Sergio Ortega y la cámara de Peter Heimlich.

5° FESTIVAL 2001, SALA BLANCA UC, INSTITUTO GOETHE

LOS TERRÍCOLAS

(Les terriens)
Un film de Arianne Doublet
Francia, 85 minutos, 2000

La joven realizadora Ariane Doublet descubre que un eclipse solar va a ocurrir dentro de un año en una zona del campo francés. La directora aprovecha entonces este fenómeno para filmar primero el interior de una aldea por donde pasará la sombra. Durante hora y media, la película se centra en la vida y el trabajo de los agricultores, sus problemas, sus ambiciones, sus planes, sus reuniones familiares, etc. Es una inmersión en el mundo de los campesinos. Sin embargo, como una especie de amenaza, como un telón de fondo que va creciendo, la proximidad del eclipse comienza a impregnar la historia. Si no fuera por el eclipse, la crónica de los campesinos, por sí sola, sería incapaz de sostener 90 minutos. Los personajes son buenos, pero no nos conducen a ninguna parte. El eclipse, en cambio, propone la intriga, refuerza la línea del interés y nos lleva hacia una verdadera culminación, que se produce cuando el cielo del mediodía se oscurece ante el asombro de los personajes y los cien mil curiosos que han invadido la comarca. La película es un gran éxito en las salas de Francia.

CIRCO BAOBAB

(Cirque Baobab)
Un film de Laurent Chevallier
Francia, Guinea, 98 minutos, 2000

Laurent Chevallier es conocido en nuestro festival gracias a *Mister Karin, portador de altura*, exhibido el año pasado. Con el *Circo Baobab* este realizador vuelve a proponernos un nuevo filme de viajes con las peripecias de un circo africano. Después de 2 años de ensayos y entrenamientos (dirigidos por Pierre Bidon, uno de los maestros del circo contemporáneo), el *Circo Baobab* se lanza por las carreteras de Guinea en su primera gira nacional. De Conakry hasta Zérekoré, de función en función, la tropa entra en pleno corazón del país. El realizador Laurent Chevallier filma una serie de personajes, adentro y afuera del escenario, llenos de picaresca, humor y capacidad de invención. El director y su equipo siguen con sensibilidad el nacimiento del primer circo acrobático de Africa.

LA NOCHE DEL GOLPE DE ESTADO

(La nuit du coup d'etat)
Un film de Ginette Lavigne
Francia, Portugal, 57 minutos, 2001

El 25 de abril de 1974 se produjo la llamada «Revolución de los Claveles» en Portugal... Barrió de un plumazo los 48 años de fascismo del dictador Antonio de Oliverira Salazar, la dictadura más antigua de Europa... Este golpe fue dirigido por un hombre lleno de vida, Otelo Saraiva de Carvalho, un oficial del ejército que en su juventud soñaba con ser actor... La realizadora aprovechó las condiciones histriónicas naturales de Otelo para que él contara este memorable episodio... Ella reconstruyó fielmente el puesto de comando de Otelo, con sus mesas llenas de mapas, sus ventanas, etc. (como si fuera un «decorado» para una película de ficción). Y el resultado es una película documental cuyo «actor» es realmente el actor de los hechos. Otelo nos ofrece un monólogo casi teatral de la conspiración que el mismo encabezó. Esta película sorprendente tiene también «ese algo» de obra inverosimil que la hace aún más atractiva: el narrador del presente entra en el «teatro del pasado». Un film notable.

PERFILES CAMPESINOS, LA APROXIMACIÓN

(Profils paysans, l'aproche)
Un film de Raymond Depardon
Francia, 90 minutos, 2000

Raymond Depardon nos invita a entrar en una trilogía sobre del campo francés, un mundo olvidado y empobrecido donde la gente trabaja en la soledad y el silencio. Junto a la naturaleza medio salvaje del lugar, la cámara registra los pequeños y grandes problemas: la venta de un animal, el traspaso de una propiedad, la vida del veterinario, la luz del amanecer, el silencio del cementerio... Depardon realiza una colección de retratos donde el espectador siente que el tiempo se detiene, las vidas se congelan... La secuencia final del cementerio, llena de lírica y esperanza, es un balance de la vida misma de un campesino. El emocionante responso del cura adquiere un acento épico, que toca con fuerza al espectador y los personajes. El director nos anuncia que está trabajando en otras dos partes. Desde ya, la primera es única, inolvidable.

UN DÍA DE ANDREI ARSENEVITCH

(Une journée d'Andrei Arsenevitch)
Un film de Chris Marker
Francia, 55 minutos, 2000

La obra explora con delicadeza la escritura visual del cineasta Tarkovski con la cuidadosa mirada de Chris Marker, que se aproxima lentamente... Este filme es un retrato abreviado de la vida y obra de Tarkovski, fallecido en 1996, realizada por otra persona tan genial como el sujeto: es una película de cineasta a cineasta, como si dos grandes pintores se miraran por primera vez... Marker filma el rodaje de *Sacrificio* (cuando Tarkovski aún no sabía que estaba enfermo) y otros momentos de esta creación, incluso lo muestra dirigiendo desde su misma cama. Aparecen también algunos extractos de *Stalker* y *Espejo*, que le permiten hablar de sus obsesiones: la soledad del artista, el exilio doloroso y la ilusión de la razón. Todo ello con la miraba entrañable de Marker, que siente una profunda veneración por su colega. Este último dice, desde su lecho: «Yo estoy por un arte que traiga a los hombres la esperanza y la fe». Chris Marker añade en el comentario: «Algunos cineastas predican la moral; Tarkovski nos invita a dialogar con nuestra propia libertad».

NOSTALGIA DEL FUTURO

(Saudade do futuro)
Un film de Marie-Clémence y César Paes
Francia, Bélgica, Portugal, 94 minutos, 2000

Raras veces aparece una obra tan completa como esta, en particular desde el punto de vista de la forma. La variedad, la repetición, el contraste y el desarrollo son interesantes... La palabra *saudade*, que quiere decir *tristeza del alma* en la lengua portuguesa, es también la base general para casi toda la música del Brasil, en particular de los *repentistas*, músicos y poetas que vienen de muy lejos. La descripción de la gran ciudad, Sao Paulo, está salpicada de trovadores que llegan del legendario nordeste, que cantan *repentes*, a base versos improvisados (como los payadores) y que confieren la unidad a todo el relato y sentido del humor. Como en el teatro, delante de nosotros aparece la *comedia humana* donde están todos los personajes de la vida.

EL CASO PINOCHET

(Le cas Pinochet)

Un film de Patricio Guzmán

Francia, Bélgica, España, 108 minutos, 1999-2001

El martes 22 de septiembre de 1998 Augusto Pinochet fue detenido en Londres acusado de genocidio, terrorismo y tortura, ante la sorpresa del mundo. Permaneció 503 días detenido en una clínica y una casa de Londres. Por primera vez después de Nüremberg una persona era detenida con estos cargos en la historia moderna. El filme sigue dos líneas narrativas. Por un lado, muestra la batalla jurídica del juez Baltasar Garzón con los ingleses de la defensa y el ataque, Alun Jones y Clive Nichols; también muestra a los amigos personales de Pinochet: la baronesa Thatcher y Sir Norman Lamon. A su vez, hablan las mujeres que por primera vez son tomadas en cuenta tras 25 años de reclamaciones, sin que los jueces chilenos se dignaran a recibirlas. Ellas describen con detalle las torturas que sufrieron de los militares. Finalmente, el jefe de Estado chileno pide la devolución de Pinochet alegando que su «soberanía está en peligro». El gobierno inglés cede. El tirano vuelve a Santiago. Se le expulsa del parlamento. Se le interroga. Se le humilla. Pero no se le juzga.

SEPTIEMBRE CHILENO

(Septembre chilien)

Un film de Bruno Muel

Francia, 39 minutos, 1973

El primer mérito de este filme (que ganó el premio Jean Vigó en 1974) es haber podido filmar los primeros momentos de la dictadura de Pinochet. Realizada en cine directo, cámara en mano, este cortometraje nos muestra una ciudad tomada por los tanques y capta los primeros testimonios sobre la represión, mientras Gustavo Leigh afirma: «Queremos normalizar el país sobre la base de una política sana, sin persecuciones ideológicas»... El punto más fuerte son los funerales de Pablo Neruda, filmados por Bruno Muel y Theo Robichet, además del corresponsal sueco Jan Sandquist. Por otra parte, la gente que espera en las puertas del Estadio Nacional, con el rostro preocupado, en silencio y con enorme tensión, espera conocer la suerte de los presos, una secuencia de soledad y miedo de este cortometraje único.

SER Y TENER

(*Etre et avoir*)

Un film de Nicolas Philibert
Francia, 104 minutos, 2000

He aquí una obra sencilla de presupuesto limitado hecha por Nicolás Philibert, que consigue reunir más de un millón de espectadores en sólo tres meses de explotación en Francia. Se trata de una obra maestra que registra las cosas más simples y pequeñas de la vida. Philibert nos describe el funcionamiento de una escuela primaria, muy lejana y rural, donde el maestro tiene que educar a los niños pequeños y también a los grandes, porque el pueblo es tan minúsculo que no tiene capacidad para mantener un liceo. Dice su autor: «Esta película no es un documental en el sentido tradicional, con una aproximación demostrativa o didáctica. Yo quería contar una historia, provocar una emoción y estar cerca de los personajes». Philibert no cree en los «guiones documentales» y en esta ocasión nos mostró en Chile un escrito que no tenía más de cinco páginas como «guion» para esta película... Durante toda su carrera Philibert ha editado en solitario, por su cuenta, sin ayudantes.

NÓMADES DEL VIENTO

(*Le peuple migrateur*)

Un film de Jacques Perrin, Jacques Cluzaud y Michel Debats
Francia, España, Alemania, Italia, 88 minutos, 2002

Cada cierto tiempo el documental nos ofrece obras fuera de lo común. En este caso, con un alto presupuesto, además de muchos años de búsqueda, más la ayuda de varios camarógrafos y quince pilotos de ala delta, los realizadores nos ofrecen observar el vuelo de miles de pájaros migratorios en los paisajes más hermosos de la Tierra. Es algo que nunca habíamos visto antes. Para casi todos nosotros, los pájaros desaparecen de nuestra vista apenas alzan el vuelo. «Nosotros fabricamos jaulas para incubar los huevos y después tuvimos que acostumbrar a las aves a la presencia humana y al ruido de los aviones ultraligeros», dice Perrin. Estos aviones siguen de cerca a las aves y nos muestran el instante mágico del vuelo.

AUTOPISTA

(*Highway*)

Un film de Serguei Dvortsevoy
Rusia, 50 minutos, 2002

En esta película admirable nos encontramos con un circo pobre en medio de un paisaje desolador. Es la historia un poco absurda de un circo familiar que viaja por la estepa de Kazahkstan dentro de un autobús destartalado... Dvortsevoy tiene la capacidad de «filmar la verdad de un lugar y el alma de su pueblo», según dicen los críticos. Mezcla «un realismo en estado puro con la poesía, esta última arrancada a tirones de la realidad». En sus imágenes también parece confluir una cierta «ficción». Se podría afirmar que *Autopista* es una película que intenta cruzar la frontera de los dos géneros y que avanza desde el documental hasta una realidad que parece irreal. Una obra impresionante.

BABUSSIA

Un film de Elsa Quinette
Francia, 17 minutos, 2002

Esta película amateur es la primera obra de una directora que hoy está creciendo. Elsa Quinette trabaja con la complicidad de su abuela, una señora maliciosa de 92 años que se presta para dar alas a la película. La señora vive postrada en su silla de ruedas y su único deseo es morirse lo más rápido posible... La familia que la rodea es numerosa y posee también un agudo humor negro. Una rara vitalidad (desbordante y contagiosa) impregna la obra y comunica emoción al espectador. Es la alegría de vivir y la alegría de morir.

EL CAMINO DE TOMÁS

Un film de Camila Guzmán
Francia, 31 minutos, 2002

La historia es muy intrigante: Tomás es un joven músico de los barrios periféricos de París, que creció sin conocer su verdadero origen. Fue adoptado a los tres meses por una familia blanca... Sin embargo, con su tez morena, él parece más bien un cantante cubano, de Jamaica o de Brasil. Todo depende del tema musical que toca. No sabe nada de su pasado. Tampoco lo saben sus padres adoptivos, ni tampoco sus amigos. Pero desde niño él sintió una rara atracción por el Magreb, sin saber muy bien por qué... Ahora, por primera vez, se confiesa ante una cámara y habla del apasionante y doloroso tema de la identidad. Sin duda este filme ya anuncia la segunda obra de esta joven autora que, dos años más tarde, hizo *El telón de azúcar*.

HOMI D. SETHMA, CINEASTA

(Homi D. Sethma, cinéaste)
Un film de Sepideh Farsi
Irán, India, Francia, 69 minutos

El retrato certero de un viejo cineasta de la India, un sabio maestro de 80 años, hecho por una joven cineasta iraní... Es una suave invitación para hacer un viaje imaginario a través de Bombay, guiado por Homi, este hombre soñador y juicioso... Una reflexión intensa sobre el final de la vida y también sobre el principio del cine. Una mirada contemplativa sobre un artista que mira sin cesar el mar, las olas, el océano inmenso que se extiende delante de su ventana.

BLUE JAY, NOTAS DEL EXILIO

Un film de Leopoldo Gutiérrez

Canadá, Chile, 54 minutos, 2001

Una película sobre la experiencia del destierro y el lenguaje... Cuenta las peripecias de un grupo de escritores chilenos que encontraron refugio en Canadá durante los años setenta huyendo de la dictadura. En el momento de su realización, era una de las pocas obras documentales chilenas que analiza el tema del exilio, el desarraigo y la creación artística... Estos escritores tuvieron que adaptarse al nuevo entorno mientras los problemas de la vida cotidiana seguían. Eligieron como lengua el castellano, practicaron una escritura comprometida, nostálgica, vanguardista y también realista cuando analizaron la sociedad canadiense en relación a su país de origen. Leopoldo Gutiérrez, cineasta chileno instalado en Montreal, es realizador, sonidista, montador y productor de este filme.

LA GANANCIA Y NADA MÁS

(Le profit et rien d'autre)

Un film de Raoul Peck

Francia, Haití, 57 minutos, 2000

Basándose en la simple hipótesis de que el beneficio (la ganancia) mueve al mundo, el cineasta haitiano Raoul Peck explora las consecuencias que este enunciado genera en el plano de las relaciones humanas... ¿Cómo va el mundo en una pequeña aldea rural de Haití, hoy día reducida a la ruina y la descomposición social?... A la manera de un ensayo, cáustico y poético, el director nos muestra la convivencia en esta aldea devastada. «Es un filme en primera persona», dice el realizador. «La pregunta que yo me hago es ¿dónde están nuestros militantes de antaño? ¿Qué ha sido de la militancia de los años sesenta-setenta?... Nos han convencido de que no se podía hacer gran cosa contra las injusticias del mundo. Hemos llegado a tal punto que hoy día tener una actitud humana es ya una especie de militancia»... Raoul Peck es ingeniero, economista, periodista y fotógrafo, graduado en la Academia del Film y la Televisión de Berlín. Ha sido ministro de la Cultura en Haití y recibió en 1994 el premio Néstor Almedros de los derechos humanos en Nueva York. Es director de la Escuela de Cine de París, LA FEMIS.

LA COLONIA

(Poselenitje)

Un film de Sergueï Loznitsa

Rusia, 77 minutos, 2000

Entre 1998 y 2000 un grupo de cineastas rusos realizó una trilogía sobre la vida campesina fotografiada en blanco negro, con un ritmo sereno y contemplativo, que recuerda las obras de Dovchenko (el gran clásico de la época soviética), con una cámara discreta que parece invisible. *La Colonia* fue filmada por Sergueï Loznitsa en una zona aislada, a doscientos kilómetros de Moscú. Describe un pueblo rural donde parece que el tiempo no existe. Es una granja colectiva medio abandonada, un viejo *koljós* donde habitan campesinos pobres y también personas con problemas mentales... La obra sorprende por su lirismo que culmina con la maravillosa secuencia final: una serie de retratos vivos con una pieza de música barroca. Con el tiempo Sergueï Loznitsa se convertirá en uno de los documentalistas más interesantes de Rusia.

MIOTTE VISTO POR RUIZ

(Miotte vu par Ruiz)
Un film de Raúl Ruiz
Francia, Rusia, 78 minutos, 2001

Raúl Ruiz pasó tres años siguiendo la vida y el trabajo del artista francés Jean Miotte, pintor abstracto cuyo estilo reposa en los gestos dinámicos, de trazos fuertes y líneas claras. Expone regularmente en el mundo entero y su obra es considerada como una abstracción lírica o un expresionismo abstracto. Raúl Ruiz lo filma en sus diferentes estudios de Nueva York, Hamburgo y en el sur de Francia. La cámara de Ruiz observa el trabajo del artista, pero Ruiz también se involucra y entra literalmente dentro del lienzo, efectuando una aproximación física, imitando el proceso que sigue el pintor. El filme es deslumbrante. Invita al espectador a observar con detalle la fábrica creativa de Jean Miotte, de la misma manera como el realizador francés Clouzot nos invitaba (hace cuarenta y cuatro años, en 1956) a mirar el proceso inventivo de Pablo Picasso en *El misterio Picasso*, exhibida en nuestro primer festival.

MADRID

Un film de Patricio Guzmán
Francia, 42 minutos, 2002

Una crónica de los pequeños momentos de la ciudad de Madrid, donde el autor ha vivido una parte de su existencia. Restaurantes, plazas, mercados, un incendio y hasta una manifestación política aparecen aquí en forma de secuencias autónomas, como en un mosaico. El director filma «las sombras reflejadas en los muros o las piedras del suelo». También las discusiones de la gente en los cafés. A veces corta el sonido: quedan las manos en silencio que atraviesan el aire, rozando los cuerpos. Un hallazgo genial, según Les Inrockuptibles, en diciembre de 2002. La película también posee una vocación melancólica: describe el mundo de los pasteles, los turrones, las golosinas de la infancia, o bien algunos negocios arcaicos de la ciudad, como las grandes mercerías.

EN CONSTRUCCIÓN

Un film de José Luis Guerin

España, 125 minutos, 2001

José Luis Guerin es uno de los grandes documentalistas españoles junto con Mercedes Álvarez y Ricardo Iscar, entre otros. En esta pelicula nos muestra la construcción de un edificio en Barcelona. Esto le permite filmar situaciones en pleno Barrio Chino y descubrir personajes entrañables, como un viejo marino que busca alojamiento, una joven prostituta y su novio, más unos trabajadores marroquíes obsesionados con la existencia de Dios. La película conectó con el gran público y ganó el premio del jurado en San Sebastián. Este gran éxito nos recuerda a *Canciones para después de una guerra* (hace 28 años) de Basilio Martín Patino. El cine de Guerin se mueve entre el documental y la ficción, mezclando los géneros con delicada emoción y sensibilidad.

LOS ESPIGADORES Y LA ESPIGADORA

(Les glaneurs et la glaneuse)

Un film de Agnés Varda

Francia 82 minutos, 2001

A los 73 años de edad, Agnes Varda (la famosa cineasta francesa nacida en Bruselas en 1928), toma una cámara de video y se lanza a recorrer las provincias y el campo para filmar «recolectores», es decir, gente que recoge los restos de una cosecha (*glaneurs*), una actividad permitida en algunas zonas de Francia. Enseguida ella alarga el concepto de «recolección» y filma a todas las personas que recuperan objetos, muebles, trastos, así como a los que recogen frutas y verduras después que los mercados cierran. Ante nosotros aparece un país de gente pobre y también de ciudadanos excéntricos o geniales. De manera fragmentaria, Agnes Varda construye un filme en primera persona lleno de humor y secuencias inesperadas. Es un *collage* y un filme de carreteras con un texto modélico que seduce (y conduce) al espectador durante 90 minutos.

MI VIDA EN JUEGO

(Ma vie en plus)

Un film de Brian Tilley

África del Sur, 75 minutos, 2001

Zackie Achmat, presidente del movimiento TAC (*Treatment Action Campaign*), es un hombre lleno de energía a pesar de su condición de cero positivo, que lucha a brazo partido por una sociedad más justa en Ciudad del Cabo. Este hombre se ganó la vida durante un tiempo como prostituto homosexual. Contrajo el sida a los 28 años y fundó el primer movimiento de su país en defensa de los derechos *gays-lesbians*. Su padre murió odiándolo. Su madre nunca logró sobreponerse a la vergüenza. Sin embargo, el propio Nelson Mandela lo calificó como héroe nacional en el país más golpeado por el Sida en todo el mundo. Dijo: «No existe ninguna otra persona en Suráfrica que haya dedicado tanto tiempo y energía y de forma tan desinteresada a la guerra contra el Sida. Es un combate que nos obliga a mirar la realidad de frente y a interrogarnos sobre nuestras propias inquietudes en materia de sociedad y economía». Una obra indispensable, candente, en manos de Brian Tilley, un gran director experimentado.

ÉTER

(Aakaash)
Un film de Velu Viswanadhan
India, Francia, 100 minutos, 2002

«En los años setenta comencé a filmar –dice el director– una serie de filmes sobre los elementos: Tierra, Agua, Fuego y Aire... Ahora yo me aventuro en los dominios del quinto elemento, el éter, el más inasible de todos... No había nada al comienzo del proyecto, ningún guion ni tratamiento escrito. Así también me ocurrió con todas mis otras películas...Yo me pongo a filmar tal como un artista pinta, con el espíritu libre para cumplir un acto existencial»... En efecto, en la película nos encontramos delante de un cuadro inmenso del sur de la India... Una mujer teje, ordena los hilos con sus manos frágiles. La cámara transforma esta secuencia en pura abstracción. Según el autor, «el tejido de una vida se transforma en un tamiz por donde pasa el éter, ese elemento inseparable de la materia y que no es la materia, inseparable de la vida y que continúa más allá de la muerte. El éter está presente en cada gesto cotidiano, en los rituales religiosos, en las obras de arte»... viswanadhan nos ofrece una película monumental, tal vez su obra maestra.

LA REVOLUCIÓN NO PUEDE SER TELEVISADA

(The revolution will not be televised)
Un film de Brian Tilley y Donnacha O'Briam
Irlanda, 74 minutos, 2003

Drama en tres actos con Hugo Chávez al mando de Venezuela... Acto primero: el presidente es elegido por el pueblo... Acto segundo: un golpe de Estado casi lo elimina definitivamente... Acto tercero: su retorno por sorpresa al poder, menos de 48 horas más tarde... Un reportaje que narra los hechos desde adentro y afuera del palacio presidencial, filmada por una pareja de realizadores jóvenes con la ayuda de algunas imágenes filmadas por los mismos guardaespaldas de Chávez. Esto proporciona al filme una enorme proximidad a los hechos y pone de manifiesto la gran eficacia del cine directo: una cámara, un micrófono y un presidente. Un filme único.

LA SOCIOLOGÍA ES UN DEPORTE DE COMBATE

(Sociologie est un sport de combat)
Un film de Pierre Carles
Francia, 135 minutos, 1999

Pierre Carles pone su mirada al servicio de un gran sociólogo, Pierre Bourdieu, evitando la complacencia, pero sin disimular su admiración por el maestro. El filme ofrece a este personaje todo el tiempo para hacerse escuchar y comprender. El filme le acompaña en sus idas y vueltas, en sus cursos, en las entrevistas, en los debates en los suburbios... Para Bourdieu esta tarea es fundamental: se convierte en un comunicador apasionante que contradice la difícil lectura de su obra científica. El filme revela a un hombre sencillo que busca transmitir su saber. Demuestra por qué es útil desconfiar de «las apariencias» y del «sentido común»... La sociología pasa a ser «un deporte de combate».

JOSÉ SARAMAGO, EL TIEMPO DE UNA MEMORIA

(José Saramago, le temps d'un memoire)
Un film de Carmen Castillo
Francia, 69 minutos, 2003

Carmen Castillo nos entrega una obra elegante y ambiciosa con la complicidad del portugués José Saramago, Premio Nobel de Literatura. Un filme que describe la luz de la isla volcánica de Lanzarote, residencia del poeta y su esposa. Las imágenes y la presencia del célebre fotógrafo Sebastián Salgado sirven para ilustrar los paisajes que habita el maestro. Actrices como Marisa Paredes y María de Medeiros declaman con sencillez y emoción la palabra de Saramago. El astrofísico David Elbaz habla de los límites del tiempo y la memoria, los temas favoritos del escritor. Finalmente estamos en el hermoso observatorio de Roma ante la mirada inocente del poeta. La música de Jorge Arriagada acompaña la obra de Saramago como una sombra. Claudio Abbado dirige una cantata con letra del poeta. Un documental realizado con inteligencia, más un *casting* espectacular.

EL RUIDO, EL OLOR Y ALGUNAS ESTRELLAS

(Le bruit, l'odeur et quelques étoiles)
Un film de Eric Pittard
Francia, 110 minutos, 2002

Es una ópera documental donde la música y la historia se inspiran, una de la otra, para crear un espectáculo del mundo contemporáneo. La cámara de Pittard se pega a los instrumentos y la danza. Es una puesta en escena del conjunto «Zebda», mitad árabe, mitad francés, mitad africano. En este universo múltiple, sonoro, la vitalidad y creatividad de Pittard se despliegan. La cámara se transforma en un instrumento creador de espacios. En el plano argumental, la película es el núcleo de muchas historias... He aquí una obra original que utiliza la música para contar historias invisibles.

LAS CASTAÑUELAS DE NOTRE DAME

Un film de Diego García-Moreno

Francia, 68 minutos, 1992-2002

Esta historia comienza cuando el director García-Moreno descubre que en la catedral de Notre Dame la voz del sacristán suena a «colombiano». En efecto, en los años setenta, Jairo Tobón había llegado a París... Después de trabajar como bailarín de opereta en el Teatro Mogador, terminó de sacristán en la catedral de París... El cineasta García-Moreno comenzó a filmarlo cada vez que venía a Francia, y después de muchos tropiezos encontró el dinero para terminar la película en Colombia. Jairo Tobón se desplazó hasta su pueblo natal para ser filmado y dar un concierto de castañuelas. Después visitó el seminario donde había estudiado, que ahora es un cuartel de las tropas de asalto del ejército colombiano. Mientras recorre los patios es rodeado por soldados con ropa de camuflaje y armas automáticas. Una obra insólita.

BIENVENIDOS A COLOMBIA

Un film de Catalina Villar

Francia, 65 minutos, 2002

Dos millones de personas desplazadas, un millón de colombianos emigrados. Treinta y cinco mil asesinatos. Setenta mil minas antipersonales enterradas. Un secuestro cada 10 minutos... En este contexto se mueve la directora Catalina Villar, que llega al país para filmar una nueva campaña presidencial. Ella se transforma en el personaje de su encuesta como hilo conductor. Viaja, pregunta y se interroga a sí misma. Descubre personajes anónimos en zonas inexploradas, donde los medios de comunicación no llegan. Es la historia de una cineasta delante de su país devastado. Cine valiente y revelador.

S-21, LA MÁQUINA DE MUERTE KHMER ROJA

(S-21, la machine de mort khmère rouge)
Un film de Rithy Panh
Cambodia, Francia, 101 minutos, 2003

Bajo el liderazgo de Pol Pot, los Khmers rojos llegaron al poder en Cambodia en 1975. El país se convirtió en un campo de concentración. Poblaciones enteras fueron desplazadas, la moneda fue eliminada y la religión prohibida... Después de años la opción de un proceso contra los genocidas convulsionó a la sociedad. En este contexto, Rithy Panh comenzó a hacer un trabajo fílmico de confrontación entre las víctimas y sus verdugos. El cineasta reconstruyó algunas situaciones, con acciones y monólogos que parecen escapados de una pieza teatral. «¿Cómo es posible que los torturadores y las víctimas consigan representar sus papeles para un filme documental? ¿Es que la cultura asiática permite estas posibilidades?», se preguntaron algunos críticos... La proeza se cumple y Rithy Panh nos entrega aquí una de las mejores películas de la década.

LA GUERRILLA DE LA MEMORIA

Un film de Javier Corcuera

España, 60 minutos, 2001

El director español Monxto Armendáriz realizó una película de ficción, *Silencio Roto*, en el año 2000. Su tema era la guerrilla que permaneció oculta en las montañas del norte de España luchando contra la dictadura de Franco durante veinte años... Terminada la película, el director pensó que los verdaderos personajes que él había encontrado para hacer el guion, valían la pena para hacer un buen documental. Entonces llamó al peruano Javier Corcuera, radicado en Madrid, documentalista... Dice Corcuera: «Siempre escuché hablar de los maquis, aquellos combatientes que se negaron a aceptar la derrota. Hombres y mujeres que se echaron al monte para continuar la lucha contra Franco... Escuché muchas historias, algunas imaginarias y otras verdaderas, pero nunca imaginé que un día podría filmarlas. La película es un viaje con algunos de estos combatientes a su lugar de combate. Montes y pueblos que aún guardan la memoria de lo que nunca supimos... Compartir con ellos este viaje ha sido para mí un privilegio y una aventura difícil de olvidar. Escucharlos y verlos convertidos en luchadores de la palabra. Y saber que ellos siguen activos porque no existe la palabra derrota.

CHENALHO, EL CORAZÓN DE LOS ALTOS

Un filme de Cristina Fregoso

México, 57 minutos, 2002

«Hacia finales de 1997 miles de indígenas tzotziles de la sociedad civil Las Abejas y simpatizantes zapatistas tuvieron que abandonar sus tierras a causa de la violencia de los paramilitares. En al altas mesetas de Chiapas, en el municipio de Chenalhó, escenario de esta película, el 60 por ciento de estos desplazados fueron niños»... Con estas palabras comienza el filme y comienza también uno de los más bellos poemas sobre la infancia en el cine latinoamericano. Con una cámara en movimiento, la directora nos transmite la alegría, inocencia y belleza de estos niños tzotziles. No son niños comunes: saben contar fábulas sobre los animales, conocen los mitos religiosos y hablan de las estrellas. La forma de la película, dividida en «escenas» muy breves, salta de un punto a otro, como la palabra de los niños. Son los últimos herederos de la cultura más sofisticada de América.

SEÑORITA EXTRAVIADA

Un filme de Lourdes Portillo

México, 75 minutos, 2003

Esta obra cuenta una historia de secuestros, violaciones y muertes de 230 mujeres en Ciudad Juárez desde el año 1993. La película investiga la red de intriga que rodea estos crímenes impunes, indaga las circunstancias de las muertes y el horror en que viven las mujeres de la ciudad. Este drama se desarrolla en Chihuahua, México, «el estado del futuro» y de la impunidad... ¿Quiénes son los culpables? Nadie responde. Para un delegado oficial, «las chicas se lo buscaron», por usar camisetas y faldas. El cinismo de las mafias y las autoridades, junto con la cultura machista, dominan a una sociedad podrida en sus cimientos. La mayoría de las desaparecidas son jóvenes y obreras. Trabajaban en las maquiladoras, en la frontera con Estados Unidos. Carlos Monsiváis ha dicho sobre el tema: «La violencia sin límites inmoviliza a las mujeres, cancela su libertad de movimiento, subraya su condición de sexo débil y vigoriza las tradiciones del abuso, fuerza física, posesión de armas y misoginia criminal»... El cine de Lourdes Portillo, nominada a un Oscar en 1985 por su filme *Las madres de la plaza de Mayo*, siempre se ha distinguido por la crítica y la transparencia de su lenguaje.

¡TODOS A LA CALLE!

(The big one)
Un filme de Michael Moore
Estados Unidos, Inglaterra, 90 minutos, 1997

A bofetadas y golpes mediáticos Michael Moore filma un documental en la línea de su primera encuesta: *Roger and Mee*. Esta vez pone en tela de juicio a las compañías americanas que trabajan para obtener ganancias a cualquier precio. Durante casi dos meses atraviesa 47 ciudades para promover su libro titulado *¡Achíqueme el precio por favor!* Ofrece conferencias, sesiones de autógrafos y emisiones de radio. Pero sobre todo él hace visitas imprevistas a los patrones de las empresas poderosas para concederles el «Premio Achícame el Precio». Cuando hay malas condiciones de trabajo, malos sueldos, sindicatos sin poder, Michael Moore aparece con su cámara. Es un Robin Hood moderno que empuja las puertas de los empresarios sin escrúpulos. Va repartiendo golpes contra los abusos de la sociedad capitalista americana, que él llama la sociedad «The big one». ¿Cuándo vendrá a Chile para continuar su trabajo?

BALSEROS

Un filme de Carlos Bosch y Josep M. Doménech
España, 120 minutos, 1994-2002

La historia de esta película abarca muchos años. En el verano del 1994 un equipo de reporteros de la Televisión de Cataluña entrevistó a siete cubanos mientras fabricaban sus balsas en La Habana para partir hacia Miami. Tiempo después el equipo pudo reencontrar a algunos de ellos en la base norteamericana de Guantánamo mientras esperaban los trámites para ser admitidos o no en Estados Unidos. Mientras tanto, las familias en La Habana no sabían nada de la suerte que habían corrido. Siete años más tarde el equipo vuelve a encontrar a estos personajes para saber qué ha pasado con ellos en el paraíso del capitalismo. Un documental que narra con valentía y obstinación una parte de la historia actual de Cuba.

EN ALGÚN LUGAR DEL CIELO

Alejandra Carmona

Chile, 2003, 60 minutos

Alejandra Carmona, cuyo padre fue asesinado por la dictadura en Santiago (en 1977), mientras ella vivía exiliada en Berlín, realiza este gran film sobre la memoria. Desde las tinieblas del recuerdo ella reconstituye la imagen de su padre añorado. Una película luminosa sobre el duelo y el dolor. Una mirada personal sobre la utopía, la identidad y el desarraigo. Esta joven directora, egresada de la escuela de Berlín, una vez que estuvo instalada en Chile tomó la iniciativa de lanzar la primera piedra, es decir, comenzar una valiosa colección de películas autobiográficas sobre los seres queridos asesinados o maltratados, de gran valor para la juventud de hoy. Muchas otras figuras del documental chileno siguieron esta misma línea de trabajo, como Macarena Aguiló, Lorena Giachino, Carla Valencia, Antonia Rossi, Germán Berger, Emilio Pacull, Sebastián Moreno, Leopoldo Gutiérrez, René Ballesteros y muchos otros más.

8° FESTIVAL 2004, SALA BLANCA UC, INSTITUTO GOETHE

HISTORIA DE UN SECRETO

(Histoire d'un secret)
Un film de Mariana Otero
Francia, 91 minutos, 2003

«Cuando yo tenía cuatro años y medio mi madre desapareció. Nuestra familia nos dijo a mi hermana y a mí que ella había salido a trabajar en París y luego había muerto de una operación de apendicitis. En nuestra infancia, nuestro padre nunca nos habló de nuestra madre, salvo para decirnos que había sido una pintora y una mujer extraordinaria. Más tarde nos dimos cuenta de las circunstancias reales de su fallecimiento. Este secreto, que mi padre sobrellevó durante 25 años, le impidió contarnos su vida y de mostrarnos su obra... Yo sentí la necesidad de reconstruir esta historia, de volver a encontrar a la madre que me había sido doblemente arrancada por la muerte y el secreto»... Con estas palabras la directora francesa de origen español Mariana Otero define su obra, a mi juicio, la mejor película documental europea que yo he visto en 2003, que también consiguió la adhesión del público con 120.000 entradas solamente en Francia. Una obra filmada con pasión, ternura y rigor, llena de fuerza y sensibilidad, con una estructura impecable. Este festival proyectó anteriormente otro filme destacado de ella: *La ley del colegio* en 1998.

DILE A MIS AMIGOS QUE ESTOY MUERTO

(Dites à mes amis que je suis mort)
Un film de Nino Kirtadze
Francia, 90 minutos, 2003

La joven directora georgiana Nino Kirtadze instala su cámara en una de las zonas más castigadas del mundo, en medio de los Balcanes, un área sacudida por guerras durante siglos. Nino Kirtazde filma la teatralidad y sentido histriónico con que la gente despide a sus muertos (que tiene una cierta relación con las ceremonias mexicanas). Plegarias, monólogos, gritos y susurros, conforman un relato sinfónico en medio de una atmósfera fantasmagórica. Es también una obra patética, tragicómica, surrealista. Se come, se bebe, se disfruta, al mismo tiempo que se llora. Es el gran espectáculo de la muerte en Mongrélie (Georgia), una república independiente de 2002 y miembro de la Federación Rusa. Es un país frontera con 5 millones de habitantes, mitad musulmanes, mitad cristianos ortodoxos, mitad armenios apostólicos, en pleno Cáucaso, donde hay cien grupos étnicos diferentes. Gran premio documental de la academia europea en 2004.

SALVADOR ALLENDE

Un film de Patricio Guzmán
Francia, Bélgica, Alemania, España, México. 100 minutos, 2003

Después de *El caso Pinochet* (2001), Guzmán muestra el retrato antagonista de *Salvador Allende*. Es como oponer la luz a las tinieblas, la civilización a la brutalidad de la dictadura «Ofrece una biografía desde el punto de vista de los simpatizantes del presidente. Los opositores, especialmente los norteamericanos, son claramente los villanos, lo que no le impide ser cautivante y matizado al interior del campo revolucionario». (dice el diario conservador *Le Figaro*, en mayo de 2004). «Existía la memoria de la pesadilla... ahora existe la memoria del sueño. Patricio Guzmán nos muestra aquel sueño radiante del cineasta joven que era entonces y de todo un pueblo que instaló en el poder a Salvador Allende en 1970... El sueño queda intacto» (dice *Liberation*, en mayo de 2004).

MASSOUD EL AFGANO

(Massoud l'afgan)
Un film de Christophe de Ponfilly
Francia, 89 minutos, 1998

Figura carismática de la resistencia afgana contra los soviéticos, Massoud «el afgano» entró a Kabul como un libertador después de la retirada del ejército ruso en 1992. En ese momento Massoud rechazó ocupar la jefatura del país. Pero como ministro de Defensa hizo frente a una guerra civil que no pudo detener. Los talibanes llegaron al poder con la ayuda de los Estados Unidos en 1997 y pusieron en marcha un régimen totalitario. Massoud se retira a su feudo de Panjshir, mientras todo el país queda bajo el control de los fundamentalistas. Massoud es el único que resiste, pero está aislado y cercado. El director Christophe de Ponfilly traba amistad con Massoud en 1981. Ahora llega de nuevo y pide a Massoud contarle su historia. El filme se transforma en un retrato del combatiente y del propio cineasta. Cuatro años después termina la película, mientras Massoud es asesinado por los talibanes, tal vez porque es el único capaz de derrotarlos. Finalmente, para completar esta trágica historia, hay que mencionar que Christophe de Ponfilly se quitó la vida en 2006.

MIENTRAS PASA LA VIDA

(La vie comme elle va)
Un film de Jean-Henri Meunier
Francia, 93 minutos, 2003

Estamos en una pequeña aldea del campo francés (Najac, en la región de Aveyron) que podría ser de cualquier parte. Es un pueblo con encanto donde el humor se cruza a menudo con la poesía. El realizador se toma las cosas como vienen y la gente tal como es. La cámara nos muestra la vida cotidiana: un jubilado vacía su buzón una vez por mes, un poeta fabrica un helicóptero en su patio, una anciana centenaria canta la Internacional, un jefe de estación imagina trenes... El filme divaga de una cosa en otra y muestra una realidad que no parece real. Describe la vida provinciana, el paso del tiempo entre lo imaginario y lo cotidiano. Sin embargo, en la mirada del cineasta y la maduración del tema hay una reflexión nueva sobre el mundo rural, su aislamiento y su riqueza humana.

LOS MAESTROS LOCOS

(Les maitres fous)
Un film de Jean Rouch
Francia, 30 minutos, 1955

Jean Rouch murió en un accidente de coche hace unos pocos meses en Nigeria a la edad de 85 años. Es una figura fundadora del documental de todos los tiempos, un continuador de Robert Flaherty. Fue a la vez explorador y etnólogo, que realizó más de 120 obras, la mayoría de ellas en Africa. Filmó en Senegal a partir de 1947, también en Nigeria, Mali y Ghana, con un acercamiento a la realidad cada vez más personal. Jean Rouch deseaba que sus películas contribuyeran a que los europeos entendieran las prácticas de algunas civilizaciones que ellos ignoraban o despreciaban... Su enfoque es interesante, pero a veces su puesta en práctica fue un fracaso... *Los maestros locos* muestra los ritos de posesión de la secta de los Haoukas, que parecen de un salvajismo primitivo. Esto provocó lo contrario de lo que Rouch quería... El filme causó un escándalo mayúsculo cuando se estrenó en 1955. El etnólogo Marcel Griaule (profesor de Rouch) y los jóvenes africanos que estaban en la proyección solicitaron a Rouch la destrucción de la película.

¡SILENCIO!

(Tishe!)
Un filme de Víctor Kossakovsky
Rusia, 80 minutos, 2001

Un cineasta filma los acontecimientos desde su ventana. Más tarde dirá: «Los rusos hemos pasado varios siglos tratando de expandir nuestro territorio, quizás porque siempre nos ha parecido que el pasto era más verde al otro lado de la cerca. Cuando lo conseguimos ya no nos parecía tan bueno»... La película muestra una pequeña parte del territorio ruso: una esquina de la ciudad de San Petersburgo. Es todo lo que se ve desde la ventana de Víctor Kossakovsky. Peatones, algunos vehículos, una paloma gorda, gente que pasa, y también unos obreros que reparan el pavimento durante meses sin conseguirlo... De esta hermosa mirada surge una hermosa tragicomedia. Es una obra temeraria y arriesgada. Las películas de Kossakovsky están entre las principales de la escuela rusa. Este certamen proyectó en 1998 su obra *Miércoles*. Hace poco Kossakovsky filmó en Chile una secuencia de su último filme, *Antípodas*. Podemos admirar el carácter fogoso de este realizador gracias al filme de Carlos Klein, *Donde vuelan los cóndores*, de 2012.

LA CAZA DEL LEÓN AL ARCO

(La chasse au lion a l'arc)
Un film de Jean Rouch
Francia, 30 minutos, 1965

Con su voz característica, Jean Rouch nos ofrece una narración sobria y poética para llevarnos muchos kilómetros tierra adentro hacia los confines de África para encontrar a los cazadores de leones Songhay, una casta hereditaria, los únicos que tienen derecho a matar un león al arco cuando éste mata a demasiados corderos. Se trata de una película etnográfica en forma de viaje. También es un trayecto hacia atrás en el tiempo, hacia otras épocas remotas de la Tierra, tal vez hacia la edad de los metales, hace millones de años. Es una obra filmada en 1965 que, sin embargo, parece más moderna que muchos documentales sobre el África que se hacen ahora.

LOS HUÉRFANOS DEL CÓNDOR

(Les orphelins du condor)
Un film de Emilio Pacull
Francia, 56 minutos, 2002

Las dictaduras militares de la década de los setenta en Argentina, Uruguay y Chile detuvieron e hicieron desaparecer a miles de personas, y en particular a más de quinientos niños. Muchos de ellos fueron robados después de la muerte de sus padres, otros nacieron en cautiverio y la mayoría fueron adoptados ilegalmente por personas vinculadas a la policía o las fuerzas armadas. El realizador Emilio Pacull filma a tres niños que no conocen su verdadera identidad. A través de una minuciosa investigación, el filme cuenta las historias de Anatole, Eva y Victoria, testigos reales de un pasado de pesadilla. Emilio, chileno y francés a la vez, tiene una larga trayectoria como realizador de documentales y filmes de ficción.

LA PESADILLA DE DARWIN

(Le cauchemar de Darwin)
Un film de Hubert Sauper
Suiza, Francia, 107 minutos, 2002

En los años sesenta fue introducida una nueva especie de pez en las aguas del lago Victoria (en África). Los resultados fueron catastróficos. La llamada «perca del Nilo» se comió a todos los otros peces. Ahora este filete blanco es exportado a todo el mundo. Enormes aviones de la antigua Unión Soviética llegan hasta el lago Victoria para recoger este pescado y, a cambio, descargan fusiles para las guerras africanas. Esta industria multinacional de peces y armas ha creado una alianza «globalizadora» a orillas del lago tropical más grande del mundo: hay un ejército de pescadores, ejecutivos financieros, niños sin casa, ministros africanos, comisarios de la Unión Europea, prostitutas tanzanesas y pilotos rusos. Sin miedo, Hubert Sauper, con su pequeña cámara al hombro, muestra esta realidad tan fuerte que no parece humana sino extraída de una colonia extragaláctica. Un éxito en las salas de cine de todo el mundo y ganadora del European Film Award.

LOS CHICOS MALOS

(Les mauveais garçcons)
Un film de David Carr-Brown, Pierre Bourgeois, Patricia Bodet
Francia, 90 minutos, 2004

Esta obra muestra el fracaso de los gobiernos franceses para solucionar el problema de la vivienda, educación y salud de la gente más pobre. Muestra la incapacidad de los políticos, alcaldes y burócratas en general para erradicar los problemas de la «sociedad moderna»... Es la historia dramática de cómo un conjunto de edificios para la clase media se convierte en un gueto para las familias empobrecidas y una horda de jóvenes violentos, drogadictos y delincuentes que no son más que seres frágiles y abandonados, llenos de ilusiones, como cualquier otro joven... Una película de «terror» para todas las clases medias del mundo, que todavía creen en las autoridades. Dos años y medio de filmación en la ciudad de Creteil, en la periferia de París, un lugar donde han fracasado todos los políticos, es el escenario de este filme. Una vergüenza nacional que, lamentablemente, se repite en otros países. El cine documental recupera aquí la militancia en favor de los pobres. Un choque, una película que todos deberíamos ver.

MI JULIO VERNE

(Mon Jules Verne)
Un film de Patricio Guzmán
Francia, 52 minutos, 2005

«Para hacer esta película me sumergí en mis propios recuerdos –dice el autor–. Cuando tenía más o menos 12 años una profesora de geografía me enseñó a viajar con el dedo, es decir, ponía mi dedo índice sobre un mapa y lo movía lentamente encima del papel, de ciudad en ciudad. Fue la primera vez que tuve la sensación de viajar. Después ella me regaló los primeros libros de Julio Verne... Ahora bien ¿cómo seguir explicando el sentido de la aventura de este escritor?... No solamente moviendo un dedo sobre un mapa, sino buscando a los exploradores que hoy viajan... Para *El Viaje a la Luna*, por ejemplo, encontré a un astronauta que vivió seis meses en el espacio. Para *Cinco semanas en globo* filmé a un piloto de globos. Para los viajes polares encontré a una mujer que cruzó la Antártica caminando (hizo 3.500 kilómetros caminando). Así fui conociendo poco a poco el espíritu de Julio Verne, ese gran divulgador moderno de las ciencias».

COMPADRE

Un film de Mikael Wiström
Suecia, 86 minutos, 2005

Compadre es la historia de una amistad imposible: la amistad de un cineasta sueco con una familia pobre que vive recogiendo basura en Lima. El cineasta, Mikael Wiström, los conoce desde 1985, cuando les hizo una colección de fotos y apadrinó a la primera hija de la familia. Vuelve 17 años después para conocer a la ahijada –ya adolescente– y hacer otro reportaje sobre la familia (el filme se llama *La otra orilla*). Regresa 13 años más tarde para hacer otro filme más ambicioso, *Compadre*, que cierra el ciclo. Son treinta años de amistad, desencuentros e intimidad entre un cineasta «rico» y una familia pobre (cuya vida cambia a causa de él). La película plantea varios interrogantes: ¿hasta qué punto un cineasta tiene derecho a modificar la vida de sus personajes?... Este dilema aparece con fuerza, así como otras cosas delicadas, como ayudar con dinero a la familia, dar opiniones a cada uno por separado, etc. También aparece algo que casi nunca se filma en América Latina: la vida privada de los pobres, la intimidad de los más desfavorecidos. Mikael Wiström vence los principales obstáculos con talento, pero sobre todo con calidad humana, sinceridad y humildad.

ÄSSÄK, EL ALMA DEL DESIERTO

(Ässäk, Geschichten aus der Sahara)
Un film de Ulrike Koch
Suiza, 110 minutos, 2003

Después del éxito de *Los hombres de la sal del Tibet* (que Fidocs exhibió en 1998), la cineasta suiza Ulrike Koch dirigió su mirada hacia otro pueblo del desierto, los tuareg, habitantes nómades del Sahel, una franja de tierra que está debajo del Sahara caracterizada por el calor y un frío glacial. Contrariamente al resto del mundo islámico, no son las mujeres quienes llevan el velo sino los hombres. Los tuaregs consideran al «*ässhäk*» como una clase de código moral que garantiza la sobrevivencia de su comunidad, que fomenta el respeto de todo ser vivo y un comportamiento digno hasta en los peores momentos. La ética, la poesía y la música tienen una importancia capital: las mujeres perpetúan la práctica del «*imzâd*», una clase de viola con una cuerda, y ensalzan los valores del pueblo, tales como el coraje, la paciencia y el respeto mutuo. Ulrike Koch construye un poema, un viaje visual de amplia perspectiva, un soplo de aire, una aspiración llena de serenidad.

MURO

(Mur)
Un film de Simone Biton
Francia, Israel, 110 minutos, 2004

Sin decir una sola palabra, la directora y su equipo se aproximan a la construcción del gigantesco muro que Israel levantó para aislarse de los palestinos y del mundo. Un muro que divide en dos una región cargada de historia. Simone Bitton recoge las palabras, cantos y reacciones en hebreo y en árabe de aquellos que el muro separa: niños, trabajadores, militares. Una meditación cinematográfica hecha por ella, la realizadora, que es una mujer capaz de sortear las pistas del odio y afirmar su doble cultura: judía y árabe a la vez... «Este muro que filmé –dice ella– forma parte de mi ser como forma parte del horizonte mental y humano de mis personajes». «*Muro* es una película política que no habla de política».

INFIERNO EN BAGDAD

Un film de Javier Corcuera
España, 80 minutos, 2005

En medio de los combates, incendios y atentados mortíferos de Bagdad, se mueve un grupo de niños y niñas que trabajan vendiendo comida, limpiando zapatos y transportando productos de un lado al otro de la ciudad, como si la guerra no existiera. Una emoción profunda va apoderándose de nosotros cuando escuchamos sus opiniones sobre la violencia y el mundo. Estos niños forman parte de una población que utiliza cualquier fórmula para sobrevivir. Javier Corcuera demuestra otra vez más su capacidad para trabajar con los niños y construir con sus voces, sus caras, sus ojos, un relato transparente que contrasta con la mirada hostil de algunos jefes políticos como Aznar y Blair. Una obra importante de un autor peruano que no tiene fronteras. Fidocs ha presentado dos obras anteriores suyas, *La espalda del mundo* y *La guerrilla de la memoria*.

EL CASO VALERIE

(L'affaire Valérie)
Un film de François Caillat
Francia, 75 minutos, 2004

Un cineasta busca a una muchacha desaparecida misteriosamente hace 20 años en los pueblos de Los Alpes. Se piensa que Valérie ha sido asesinada por un turista canadiense. Mucha gente dice que hay personas que de repente abandonan sus casas y nunca más regresan. El espectador nunca sabe si se trata de un caso real o imaginario. En cualquier caso, da lo mismo. Los personajes filmados por François Caillat terminan hablando de ellos mismos, contando algo íntimo que han vivido y al final nunca se refieren a la desaparecida. Se olvidan de ella. *El caso Valérie* se convierte así en un filme de intriga. La investigación misma, el desarrollo de la historia, la línea del interés, atrapan al espectador desde los primeros minutos gracias a una construcción dramática ejemplar. El filme demuestra lo mucho que el documental ha avanzado en materia de lenguaje cinematográfico. Sin duda, François Caillat transita por un camino nuevo.

EL TREN DE LA MEMORIA

Un film de Marta Arribas y Ana Pérez
España, 85 minutos, 2004

La epopeya de millones de españoles que fueron a trabajar a Alemania en calidad de esclavos en los años sesenta, una historia lejana, en cierto modo casi olvidada, sirve a estas dos realizadoras para contar un viaje sin retorno de incontables españoles que se quedaron durante treinta años en la antigua Alemania Federal... Fueron empujados por Franco, incapaz de asegurar el trabajo a su gente, que sin embargo se benefició con el dinero ahorrado que enviaban a sus familias... Víctimas de esta doble manipulación, tuvieron que adaptarse a una Alemania de posguerra, un país lleno de miedo y culpabilidad que no supo tratarlos bien, que no les concedió papeles estables y que los obligó a vivir en barracones insalubres junto a las fábricas. En resumen: una vergüenza para la España de Franco y otra vergüenza para la Alemania de Adenauer. Gracias a filmes de este tipo podemos deducir que el «milagro alemán» fue una estafa y que la memoria histórica de España está en manos de nadie, mientras que los gobiernos vergonzosos de Felipe González y de José María Aznar jamás tocaron el tema. Felicitaciones para Marta Arribas y Ana Pérez.

PARAÍSO

(Paradis)
Un film de Marie-Hélène Rebois
Francia, 52 minutos, 2004

Hoy la temática del documental se ha extendido a muchos territorios del arte y el espectáculo. Se hacen documentales de música, ballet, ópera, teatro, así como biografías de pintores, escritores, arquitectos, intérpretes, etc. *Paraíso* es un excelente ejemplo de ballet filmado... una creación de danza contemporánea por los coreógrafos José Montalvo y Dominique Hervieu. La obra fusiona distintas expresiones: la danza africana, hip-hop, ballet clásico, con música de Vivaldi y pantallas múltiples que reflejan a los propios bailarines... Un espectáculo lleno de vida, rebosante de humor y vitalidad... Filmado con rigor por Marie-Hélène Rebois, una gran especialista en la adaptación de este tipo de obras para el cine. Un regalo.

¡SIGUE EL RITMO!

(Rhythm is it!)
Un film de Thomas Grube y Dánchez Lansch
Alemania, 100 minutos, 2002

Un grupo de jóvenes se inscribe para bailar la «Consagración de la primavera» de Igor Stravinski, interpretada por la Filarmónica de Berlín. Ellos no saben nada de música clásica y viven en los barrios marginales y periféricos de la ciudad. Ensayan durante largos meses, se pelean, se aburren, se entusiasman, se desesperan... hasta que llega el gran día... Por primera vez la prestigiosa orquesta berlinesa se atreve a salir de su torre de marfil para acercarse a los municipios humildes donde viven estos 250 jóvenes pobres, la mayoría sin trabajo y muchos de ellos sin horizonte... ¡Un verdadero espectáculo de buenas intenciones!... La música de Stravinski ofrece un desarrollo espectacular y garantiza una emoción fuerte. La coreografía de Royston Maldoom y la dirección musical de Simon Rattle garantizan el éxito... Un filme premiado y largamente distribuido en salas.

LA VIDA DE PABLO

(Paul dans sa vie)
Un film de Rémi Mauger
Francia, 100 minutos, 2004

Campesino, pescador y soltero, Pablo se acerca a los 75 años y está a punto de jubilarse después de haber trabajado en el campo durante toda su vida. Este es el momento en que el joven director Rémi Mauger ha escogido para acercarse a este hombre anciano que conoce bien. Sin mayores preámbulos aparece ante nosotros una gran crónica rural, detallada, precisa, amena y bien filmada y con sentido del humor, donde Pablo y sus dos hermanas hablan de su vida campesina. Una obra sobresaliente de una clase de personas que parece destinada a desaparecer, un tema que este Festival ya ha tocado con *Los terrícolas* de Arianne Doublet y *Perfiles campesinos* de Raymond Depardon. Esta es la primera película de Rémi Mauger, un experto reportero de prensa, radio y televisión que logró distribuir esta obra en las salas con excelente resonancia.

ARVO PÄRT, 24 PRELUDIOS PARA UNA FUGA

(Arvo Pärt, 24 préludes pour un fugue)
Un film de Dorian Supin
Estonia, Alemania, Rusia, 89 minutos, 2002

Retrato de un hombre medieval que tiene los ojos y la barba de un profeta del siglo XII... Tres años en la vida del compositor contemporáneo Arvo Pärt, que la cámara sigue a lo largo de ensayos, conciertos, seminarios y encuentros. El realizador estonio Dorian Supin sondea el mundo musical y el alma de este autor genial. Explora su forma de concebir la música, tratando de captar el factor que la hace cautivante. La película está dividida en 24 secuencias separadas que van introduciéndonos poco a poco en el universo onírico del compositor. Nacido en Tallin en 1935 y residente en Berlín, Arvo Pärt siempre ha buscado una música impregnada de espiritualidad que parece venir de la Edad Media, al margen de las corrientes actuales. El film contiene extractos de obras mayores muy conocidas, tales como *Tabula Rasa, Passio, Fratres, Cecilia...* Este filme es poco conocido en nuestro medio. La copia subtitulada al castellano proviene del cineasta argentino Tristán Bauer, quien visitó al músico para que le escribiera una pieza para su nuevo filme y subtituló esta obra.

LA FÁBRICA

(Fabric)
Un film de Sergueï Loznitsa
Rusia, 31 minutos, 2004

En la Rusia profunda los obreros pasan delante de un gigantesco afiche a la gloria de los héroes del trabajo. Se dirigen a una fábrica de ladrillos y una fundición de metal. La película es una mirada distanciada del mundo industrial de otra época, antiguo, superado. La cámara filma este trabajo arcaico. Las labores siguen el ritmo de las máquinas y de los pasos. Cada gesto busca su propia repetición. Las mujeres llevan los ladrillos de máquina en máquina ejecutando una ronda. Cada etapa de la cadena está filmada con una cámara fija que produce composiciones estáticas y ángulos inmóviles. Es una obra contemplativa, monótona, de la nueva escuela documental rusa. Fidocs exhibió en 2002 otra obra de este autor, titulada *La Colonia*. Loznitsa también realiza ficción y ha estrenado dos largos en Cannes con grandes expectativas.

ODESSA ODESSA

(Odessa Odessa)
Un film de Michale Boganim
Israel, Francia, 100 minutos, 2004

Una película profundamente nostálgica, poética, con un gran poder evocador, que tiene muchos elementos del cine de ficción. Es una obra que recuerda las películas de Fellini. En cierto modo es un espectáculo musical con unos personajes llenos de ternura. La directora de origen francoisraelí, Michale Boganim, sigue el recorrido de la antigua comunidad de Odessa que ha tenido que emigrar a muchos países a causa de las guerras y otras calamidades. Hoy, la «antigua comunidad» de Odessa vive dispersa por el mundo. Habita en tres ciudades que pueden considerarse como ciudades imaginarias. La primera Odessa es la Odessa verdadera, que hoy es una ciudad fantasma en tonos azules. La segunda Odessa está en un dinámico barrio de Nueva York en tonos rojizos (llamada «*Little Odessa*») y la tercera Odessa es una ciudad israelita de color blanco llamada *Ashdod*. En la primera parte, como era de esperar, aparece fugazmente la famosa escalera del *Acorazado Potemkin*.

EL «LIBERACE» DE BAGDAD

(The Liberace of Bagdad)
Un film de Sean McAllister
Reino Unido, 70 minutos, 2004

«Liberace» fue un pianista de origen italiano muy conocido en Estados Unidos en los años cincuenta y sesenta. Fue un pianista que tocaba música popular y también música clásica romántica cuya trayectoria hace suspirar a otro personaje, Samir Peter, un pianista de Bagdad, que en cierto modo se le parece... Durante la guerra, este personaje de Bagdad duerme en el sótano del hotel donde toca porque le da miedo cruzar la ciudad para llegar hasta su casa. Es un hombre lleno de optimismo, romántico y valeroso, que puede morir en cualquier momento porque toca el piano para los extranjeros, que son los enemigos en esta guerra. Mientras las condiciones empeoran, el pianista va perdiendo sus anhelos: emigrar a Estados Unidos, vivir en paz, rodeado de sus hijos y nietos que adora. La película es también un gran retrato del mismo autor del filme, Sean MacAllister (que es el operador de cámara), que filma todo el tiempo al pianista y muestra la invasión de Irak a través de su personaje: el «Liberace de Bagdad»... Una obra creativa y audaz, producida por su mismo autor.

ESTADO DE MIEDO

Un film de Pamela Yates
Estados Unidos, Perú, 94 minutos, 2004

Basado en el trabajo de la Comisión de la Verdad y Reconciliación del Perú, el filme *Estado de Miedo* muestra el precio humano y social cuando un país se lanza a una guerra contra el terrorismo (de Sendero Luminoso), una guerra sin un final claro y fácil de manipular por los líderes sin escrúpulos que buscan una ventaja política personal. El miedo al terrorismo de Sendero Luminoso terminó socavando la democracia peruana, arrastrando al país hacia una dictadura donde la corrupción reemplazó al estado de derecho. Los ataques terroristas provocaron la ocupación militar en algunas zonas rurales. La justicia militar reemplazó a la autoridad civil y los oficiales cometieron abusos en impunidad. Se calcula que cerca de setenta mil civiles fueron aniquilados tanto por Sendero Luminoso como por los militares peruanos.

Y EN VYBORG

(Hetket Jotka Jâivät, Only my films)
Un film de Pia Andell
Finlandia, 51 minutos, 2008

De esta película emana una fuerza evocadora y una nostalgia intensa como pocas veces he visto en otro filme documental. La realizadora Pia Andell construye una historia desde la «tradición nórdica»... Su película recuerda el mundo de Ingmar Bergman: con esas casas de campo en blanco y negro en medio de los bosques, con almuerzos al aire libre y grandes familias con manteles blancos, más una música evocadora... El dispositivo es sencillo: Pia Andell recuperó los rollos que su padre filmó durante muchos años, entre 1938 y 1949 (en 8 mm), donde aparece la vida familiar y asimismo los años de la guerra. Por diversas razones el marido (que se llama «Y») tiene que partir a trabajar en otra ciudad y la historia vira hacia el dolor. El texto de la película descansa en las cartas de amor que ellos se intercambian. Para recrear las voces la directora usó actores que dan un mayor sentido a estas imágenes. Se trata de un filme que respira una fuerte sensibilidad femenina, transparente y única.

LAS DOS VIDAS DE EVA

(Les deux vies d'Eva)
Un film de Esther Hoffenberg
Francia, 85 minutos, 2005

Una voz que cautiva, un viaje en tren, un álbum de fotos, una mujer hermosa llena de misterio... he aquí las primeras imágenes de esta *opera prima* de Esther Hoffenberg (durante largos años fue una productora importante), donde nos ofrece un retrato de su madre, Eva, una polaca de cultura alemana de la alta burguesía, hija de grandes industriales, que abandona el país cuando llegan los soviéticos en 1945... Se casa con Sam (un sobreviviente del gueto de Varsovia) y salen hacia París para empezar una vida nueva. El éxito de la pareja es completo. Pero Eva tiene su primer ataque mental en 1970. La directora nos cuenta el final del drama... «Eva atraviesa una crisis y me habla de su juventud. Me revela sus trastornos de conciencia relacionados con su identidad alemana en la guerra. Yo grabo esta confesión con la esperanza de aclarar un día esa historia que me toca». Toda la película está construida a partir de esta grabación única. «¿Qué contacto hay entre la historia de Europa y los cambios de identidad de mi madre? He intentado explorar este problema a lo largo de toda mi vida», concluye la directora.

SI SOS BRUJO, UNA HISTORIA DEL TANGO

Un film de Caroline W. Neal

Argentina, 79 minutos, 2005

Un joven músico argentino (Ignacio Varchausky) tiene la brillante idea de buscar a los viejos maestros de la época del oro del tango argentino para rescatar su sabiduría musical antes que mueran y se pierdan para siempre... *Si Sos Brujo* describe la creación de una orquesta escuela que narra la amistad entre Ignacio y el maestro anciano Emilio Balcarce de 82 años. He aquí un filme apasionante sobre la transmisión, donde los jóvenes escuchan los secretos de los viejos, donde la memoria musical es recogida por los novatos con humildad y dedicación... La directora estadunidense Caroline W. Neal se encontró con Ignacio Varchausky hace 6 años en Nueva York. Le atrajo tanto el proyecto que aceptó hacer la película y además se casó con Ignacio Varchausky.

1974, UN PASEO POR LA CAMPAÑA PRESIDENCIAL

(1974, Une partie de campagne)

Un film de Raymond Depardon

Francia, 90 minutos, 1974-2001

En 1974, el camarógrafo y periodista Raymond Depardon aceptó el encargo de seguir al candidato de la derecha para filmar su campaña presidencial... Giscard d'Estaing adoptó un estilo «a la americana» (imitando a Kennedy) y Depardon le acompañó como una sombra: en su helicóptero, en sus mitines, en su despacho privado... Pero después, cuando Giscard ya fue elegido presidente, prohibió el filme por causas que se desconocen. Durante treinta años, Raymond Depardon guardó la película en un cajón hasta que, tres décadas más tarde, en el año 2001, Giscard levantó la censura, sin tampoco dar ninguna explicación. Es un gran ejemplo de «cine directo» y sobre la incansable paciencia de Raymond Depardon. Un film extraordinario.

ANTES DE VOLVER VOLANDO A LA TIERRA

(Pries Parskrendant I Zeme)

Un film de Arünas Matelis

Lituania, Alemania, 52 minutos, 2005

Una película sobre los niños enfermos que, muy lejos de ser una obra triste, consigue el entusiasmo del público y gana algunos festivales documentales (en Ámsterdam y Leipzig), y finalmente queda nominada como el «mejor el documental europeo» en 2005. La obra ofrece una dimensión poética tan intensa, tan sincera, que uno queda atrapado por la fuerza del relato, la atmósfera, la música y por las reflexiones de los niños con leucemia en el hospital de Vilnius (Lituania). La película funciona por su humanismo más que por su carácter trágico. Su director, Arünas Matelis, es uno de los más destacados cineastas del báltico, donde hay una sólida cultura documental que este filme representa con honores.

BLOQUEDA

(Blokada)
Un film de Sergueï Loznitsa
Rusia, 52 minutos, 2005

Una película del pasado que parece venir del futuro. Una obra hecha con algunas secuencias de archivo que tienen setenta años de antigüedad... Sergueï Loznitsa encontró este material en los archivos de Moscú sobre el bloqueo de Leningrado durante la Segunda Guerra Mundial. Con estas imágenes sin sonido construyó una banda sonora meticulosamente detallista que nos da la impresión de que las escenas de la ciudad han ocurrido ahora. El realizador no interviene en la duración de los planos, pero otorga a cada escena el espacio para esbozar una historia. Entre cada secuencia coloca unos cuadros en negro para separar los diferentes momentos. Así, las viejas imágenes trascienden el evento histórico (el bloqueo de la ciudad) y adquieren una nueva vida.

EL CIELO GIRA

Un film de Mercedes Álvarez
España, 115 minutos, 2004

Desde la primera imagen esta película nos seduce. Con la imagen de un cuadro enigmático pintado por un artista que ha perdido la vista, la voz de Mercedes Álvarez empieza a contarnos una historia fantástica que es la historia de su propia infancia y primera juventud. Esta voz en un solo tono, conmovida por la emoción y el recuerdo, nos conduce hacia la región más fría y solitaria de España, Soria, donde la gente vive escondida debajo de la tierra. El comentario es seco, profundo, bien trabajado, inteligente. De pronto aparecen las huellas de los dinosaurios, pues estamos encima de millones de años de vida interrumpida. Esta obra es un ejemplo de filme documental y quizás un adelanto de lo que España nos dará con los años, una vez que desaparezcan los actuales funcionarios de la televisión. Se dice que esta cinta está influenciada por Víctor Erice y José Luis Guerín. Sin duda esto puede ser verdad. Pero yo me atrevo a decir que Mercedes Álvarez ya ha desarrollado un estilo completamente propio. Ella trabajó en la soledad más absoluta porque su productor no entendió nunca lo que estaba produciendo y, por lo tanto, se transformó en uno de los peores productores de Europa. La obra consagró plenamente a la directora.

VIVIR EN TAZMAMART

(Vivre a Tazmamart)
Un film de David Zylberfjan
Francia, Marruecos, 72 minutos, 2001

Durante los mismos años de la dictadura de Pinochet (1973-1990) cincuenta hombres fueron enterrados vivos en el desierto de Marruecos después de preparar un golpe de Estado para expulsar del trono al rey Hasán II, considerado por ellos como un tirano. Los servicios de inteligencia descubrieron el complot y los rebeldes fueron encerrados en una zona del desierto llamada «Tazmamart». La mayor parte murió en esta siniestra cárcel subterránea donde no podía entrar la luz del sol. Pero 15 hombres sobrevivieron y fueron liberados después de la muerte de Hasán II. Ellos pertenecían a la élite del ejército de Marruecos. Mientras muchos oficiales eran indiferentes a los cambios, este grupo se rebeló abiertamente. Formaron parte del núcleo democrático que recibió una educación de calidad en varias academias militares extranjeras. Estos hombres se expresan con elocuencia y cuentan con sabiduría sus trágicas vidas. Demuestran un buen grado de cultura y elegancia natural. *Vivir en Tazmamart* es una una película luminosa que nos enseña hasta qué punto la peor de las cárceles no puede acabar con el espíritu libertario de un puñado de hombres resueltos. Igual como ocurrió en Chile, donde hay miles de prisioneros torturados que resistieron y que hoy se encuentran bien. David Zilberfjan, un joven director marroquí, encontró a cinco sobrevivientes en 1999 y los filmó en paisajes luminosos, llenos de vida. Logró hacer un clásico del cine testimonial: un tesoro para la memoria del pueblo de Marruecos y del mundo. Pinochet y Hasán II pertenecían a la misma camada oscura.

RÍO CONGO

(Congo river)
Un film de Thierry Michel
Bélgica, 116 minutos, 2005

Siguiendo las huellas del explorador inglés Stanley, el filme nos invita a hacer un viaje único: remontar el Congo (4.371 kilómetros de largo), desde la desembocadura hasta sus fuentes en la jungla... También es un viaje por la historia africana donde están las huellas de los colonizadores, como el rey Leopoldo II y el propio Stanley, más otros líderes modernos como Patricio Lumumba o Mobutu. El viaje atraviesa guerras, fiestas y dioses de las aldeas ribereñas. El río está lleno de grandes balsas planas, repletas de gente y animales como grandes «arcas de Noé». La cámara sigue de cerca a estas embarcaciones repletas de mercancías, ganado y familias que van y vienen por el cauce majestuoso del río, tal como lo hacían sus antepasados. Esta es la cuarta película del director sobre el Congo. Entre ellas sobresale *Mobutu, Rey del Zaire*, que FIDOCS exhibió en 1999, un retrato de un déspota tan cruel como Pinochet, pero más imaginativo.

FIELES HASTA LA MUERTE

(Wir sind dir treu)
Un film de Thierry Michael Koch
Suiza, 9 minutos, 2005

Se trata de nueve minutos inolvidables para los amantes del fútbol. El jefe de la barra del equipo de Basilea (Suiza) es el responsable de caldear el ambiente, animar a los hinchas, celebrar los goles y volver a empezar de nuevo cuando el equipo va perdiendo... La cámara está fija en los espectadores. Pero nunca vemos el campo de juego. Uno puede adivinar lo que está ocurriendo en la cancha a través de las reacciones de la barra. La obra nos hace reír o vibrar a través de los hinchas y los esfuerzos titánicos del jefe para mantener la moral alta. Una pequeña gran obra del documental deportivo realizado con talento y una enorme economía de medios.

EN EL HOYO

Un film de Juan Carlos Rulfo
México, 84 minutos, 2006

En una de las ciudades más populosas del mundo (México DF) se construye un puente gigantesco que pasa por encima de numerosas manzanas y barrios enteros y que parece una avenida suspendida en el aire con miles de vehículos a toda marcha. Es una obra colosal que hizo célebre al presidente López Obrador, pero sobre todo hizo famosos a los obreros que la construyeron gracias a este documental de Juan Carlos Rulfo. Es una película trepidante que se desarrolla a veinte metros de altura. Su éxito descansa en una brillante banda musical compuesta por Leonardo Heiblum y con el montaje inteligente de Valentina Leduc, sin mencionar a los nueve trabajadores protagonistas. El gran mérito de haber elegido el tema le corresponde al director, Juan Carlos Rulfo, que ha estrenado en nuestro certamen sus dos obras anteriores: *El abuelo Cheno* y *Del olvido al no me acuerdo*.

CARTONEROS DE VILLA ITATÍ

Un film colectivo
Argentina, 48 minutos, 2003

Una Asociación de cartoneros de los alrededores de Buenos Aires nace en el peor momento de la crisis económica argentina, a finales de 2001. Tres de ellos aprenden a manejar la cámara y describen las actividades del grupo durante dos años. Estas imágenes sirven de materia prima al colectivo de cineastas que después continuará filmando. Ellos ceden la palabra a los habitantes de la villa, a los «cartoneros», que viven de la venta del cartón desechado. En las entrevistas conocemos sus ilusiones, expectativas y reflexiones sobre la violencia. *Cartoneros...* es la fusión entre el cine directo y el trabajo social en la base. Tanto en Argentina como en México han aparecido filmes hechos por cineastas independientes que denuncian y analizan la situación de sus pueblos. Ana Cacopardo (una de las cineastas que hizo la película) es la directora de la comisión por la memoria de la provincia de Buenos Aires.

NUESTROS AMIGOS DEL BANCO

(Nos amis de la banque)
Un film de Peter Chappel
Inglaterra, Francia, 84 minutos, 1997

Peter Chappel es director de fotografía y realizador. Chappel logró infiltrarse en las reuniones del Banco Mundial para filmar cómo se cocinan los préstamos y las ayudas financieras de alto nivel para África. La pregunta general es... ¿cómo es posible que la deuda de los países del

Sur esté en las manos de un puñado de funcionarios de una institución llamada Banco Mundial?... Durante mucho tiempo las negociaciones se desarrollan entre este banco y un país paralizado por su endeudamiento: Uganda. Esta encuesta bien filmada pone en evidencia los mecanismos de las altas esferas y la implicación del Banco Mundial y el Fondo Monetario en los asuntos internos de los modestos países del Sur.

UN SUEÑO DE TELA ROJA

(Un revé d'étoffe rouge)
Un film de Maggie Perlado
Francia, 62 minutos, 2005

José Perlado es un héroe de la guerra civil española. Cuando estalla la guerra era aprendiz de ebanista y militante comunista. Se convierte en un joven capitán de tanques que participa en las principales batallas. Derrotado, pasa a Francia, donde entrega sus armas y termina en el campo de *Septfonds*. Se enrola en la resistencia francesa para luchar contra los alemanes. Derrotado por segunda vez, es enviado al campo nazi de Mauthausen, donde se convierte en el jefe del PC clandestino. Regresa a París tras la liberación, abandona el Partido Comunista en 1950 y se instala en Burdeos, donde su hija, Maggie Perlado, hace una película sobre él... Estamos frente a una gran historia, pero sin los recursos económicos necesarios. A pesar de ello, esta realizadora sin experiencia nos ofrece el privilegio de conocer a un hombre exepcional, combatiente de dos guerras y sobreviviente de dos campos.

RETRATOS CAMPESINOS, LA VIDA COTIDIANA

(Profil paysan, le quotidien)
Un film de Raymond Depardon
Francia, 82 minutos, 2005

Esta es la segunda parte de la trilogía campesina realizada por Depardon, uno de los maestros del documental. El autor va en busca de algunas familias de campesinos en Lozère (sur de Francia). Jóvenes agricultores se instalan en estas hermosas regiones de media montaña. Sin embargo la angustia planea sobre los más viejos. La transmisión del patrimonio se convierte en un drama para ellos. Confrontándose al tiempo, Raymond Depardon rinde un homenaje a estos hombres con sus mujeres que corren el riesgo de desaparecer borrados por el mundo moderno. Es la continuación de la trilogía que comenzó en 2001, con dos obras: *La aproximación* y que sigue con *La vida cotidiana*.

RETRATO DE DORA

Un film de Sonia Herman Dolz
Holanda, 52 minutos, 2005

Esta cinta es un retrato de la artista española Dora Dolz a través de los ojos de su hija, la cineasta Sonia Herman Dolz, que muestra con claridad el proceso creativo de esta mujer talentosa y tenaz, así como su manera de tomarse la vida con alegría y sobre todo con calor humano. Dora Dolz emigró de España hacia los Países Bajos en 1965. Pasó de ser una «forastera» a una «lugareña». En treinta años de esfuerzo infatigable, Dora creó una obra plástica sobresaliente en pintura, cerámica y escultura que el filme muestra con detalle.

LA SALVAJE Y AZUL LEJANÍA

Un film de Werner Herzog
Alemania, Inglaterra, Francia, 81 minutos, 2005

El punto de partida es una hipótesis posible: un grupo de cosmonautas que gira alrededor de la Tierra no puede volver porque nuestro planeta se ha vuelto inhabitable. Las razones quedan sueltas: podría ser por una guerra atómica o una enfermedad que terminó con todos los seres humanos o cualquier otra catástrofe. La tripulación de la nave espacial tiene entonces que buscar un lugar más hospitalario en nuestro sistema solar... Construida como una ópera visual, con astronautas reales que han tripulado la nave Space Shuttle, y matemáticos que trabajan para la NASA, la película es una fiesta de imágenes excepcionales, de colores extraños y sonidos inéditos.

LOS NIÑOS DE LA CÁMARA

(Camera kids)
Un film de Zana Briski y Ross Jauffman
Estados Unidos, India, 85 minutos, 2005

En el barrio de la prostitución en Calcuta, en medio de una pobreza atroz, hay un grupo de niños inolvidables y maliciosos. Todos son los hijos de esas mujeres. Frente a la violencia, los abusos y la desesperación, ellos tienen pocas posibilidades de poder escapar de un futuro menos trágico y construir una vida mejor. Pero en compañía de la fotógrafa Zana Briski, comienzan una aventura hermosa y extraordinaria: ella les enseña el arte de la fotografía y todos se embarcan en un viaje mágico que los transforma.

POR UN SOLO DE MIS OJOS

(Pour un seul de mes yeux)
Un film de Avi Mogravi
Israel, Francia, 85 minutos, 2005

La intifada empuja a los israelíes hacia el miedo, mientras que empuja al pueblo palestino hacia la desintegración. En estas circunstancias difíciles el director Avi Mograbi sigue creyendo en la fuerza del diálogo. Con los palestinos bajo estado de sitio y el ejército israelí omnipresente, discute por teléfono desde Israel con un amigo palestino sobre la situación infernal del Medio Oriente, mientras la segunda intifada golpea con fuerza. Avi Mograbi dirige su cámara hacia las zonas ocupadas, rebelándose contra los soldados israelíes que impiden el viaje de una mujer hacia la casa de su hija, discutiendo a su vez con los soldados que impiden a los niños palestinos llegar a sus escuelas. El director pierde los nervios y se enfrenta a los soldados con riesgo. Avi Mogravi agarra la cámara con la mano y avanza sin miedo, sin temor. Utiliza la cámara para protegerse sin dejar de gritar a los soldados, como un escudo, olvidándose del peligro que corre. Gracias a su valor y su capacidad para dialogar, pase lo que pase, este director israelita es un ejemplo para todos los que amamos la libertad.

HERMANOS OLIGOR

Un film de Juan López Lloret

España, 95 minutos, 2005

Los hermanos Oligor son dos jóvenes que durante tres años se encierran en un sótano para crear un mundo de máquinas y títeres utilizando objetos reciclados. Sin ninguna experiencia anterior, entran en un proceso de creación donde se mezclan la magia y el ensueño. Aislados en su propio mundo, configuran un espectáculo que primero muestran a algunos amigos del barrio y después salen al mundo exterior. La obra se llama «Las tribulaciones de Virginia» y se desplazan a Barcelona, Valencia y Berlín. El espectáculo que nos proponen es un sistema de espejos donde se tejen distintas fábulas. La personalidad extremadamente sensible de Jomi Oligor y su forma de hablar, más sus ideas, forman parte de la representación. Este filme apasionante nos recuerda de alguna manera el universo íntimo de la compañía chilena La Tropa, y por otro lado a los gigantes mecánicos de la compañía francesa Royal de Luxe.

11° FESTIVAL 2007, CINES HOYTS DE LA REINA, INSTITUTO GOETHE, VALPARAÍSO, RANCAGUA

VIAJE EN SOL MAYOR

(Voyaye en sol majeur)

Un film de Georgi Lazarevski

Bélgica, 52 minutos, 2006

Sin la ayuda de un productor, un camarógrafo, un ingeniero de sonido... sin la ayuda de un canal de televisión ni subvenciones... Georgi Lazarevski, un joven director francés hijo de madre belga y padre yugoslavo, filma a su abuelo de 93 años y alcanza el triunfo unánime del público y la crítica... ¿Cómo es posible que ningún funcionario de la televisión o el cine no se haya dado cuenta antes?... El caso de esta obra es un símbolo de la mediocridad de muchos funcionarios cinematográficos del mundo. La única persona que creyó en el proyecto fue la documentalista Mariana Otero (autora de *Historia de un Secreto,* ya mostrada en este Festival en 2004). Ella escribe: «Con mucha libertad formal este filme nos invita a una reflexión sobre la vida y la muerte totalmente inédita. Nos muestra el sencillo viaje de un abuelo con su nieto en Marruecos. Ellos atraviesan el desierto y los oasis. Pero bien pronto el espectador se da cuenta de que hay otra historia en el fondo. He aquí uno de los grandes placeres del cine cuando detrás de una historia sencilla se esconde otra. El filme nos lleva hacia los confines más íntimos de una persona, nos lleva hacia algo invisible que está adentro de cada uno de nosotros: la condición humana. Este hombre, liviano y gracioso, nos habla a los 93 años de su vida pasada y de su muerte próxima, con gran agudeza y sin compasión. ¡Nos convence de que a los 93 años aún pueden ocurrir cosas!... La película es una manera lúcida de mirar hacia atrás avanzando hacia adelante». Georgi Lazarevski es fotógrafo y operador de cámara, tanto para filmes de ficción como documentales. Se graduó en la Escuela Lumières de París. Para este rodaje utilizó una cámara Sony de bolsillo y un micrófono adicional de corbata. Hizo una obra maestra.

CUBA, UNA ODISEA AFRICANA

(Cuba, une odysée africaine)
Un film de Jihan El-Tahri
Francia, Cuba, 190 minutos, 2006

Obra en dos partes

Una película que revela la epopeya cubana en África, un trozo de la historia mal conocido y mal interpretado. Esta brillante película de la directora Jihan El-Tahri (de origen franco-egipcio) muestra cómo los cubanos sostuvieron 17 revoluciones africanas durante varias décadas. Veamos con detalle los distintos momentos de la obra. SINOPSIS DE LA PRIMERA PARTE: En 1965, después del asesinato del independentista Patricio Lumumba, Che Guevara llega al Congo con 130 cubanos para ayudar a la guerrilla de los seguidores de Lumumba. Con un nombre falso («Tatu», en lengua *swahili*) intenta derrocar el poder neocolonialista instalado en Kinshasa. La tentativa termina en un fracaso. Pero un año después La Habana proporciona ayuda técnica a la guerrilla de Amilcar Cabral, en Guinea, que triunfa y obtiene la independencia de Portugal en 1974. SINOPSIS DE LA SEGUNDA PARTE: La guerra de Angola empieza en 1975, cuando dos rebeliones sostenidas por Estados Unidos y África del Sur atacan al régimen pro soviético de Agostinho Neto. Cuando todo parecía perdido, los cubanos desembarcan con 35.000 hombres (sin autorización de los soviéticos) y después alcanzan la cifra de 450.000 hombres. Se trata de la mayor expedición militar después de la segunda guerra mundial con tanques, aviones, cohetes y artillería, dirigidas por Fidel Castro por teléfono desde La Habana. Un hecho absolutamente insólito, que esta película apasionante narra con claridad y estilo sobrio.

EL PAPEL NO PUEDE ENVOLVER LA BRASA

(Le papier ne peut pas envelopper la braise)
Un film de Rithy Panh
Francia, Cambodia, 90 minutos, 2006

Tercera obra sobresaliente de Rithy Panh exhibida por este festival después de *La tierra de las almas errantes* (2000) y *S-21, la máquina de la muerte Khmer roja* (2003)... Ahora filma a un grupo de prostitutas en Phnom Penn. No las filma en los bares sórdidos de la ciudad, sino en lugares hermosos llenos de luz vestidas con saris multicolores. Describe a estas mujeres marcadas por la vergüenza que las condena a no poder regresar a su pueblo, aún si allí nadie sabe lo que hacían. «La película se sitúa lo más cerca posible de la vida –dice Rithy Panh—y por lo tanto muy cerca de la muerte espiritual de una prostituta. Este último escalón social se paga por la irreparable injusticia de un proceso que no tiene vuelta atrás: la destrucción de un cuerpo. Es para mí un compromiso, una tentativa de reparación: de regresar sobre mi incapacidad de reaccionar frente a lo intolerable. Este proyecto de película viene de ahí. En mí, la impotencia se mezcla con la rabia, y la rabia contra aquellos que van a ver a estas "putas" desde la indiferencia, la miseria o la buena conciencia. Esta película se parece por lo tanto a esa rabia, entrecortada, despedazada, como los fragmentos de un sueño»… Rithy Pahn estudió cine en Francia después de haber escapado de los campos de trabajo del régimen Khmer rojo y refugiarse en Tailandia. Él cree que el pueblo de Cambodia puede reapropiarse de su identidad y sus raíces gracias al cine documental. En los años ochenta descubrió el estado crítico del patrimonio audiovisual de su país, donde los archivos iban a desaparecer enterrados por el polvo. Con la ayuda de un colega (el cineasta Pannaka), movilizó a las autoridades para que colaborasen con su Centro Bophana para rescatar esas fuentes, con tres objetivos: reunir las imágenes y sonidos de la memoria; formar técnicos audiovisuales y fomentar la producción propia. La salvación de las imágenes se puso en marcha a partir de 2005, mientras que los otros dos sectores están en desarrollo. Un ejemplo para Chile.

VIVIR EN PAZ

(Vivre en paix)
Un film de Antoine Cattin y Pavel Kostomarov
Suiza, Rusia, 45 minutos, 2004

La atmósfera de esta película golpea de una forma inexplicable al espectador desde el inicio. Empieza con la descripción de un establo: el trabajo silencioso de dos hombres, la mirada perdida de ellos, más los efectos de la banda sonora. Todo para describir un mundo vacío, aislado, donde parece que la vida ha desaparecido. Se trata de un padre y su hijo que trabajan en una granja lejos de Moscú. El personaje principal ha perdido a su mujer bajo los bombardeos de Chechenia. Este hombre y su hijo son contratados para reparar una granja en ruinas lejos de Moscú. ¿A qué se parece esta vida pacífica en medio de este campo estéril? Los dos viven en una sociedad que los rechaza. *Vivir en Paz* no habla de la guerra, sino sobre sus huellas. Los autores crean una atmósfera interior pocas veces vista en el género documental. Han hecho un *clásico*… ¿quienes son? Se trata de dos jóvenes cineastas de 30 años: el suizo Antoine Cattin, que fundó la revista *Hors Champs* y trabaja en Moscú, y el ruso Pavel Kostomarov, que estudió en el Instituto de Cine (VGIK).

PULQUI, UN INSTANTE EN LA PATRIA DE LA FELICIDAD

Un film de Alejandro Fernández Mouján

Argentina, 52 minutos, 2006

El primer avión a reacción construido en América Latina fue realizado en la República Argentina. Fue diseñado por la industria aeronáutica local bajo el gobierno de Juan Domingo Perón. La flamante aeronave recibió el nombre de «Pulqui» y causó un gran revuelo sobre Buenos Aires cuando atravesó la ciudad en vuelo rasante, provocando un estruendo en el año 1955. En esa época los únicos aparatos del mismo tipo que existían en el mundo eran el «Mig 13» (ruso) y el «Sabre F86» (estadounidense). Argentina parecía que había alcanzado el nivel de potencia mundial. Fue la culminación de la época de Perón y el sueño del Partido Justicialista. Agunos meses más tarde, sin embargo, un golpe de Estado expulsó del poder a Perón y el ambicioso proyecto «Pulqui» cayó en el olvido. El avión pasó como un sueño fugaz por encima de las ilusiones de los ciudadanos, que nunca más lo vieron. Cuarenta años más tarde (en 2005), el pintor y escultor Daniel Santoro concibe la idea de construir de nuevo el avión «Pulqui». Es quizá la mejor película que explica el fenómeno político del peronismo. Es un filme único, apasionante.

LA ESCUELA DEL CIRCO

(Maxi Xueixiao)

Un filme de Guo Jing y Ke Dingding

China, 100 minutos, 2006

Se trata de la famosa escuela del circo de Shanghái, donde los niños aprenden el trapecio, el equilibrio y la acrobacia. El espectáculo pone al descubierto los números demasiado exigentes para los alumnos. Con un régimen espartano y una disciplina de acero, el sufrimiento se impone como único horizonte para una etapa de la infancia. No queda más que la obediencia y la sumisión. Los alumnos soportan bastante mal esta vida de cuartel, que no responde a los deseos de ellos ni de sus padres. Algunos resisten, otros se fugan o se refugian en la bulimia. La mayoría se concentra en una determinación para conseguir las metas de sus entrenadores. El director incluso regaña a sus propios profesores, que lloran de impotencia. El filme es una metáfora del deseo de querer triunfar a toda costa, que es tal vez el objetivo de China.

TIERRA NEGRA

Un filme de Ricardo Iscar

España, 90 minutos, 2005

El filme es un viaje al centro de una mina de carbón situada al norte de León (en España), una región parecida a la zona carbonífera chilena, en Lota. Es un descenso de 300 metros bajo tierra, al reino de Hades (el dios del mundo subterráneo), recorriendo galerías que semejan las costillas de un esqueleto, pozos sostenidos por maderos que bajan en vertical hasta la veta de carbón. Ricardo Iscar nos mete en este mundo de tinieblas donde desaparece la noción de «espacio» en un laberinto de corredores angostos, donde los mineros viven en la penumbra. Algunos se hacen cargo de la recuperación de viejas galerías abandonadas, que se derrumban a cada instante. Es una película sobre el miedo y la aventura de entrar en espacios desconocidos. «Este trabajo –dijo Iscar– me transporta hacia la época de Julio Verne y las historias fabulosas que escuchaba cuando era niño». En 1994, Iscar se diplomó en la Academia de Cine y Televisión de Berlín. Entre sus obras figuran *La punta del Moral* y un filme premiado en Berlín, *El Cerco*.

LOS AÑOS DE CLIC

(Les annés de clic)
Un filme de Raymond Depardon
Francia, 65 minutos, 1985

Raymond Depardon explica delante de la cámara las principales fotos que él hizo durante veinte años, entre 1957 y 1977. No hay nada más y nada menos. La única «música» es la voz vacilante y a veces quebrada del propio cineasta. Depardon siguió a las vedettes de Europa, cruzó el desierto del Chad para encontrar a la etnóloga Françoise Claustre, viajó a Santiago de Chile y Temuco para mostrar la revolución de Allende, filmó en Francia la campaña presidencial de Valery Giscard, etc... Esta obra nos demuestra que relatar una historia, por simple que sea, constituye la base principal de la comunicación humana. Con la mirada puesta en sus fotos, nos cuenta veinte años de oficio. Nacido en una aldea del campo, a los 16 años se orientó hacia la fotografía. Fundó la Agencia Gamma en 1966. Empezó como cineasta bajo la influencia del cine directo de Estados Unidos. Hizo más de 42 obras, entre largos, cortos, documentales y ficción. Junto con Fred Wiseman y Johan van der Keuken, es una de las tres figuras esenciales del género, que sigue activo.

UN TIGRE DE PAPEL

Un filme de Luis Ospina
Colombia, 112 minutos, 2007

La obra gira en torno a Pedro Manrique Figueroa, precursor del *collage* en Colombia. Según el director, «Manrique Figueroa es el secreto mejor guardado del arte colombiano», y para revelar ese enigma Luis Ospina reúne un abanico de personalidades de la escena cultural de su país. El resultado es un panorama del arte y la política en Colombia durante medio siglo (desde 1934 hasta 1981)... La película es un *collage* de archivos, textos, fotos y entrevistas. Aparecen escritores, guerrilleros, pintores, hippies y algunos extranjeros. Durante las primeras secuencias la película es una ópera luminosa, una zarzuela de un país de locos. Pero el espectador va experimentando la sospecha y la duda. ¿El artista Pedro Manrique Figueroa existió o no existió?... Poco importa la *verdad,* ya que la auténtica realidad de Colombia aparece en las mentiras de los personajes. Luis Ospina construye un mural extraordinario donde retrata una forma de ser latinoamericano.

EL DIARIO DE AGUSTÍN

Un filme de Ignacio Agüero
Chile, 80 minutos, 2008

El director Ignacio Agüero concibe un dispositivo basado en la astucia para realizar esta película. Utiliza el trabajo de un grupo de alumnos de periodismo que visita *El Mercurio* con el propósito de hacer una tesis sobre la historia del periódico. Detrás del equipo de investigadores Ignacio Agüero instala su cámara... Por primera vez algunos miembros de este diario enfrentan críticas y preguntas molestas. Esto basta para empezar a destruir el mito de este periódico, algo que nadie se había atrevido hacer antes. Ningún gobierno anterior osó tocar este tema ni poner en duda la trayectoria de su director, Agustín Edwards, que al otro día de la elección de Allende viajó a Washington para convencer a Nixon de que era necesario aplastar el gobierno socialista... ¿De qué manera *El Mercurio* se transformó en un agente político que estuvo detrás del derrocamiento de Salvador Allende y del ascenso de Pinochet?... Durante cinco generaciones este diario fue el más influyente en la historia del país. Su rol durante la dictadura es un siniestro secreto bien guardado. Frente a este silencio, Ignacio Agüero se atreve a cuestionar la moral de *El Mecurio*, que desinformó, ocultó información y apoyó la violación a los derechos humanos. Una obra valiente, única y necesaria.

GRANDES DETALLES: TRAS LAS HUELLAS DE FRANCIS ALŸS

(De larges details: sur les traces de Francis Alÿs)
Un filme de Julien Devaux
Francia, 56 minutos, 2006

Francis Alÿs es un artista contemporáneo de nacionalidad belga: pintor, escultor, videasta e «intervencionista urbano». Instalado desde hace quince años en México, esta ciudad es un laboratorio que se presta para su búsqueda notable. Recorre a pie las calles soltando un hilo de pintura o tirando un juguete imantado que se cubre de chatarra urbana, o bien empujando una barra de hielo hasta que desaparece... Se atreve a penetrar en el interior de un remolino de polvo que se eleva, poniendo en riesgo su vida. El cineasta Julien Devaux sigue sus pasos y filma los pequeños y grandes detalles de estas acciones insólitas.

DESDE SU DEPARTAMENTO

(De son appartement)
Un filme de Jean-Claude Rousseau
Francia, 70 minutos, 2007

En esta obra rara el director se filma a sí mismo encerrado en su departamento con dos gatos y leyendo algunos trozos de «Berenice», mientras prepara tazas de té y camina por un pasillo desierto, más allá de la realidad y por encima del tiempo. De repente una ventana se abre y la bocanada de aire que entra parece una explosión de vida... Los ruidos de la ciudad ahogan el silencio por un breve instante. Después la obra continúa, monótona como siempre. Esta extraña y fascinante falta de acción me recordó el estilo del misterioso cineasta catalán José María de Orbe (autor de la obra, *Aita*, en su versión corta).

EL TELÓN DE AZÚCAR

(Le rideau de sucre)
Un film de Camila Guzmán
Francia, Cuba, 82 minutos, 2006

La realizadora Camila Guzmán nació en Santiago de Chile en 1971. Dos años más tarde llegó a La Habana, donde se educó y creció. Vivió en un barrio común y corriente durante su infancia y primera juventud. Nunca pudo olvidar aquel tipo de paraíso donde ella se sintió feliz. «En Cuba se vivía con modestia y sin angustias económicas –dice ella–, era un país donde todos nos sentíamos iguales y donde todo lo material carecía de valor»... El entusiasmo de la revolución con el retrato de Fidel y Ernesto Guevara colgado en todas partes, más esa rara sensación de seguridad que se respiraba, tocó a Camila cuando era niña. Ahora, por fin, ya adulta, puede narrar esta historia ambivalente conservando su capacidad de ilusión. Esto le permite revelar algo que ninguna otra película sobre Cuba contó antes: mostrar desde adentro, desde el interior, de qué manera ese sueño radiante se convirtió en una decepción. Es un país que ella nunca ha dejado de querer. Por lo tanto, es una historia difícil encarnada por la subjetividad; es un testimonio único. Un filme que hizo 25.000 entradas en Francia, premiada en muchos festivales.

FLOR DE LILA

(Holunderblüte)
Un filme de Volker Koepp
Alemania, 89 minutos, 2007

La ciudad portuaria de Kaliningrado es actualmente una ciudad rusa. Es una urbe donde se viven los problemas de la desocupación y el alcoholismo. Esta película podría ser la historia de tantas otras ciudades portuarias del norte de Europa que tienen problemas similares e incluso se parecen físicamente. Pero Volker Koepp se enfrenta a un territorio fílmico con una idea «intensamente documental»: durante un año sigue a un grupo de niños que viven con sus familias en esta ciudad medio abandonada. Sin embargo, nunca vemos a los adultos. Ninguna familia aparece en la pantalla. Sólo son mencionadas a través de los diálogos y las anécdotas que narran los niños. Sus conversaciones y sus juegos son los protagonistas de esta cinta, enmarcados por las cuatro estaciones del año, que marcan el ritmo y tiempo de la narración. Volker Koepp es una de las grandes figuras del documental de Alemania y Europa.

LA LENGUA NO MIENTE

(La langue ne ment pas)
Un filme de Stan Neumann
Francia, 72 minutos, 2004

Durante el régimen nazi el profesor universitario Víctor Klemperer, filólogo y teórico de literatura, fue expulsado de la educación pública a causa de su origen judío. Le dieron una jubilación anticipada por ser «no ario». Klemperer se encerró en su casa y se sumergió en la escritura de una obra monumental de 1.600 páginas titulada «Mi voluntad de dar testimonio hasta lo último». Es una profunda inmersión en la lengua de los nazis. Es el estudio detallado de cómo a traves de la lengua se manifiesta el fascismo, el odio, la discriminación contra los judíos, el crimen contra la humanidad: esta lengua fue bautizada con tres letras, «LTI», que en latín quiere decir «lengua del tercer imperio» (es decir lengua del Tercer Reich). La determinación de Klemperer podría resumirse en una sola frase: «Este diario me ha permitido conservar el equilibrio sin caer en el vacío, en las horas de disgusto, desesperanza y horror». Con este tema extraordinario y complejo el cineasta Stan Neumann construye una película a base de palabras. Cada palabra aparece en la página en blanco de una vieja máquina de escribir. Por ejemplo, el profesor analiza la palabra «pueblo» (*Volk*) y todas sus derivaciones nazis. La máquina escribe: «*Volk*»... y después «*Volkfest*», fiesta del pueblo, «*Volksgemeinscha*», comunidad de pueblo, «*Volksfremd*», extraño al pueblo, «*Artfremd*», extraño a la especie... Todo el filme se basa en las palabras que Klemperer va estudiando, una por una. La película se reduce a su voz (y sus textos), a su mesa de trabajo, a su máquina de escribir, colocada delante de una ventana abierta de par en par. Algunas hormigas recorren las páginas. Otras veces observamos un altavoz por donde oimos los discursos nazis y las imágenes de los desfiles, actos públicos y ceremonias del poder. Hay muy pocas películas documentales tan admirables como esta en los últimos años. Víctor Klemperer era el octavo hijo de un rabino y tío del famoso director de orquesta Otto Klemperer. Pudo salvar la vida gracias al coraje de su mujer, que fue considerada de raza «aria pura». Estamos ante una película imprescindible. Una obra sobresaliente.

LOS HIJOS DE CHECHENIA

(Itchkeikenti)
Un filme de Florent Marcie
Francia, 145 minutos, 2006

Florent Marcie, en 1996, en ese momento un joven documentalista francés, recorre y filma de modo clandestino el país en guerra (Chechenia), entrando en los campos y centros urbanos donde se combate casi todos los días. En el transcurso de su exploración entra en la ciudad de Grozni casi completamente en ruinas, vigilada por las tropas rusas, donde se celebra una manifestación independentista que desafía al ejército ocupante. Aquí la película alcanza una dimensión épica y consigue transmitir el espíritu ancestral de un pueblo libertario. Muestra los círculos de danzantes de todas las edades que parecen escapados de una fiesta de la Edad Media o de una película de Serguéi Eisenstein. La intensa música coral, los gritos, los movimientos de los brazos, los golpes de las botas en el suelo, la fuerza ilimitada de las melodías tradicionales, constituyen una secuencia que va más allá de una crónica de guerra y nos transmite una forma de rebelión popular bajo la apariencia de una fiesta atávica. Esta secuencia refleja el sentimiento de autodeterminación de este pueblo que habita desde los tiempos inmemoriales las montañas del Cáucaso... *Los hijos de Chechenia* fue montada diez años después de haber sido filmada, y hoy se convierte en un documento único, irreemplazable, de la primera guerra chechena, un episodio casi olvidado de la historia. Una obra universal sobre la condición humana, la guerra y la resistencia.

RAFAH, CRÓNICA DE UNA CIUDAD EN LA FRANJA DE GAZA

(Rafah, chroniques d'une ville dans la bande de Gaza)
Un filme de Stéphane Marchetty y Alexis Monchovet
Francia, 52 minutos, 2006

Dos jóvenes directores se metieron en el conflicto israelí-palestino. Filmaron un año entero en una ciudad de la franja de Gaza —llamada Rafah— en la frontera con Egipto. Es un lugar lleno de túneles que los guerrilleros palestinos utilizan para introducir armas en la ciudad. La cercanía de la cámara con los hechos es casi total. Los cineastas se ganaron una profunda confianza de la población: se comprometieron con su guerra, su vida, sus conflictos. Se impregnaron de su calvario y entraron en una zona que está más allá de la amistad o la simple «colaboración». Es una película intensa, temeraria, que filma en plena noche un bombardeo israelita en directo. La cámara enfoca una casa que de repente explota delante de nuestros ojos. La casa se convierte en una bola de fuego. Hacer este plano increíble es imposible de ejecutar si no se vive en el mismo frente de batalla. Aquí los palestinos analizan, discuten, se contradicen, reflexionan, evalúan la situación... *Rafah* es una obra admirable, un documento de contrainformación.

TWEETY LOVELY SUPERSTAR

(Tweety lovely superstar)
Un filme de Emmanuel Gras y Eman Oktai
Francia, Líbano, 18 minutos, 2005

Esta película de título intraducible cuenta la historia acrobática de la demolición de una casa a golpe de martillos. Dos hombres y un niño suben a la terraza de una casa de seis pisos con grandes martillos de acero, barras metálicas y cuerdas. Empiezan a dar golpes hasta agrietar los muros y provocar el derrumbe del inmueble. No usan zapatos especiales, no están atados con ninguna cuerda ni tampoco utilizan cascos de protección. El ruido de los martillos y la caída de los materiales produce un estruendo insoportable. Este corto muestra mejor que ningún otro documento el estado de Beirut, una ciudad llena de calamidades.

LA VIDA MODERNA

(La vie moderne)
Un film de Raymond Depardon
Francia, 88 minutos, 2009

Después de mostrar *La aproximación* y *La vida cotidiana* ahora nos toca ver la última parte de esta trilogía dedicada a la vida pastoral realizada por Raymond Depardon. Lo primero que llama la atención es el plano inicial que dura tres kilómetros de carretera hasta encontrar al primer personaje, Marcel Privat y su perra Mirette, al mando de un rebaño de ovejas. Este plano secuencia es también un descenso hasta el siglo XIX, que es la verdadera época en que viven estos campesinos, cuyo mundo se desploma delante de sus ojos. Una mezcla de añoranza y postración atraviesa la obra y llega a su punto culminante cuando la cámara llega hasta la granja de Paul Argaud, quien está viendo por televisión el entierro del *Abe Pierre*. Este cura de los pobres (conocido mundialmente) fue el símbolo de los desamparados de Europa durante setenta años. Era una especie de gurú del catolicismo que parecía un santo viviente. Paul Argaud mira la televisión sin desviar sus ojos de la pantalla. No mira a Depardon cuando le hace las preguntas. Más tarde nos trasladamos a otra casa, no muy lejos de allí, durante el desayuno de Germaine y Marcel, una pareja de 80 años donde todos los hijos varones se han ido del pueblo para trabajar a la ciudad. El desayuno es otra forma de despedida. La música de Gabriel Fauré (que ya oímos en las tres películas anteriores) es la más adecuada para atesorar estos recuerdos intangibles que van borrándose entre la niebla[2].

CALATRAVA, DIOS NO JUEGA A LOS DADOS

(Calatrava, Dieu ne joue aux dés)
Un film de Catherine Adda
Francia, España, 52 minutos, 1999

Esta película nos invita a una lección de arquitectura filmada y organizada por una mujer creativa, Catherine Adda. Ella consigue aproximarse a las ideas de Santiago Calatrava con rigor y exactitud, filmando los pensamientos, asociaciones y conceptos básicos que inspiran a este arquitecto valenciano de fama. Una narración donde ella y el constructor dibujan fragmentos del cuerpo humano que más tarde se transforman en aeropuertos, estaciones, salas de cine o la torre olímpica de Barcelona. Es una reflexión sobre los espacios públicos, pero a la vez es una

---

[2] Esta película tiene un formato exageradamente horizontal parecido al cinemascope. Está hecha con una cámara Aaton Super 35 mm de dos perforaciones. Es decir, aprovecha el cuadro de 35 mm para dividirlo en dos trozos horizontales con dos perforaciones cada uno. Fue inventada por Jean-Pierre Beauviala, el creador de la cámara Aaton en 1970. En el fondo es una copia del llamado «dos pi» (dos perforaciones) que los italianos inventaron en la década del 60 para hacer un cinemascope más barato y que se utilizaba en los «espagueti westerns».

película sobre la luz, la sombra, el agua, el movimiento, acompañados por las cuerdas cuerdas de Chostakovich. La fotografía de Ned Burgues es precisa. Es una película que toca al espectador por su sentido del relato, claro y mágico, a pesar de su complejidad. Calatrava se revela como un narrador ameno, penetrante y vanidoso, que sin duda juega a los dados.

EL CAMINANTE

(Le marcheur)
Un film de Jean-Noël Cristiani
Francia, 29 minutos, 2009

Esta película parece la bitácora de un poeta que camina cerca de 100 kilómetros a pie. Es la vida concebida como una larga marcha agradable, una metáfora apacible sobre el transcurso del tiempo. El caminar elimina las distancias, fusiona los continentes y las culturas, une las experiencias humanas: escalar, descender, contar los pasos, parar para mirar un hermoso paisaje que nunca volveremos a ver. Sentir la llegada de una tormenta y avanzar por un valle nevado o atravesar un desierto. Mientras uno va caminando la cabeza se llena de cosas. Nos asaltan los recuerdos de la infancia, de un amigo (en este caso, de Jean Rouch el cineasta), los recuerdos de una montaña, la sombra de nuestra sombra. Hacer el inventario de todo lo que llevamos en la vida: el contenido de la mochila... Una demostración de la reflexión interminable que puede provocar un documental, a la vez sencillo y modesto.

LOS NIETOS

(Les petits-enfants)
Un film de Marie-Paule Jeunehomme
Bélgica, 59 minutos, 2009

Setenta años después de terminada la guerra civil española un grupo de jóvenes arqueólogos se dedica a desenterrar las fosas comunes donde están sus abuelos asesinados por los «nacionales» del general Franco... ¿Una búsqueda inútil? ¿Abrir una herida que estaba cerrada?... La obra se limita a filmar el proceso de la apertura de las fosas y ofrece la palabra a los implicados, en gran parte personas que han tenido que ocultar el dolor. A propósito de esto, el escritor Manuel Rivas dice: «Después de terminada la dictadura vino una democracia vigilada. Se produjo un divorcio entre la memoria privada, casi secreta, y la memoria oficial, presentada como una normalidad. Yo digo que esta *normalidad* es completamente anormal e inmoral»... Durante el gobierno de Franco no se hizo nada y España llega tarde para poner en su lugar la memoria histórica: desentierran con setenta años de retraso algunas fosas de los «vencidos». Todavía hoy los muros de algunas iglesias tienen el símbolo franquista en su fachada (el yugo con las flechas cruzadas, equivalentes a la cruz gamada de los nazis). Una situación que inevitablemente nos recuerda la realidad chilena o brasileña, donde la normalidad es un muro de amnesia que olvida a las víctimas de Pinochet, Bordaberry, Costa e Silva, Castelo Branco, Geisel, etc.

EL OLVIDO

Un film de Heddy Honigmann

Holanda, Perú, 93 minutos, 2008

Heddy Honigmann nos dice: «Cuántos camareros, trabajadores manuales, vendedores ambulantes, que ofrecen productos delante del Palacio de Gobierno de Lima o en las primeras filas de los teatros, tienen cosas importantes que decir y no hay nadie que los invite a hablar»… La realizadora descubre para nosotros una colección de personajes perdidos en las plazas castigadas por la corrupción y la pobreza de la ciudad. Sin embargo, la mayoría de los limeños se expresan con lucidez, con una sonrisa y sentido del humor. Los espectadores ríen a carcajadas desde el primer momento de la película. La directora tiene la virtud de entrar en la intimidad de los limeños que viven a la intemperie: artesanos, mecánicos, acróbatas… Denuncia también los momentos negros de los gobiernos de Alan García y Alberto Fujimori. Esta directora ha sido objeto de innumerables retrospectivas. *El Olvido* abrió la sesión inaugural del festival de San Sebastián en 2008. FIDOCS ha mostrado tres obras de ella: *Metal y Melancolía, La Orquesta Subterránea* y *Forever*.

MATERIAL

Un film de Thomas Heise

Alemania, 166 minutos, 2009

El director nos entrega una gran colección de imágenes. Se trata de testimonios de la historia alemana y otros hechos. Las imágenes han permanecido guardadas en cajas, nunca antes abiertas. Es la historia alemana compuesta de restos. Son «copiones» filmados en distintos soportes con largos planos sin orden cronológico… Esta larga «rapsodia alemana» es pura información verídica. Su director, Thomas Heise, no construye un montaje histórico. Más bien abre un espacio en el tiempo, donde aparecen las frases, los hechos, los recuerdos. El director comenta: «Tenía tanto material almacenado y quería darle una forma; son imágenes de la transición, tras la caída del Muro, muy diferentes a las que aparecieron en las televisiones. En 1989 yo veía los rostros de las personas y el futuro que ellas se imaginaban. La gente quería ideas, no quería comprar productos. Y han recibido todo lo contrario»… Una obra monumental contra la amnesia colectiva y la información falsa.

ROBINSONES DE MANTSINSAARI

(Robinsons of Matsinsaari)

Un film de Víctor Asliuk

Alemania, Finlandia, Polonia, 57 minutos, 2008

Un finlandés y un bielorruso viven en una isla solitaria… El finlandés pesca y le gusta vivir cerca del agua. El otro practica la caza y vive tierra adentro. Entre los dos hay un perro cariñoso que corre a toda velocidad de una casa a la otra… También hay un hermoso caballo que vive en libertad y trabaja con el bielorruso. Los dos hombres trabajan, pero no se hablan. No tienen ninguna comunicación. Están disgustados, peleados, no se sabe por qué... La naturaleza toma la palabra: el viento, el mar, los ríos interiores, los árboles y la soledad se apoderan de la película como un manto de neblina que borra todo... Una reflexión sobre la incomunicación humana, frente a la naturaleza y la muerte. Una obra fascinante, con imágenes sublimes, intemporales, que ponen en marcha nuestra imaginación.

BAJO EL NIVEL DEL MAR

(Below sea level)
Un film de Gianfranco Rosi
Estados Unidos, Italia, 115 minutos, 2008

Gianfranco Rosi nació y creció en Asmara, Eritrea, y después vivió en Roma y Estambul. Hizo la universidad en Italia, donde estudió Ciencias Políticas y más tarde trabajó en Milán como asistente de un fotógrafo. Finalmente viajó a Nueva York, donde obtuvo un diploma en la New York University Film School. Después ha trabajado como realizador y operador independiente. En 1993 realizó su primera obra importante, *Boatman*, sobre un botero indio que trabaja en el Ganges pasando gente de una orilla a la otra. Una película enormemente fascinante. Ahora estamos ante otra de sus grandes creaciones: *Bajo el nivel del mar* que se desarrolla en una planicie del desierto de California, a 190 millas de Los Ángeles, donde un grupo de personas vive adentro de sus casas rodantes sin agua ni electricidad. Nos recuerdan a los últimos habitantes de la Tierra después de un cataclismo nuclear (como ocurre en la novela, *Fahrenheit 451*, de Bradbury). Es como si fuera la última imagen de nuestro propio mundo.

LOS HEREDEROS

(The Inheritors))
Un film de Eugenio Polgovsky
México, 80 minutos, 2008

Eugenio Polgovsky ya deslumbró a la crítica con su primera película, *Trópico de Cáncer*, donde mostraba la vida de una familia que vendía pájaros, reptiles y otros animales al borde de una autopista mexicana. Ahora nos transporta hacia el campo profundo para mostrarnos que los niños mexicanos hacen el mismo trabajo que los adultos, igual como lo hacían todos los niños del mundo hace dosciente años. Los pequeños mexicanos son pastores, leñadores, tejen, cosechan, acarrean agua, tallan, hacen ladrillos, pintan, levantan casas y cuidan a sus hermanos menores... Han heredado de sus mayores el conocimiento, la sumisión, las herramientas y la pobreza. Eugenio Polgovsky sabe captar la mirada que ellos nos entregan mientras trabajan, con una mezcla de inocencia y rabia. Eugenio Polgovsky y yo tuvimos una buena amistad que se prolongó varios años. Con sólo 36 años se perfilaba como el mejor documentalista mexicano. No obstante, Eugenio falleció súbitamente en 2017.

KAWASE - SAN

Un film de Cristián Leighton

Chile, 75 minutos, 2009

El director visita a su abuela de 100 años postrada en un lecho a causa de una enfermedad y también por su edad. Desde las primeras imágenes se nota que hay entre ellos una relación de cariño y tolerancia. Los dos entablan un diálogo afectuoso sobre sus vidas y sus familias. A pesar de su estado, la abuela transmite ciertas revelaciones con una suave entonación. Cuando ella habla sus palabras resuenan francas y directas. A veces el silencio entre los dos demuestra la complicidad mutua. Como persona y cineasta, Cristián Leighton desea confirmar cuáles fueron las relaciones con su padre cuando él era un niño. La perspectiva que tiene la abuela revela cosas que él no sabe. La anciana desciende por la escala del tiempo y habla de una época ya desaparecida. Desde la vejez ella transmite a su nieto algunos recuerdos que están en la penumbra de sus sentidos. Poco a poco quedan al desnudo ciertos conflictos entre el padre y el hijo, que la anciana confirma y el realizador ya conoce en parte. Hasta aquí es una obra sobre la incomunicación de una familia. Pero hay mucho más. Para hacer más explícito este drama, Cristián Leighton, un creador tan reservado como talentoso, entrelaza sus materiales con secuencias de la directora japonesa Naomí Kawase, que producen el efecto de un espejo, porque la cineasta también es víctima de una mala relación con su padre. En resumen *Kawase-San* es una obra a dos voces. El director del festival de Marsella dijo que era «una obra magistral de humildad».

ARIANE MNOUCHKINE, LA AVENTURA DEL TEATRO DEL SOL

(Ariane Mnouchkine, l'aventure du théâtre du soleil)

Un film de Catherine Vilpoux

Francia, 75 minutos, 2009

Esta es la historia de una mujer única, Ariane Mnouchkine, que inventó un grupo de teatro que sorprendió al público. El gran mérito de la realizadora es transferir al espectador toda la energía que ella reparte con su cuerpo y su cabeza. La película está construida con fragmentos de algunas obras con distintos tipos de música: romántica, épica, barroca o con timbres orientales. Mnouchkine recibe a los espectadores en la puerta, vigila el maquillaje y se ocupa del menú, mientras los actores sirven la comida durante el intermedio. La actriz Liv Ullman dijo: Todos salen con el sentimiento de haber vivido una gran aventura. Aquí trabajó en los años ochenta el gran personaje del teatro chileno Andrés Pérez.

KOMMUNALKA

(Kommunalka)
Un film de Françoise Huguier
Rusia, Francia, 97 minutos, 2009

Durante la época de Stalin el gobierno requisó los grandes departamentos de las ciudades para alojar al mayor número posible de personas. Estas viviendas colectivas todavía funcionan en la Rusia actual. Se llaman «Kommunalka». Funcionan como pensiones u hostales para la clase media donde cada uno ocupa un cuarto y comparte con los demás el vestíbulo, la cocina, el baño y los pasillos. Estos últimos se convierten en las «calles» de una ciudad en miniatura, una ciudad encerrada donde uno puede filmar sin salir nunca al exterior, un lugar habitado por varios los tipos humanos que la realizadora describe con ternura y comprensión. Las imágenes de la fotógrafa Katel Djan recrean los rostros y los gestos, manteniendo la distancia adecuada. Ella atrapa la luz indefinible de los corredores de esta ciudad oculta donde vive un grupo humano de la Rusia actual.

YA QUE HEMOS NACIDO

(Puisque nous sommes nés)
Un film de Jean-Pierre Duret y Andrea Santana
Brasil, Bélgica, 89 minutos, 2008

Mediante una cámara que observa sin comentarios la vida de dos niños (casi adolescentes) del nordeste del Brasil, esta obra nos devuelve a la esencia del documental. Nos dibuja el universo extraordinario y atroz de la pobreza latinoamericana. Digo «el universo extraordinario» porque el filme es algo parecido a una película de aventuras. Los dos personajes, Nego y Cocada, viven una existencia fuera de lo común que empieza en la mañana, sin saber si de noche ellos seguirán con vida. Lejos del periodismo audiovisual y del reportaje, la película se instala en el corazón del problema: ¿qué va a pasar con Brasil, esa gran «potencia emergente» llena de pobres? ¿Quién va a solucionar de verdad sus problemas? ¿Qué papel juegan los políticos en este proceso? ¿Hasta qué punto los políticos están ciegos?

ACCENTUS: LAURENCE EQUILBEY

(Acentus: Laurence Equilbey)
Un film de Andy Sommer
Francia, 90 minutos, 2008

Obra dividida en dos partes de 45 minutos

Esta película nos entrega algunas de las más bellas páginas de la música clásica (Vivaldi, Mozart, Barber, etc.) interpretadas por el famoso coro «Accentus». Nos propone tres niveles de relato. Primero entramos en la intimidad de su directora, la elegante Laurence Equilbey, que trabaja encerrada en su apartamento, donde busca la forma exacta para traducir estas obras orquestales a la voz humana. El trabajo de Laurence Equilbey es perfecto, pero las voces suenan diferentes que la orquesta; nos ofrece una versión distinta de cada obra que tal vez ni ella misma imaginó. El film entra en el mundo fascinante de la sala de conciertos y finalmente se sumerge en un lugar imaginario... Este subgénero musical es una nueva aportación del cine documental. Quizás su máximo exponente es Bruno Monsaingeon (Fidocs ha presentado dos obras de él).

NENETTE

(Nénette)
Un film de Nicolas Philibert
Francia, 70 minutos, 2010

Nacida en los bosques de Borneo, Nénette acaba de cumplir 40 años. Es muy raro que un orangután llegue a esa edad. Vive en el zoo de París desde hace 37 años y tiene más antigüedad que cualquier miembro del personal. Es la estrella de la «casa de fieras» del Jardín de Plantas y ve desfilar 600.000 personas cada año delante de su jaula. Philibert nos cuenta: «Un día entré en el zoo y me quedé pegado a la jaula de los orangutanes. Nénette parecía ausente. Al observarla con más atención me di cuenta de que en realidad ella no perdía ningún detalle del espectáculo que nosotros le ofrecíamos. En ese momento nació el filme. Nénette siempre está lejos, quizás porque nació en Borneo, en cambio nosotros somos solamente animales parisinos. La gente la imita: se rascan y gruñen como ella. Ríen, se apiadan de ella, admiran su destreza, el brillo de su pelo. Hay visitantes que regresan todas las semanas, igual como se visita a una tía anciana».

RAQUEL

(Rachel)
Un film de Simone Bitton
Palestina, Israel, Francia, 100 minutos, 2009

«*Rachel* es una investigación cinematográfica sobre la muerte de una muchacha aplastada por un tractor en un país enfermo —dice la directora—. La joven era norteamericana, la máquina era un *bulldozer* israelita... *Rachel* formaba parte de un grupo de pacifistas internacionales que se interponía entre los *bulldozers* y los habitantes. Uno de estos *bulldozer* no se detuvo y el ejército israelita negó toda su responsabilidad... La directora Simone Bitton asumió el rol de jueza, buscó a los testigos, examinó los documentos. Recopiló las palabras, gestos y silencios... *Rachel* es una película ejemplar sobre el compromiso político y sobre la militancia. Simone Bitton nació en Marruecos y ha vivido en tres ciudades: Jerusalén, Rabat y París.

EL CONOCIMIENTO ES EL PRINCIPIO:
LA ORQUESTA ESTE-OESTE DE BAREMBOIN

(Knowledge is the beginning: the west-eastern divan orchestra Barenboin)
Un film de Paul Smaczny
Alemania, Palestina, Israel, 114 minutos, 2006

¿Qué hacer para terminar con la guerra entre Israel y Palestina?... ¿Dejar el campo libre a los políticos, a los militares, a los expertos atómicos, a los fanáticos de ambos bandos?... ¿Cruzarse de brazos?... Dos amantes de la música se pusieron a trabajar en esto. Crearon una orquesta compuesta por israelitas y árabes que rompió las barreras. Utilizaron el sonido como un arma de disuasión, militancia y conocimiento mutuo. Ellos son: el palestino Edward Said y el argentino Daniel Barenboin. El primero es músico y hombre de letras. El segundo es director de orquesta y pianista. Contra viento y marea crearon lo imposible: un espacio de diálogo y comunicación entre un grupo de jóvenes de los dos mundos en guerra. Una tarea noble, un filme emocionante, de honda comunicación humana (y musical) que no deja indiferente a nadie.

DE UN MURO AL OTRO

(D'un mur a l'autre: Berlin – Ceuta)
Un film de Patric Jean
Bélgica, Alemania, España, 90 minutos, 2008

Patric Jean nos hace viajar por Europa utilizando como vehículo la curiosidad y el humor. Su cámara encuentra emigrantes de muchas naciones que guardan la esperanza de encontrar una segunda patria donde vivir. Un *road movie* que atraviesa el mayor drama de nuestro tiempo: la emigración masiva hacia Europa. Sin dejar de señalar el problema, el gran mérito del director es encontrar el calor humano, la buena fe, la poesía, el optimismo de estos emigrantes que se ríen con lágrimas en los ojos... Veamos los personajes: una ex empresaria boliviana que trabaja de nana; un pakistani que vende trozos del muro de Berlín; un congolés que se convierte en actor cómico; una ingenua y hermosa rumana que sueña con París. El viaje termina en la España de Franco, donde un comerciante rechaza con violencia a los inmigrantes. *De un muro al otro* es una crónica de gente noble que nos demuestra que la dignidad no tiene fronteras.

IRENE

(Iréne)
Un film de Alain Cavalier
Francia, 90 minutos, 2009

Alain Cavalier ha inventado un nuevo tipo de cine documental. Ha creado un género dentro del género. Busca un tema con una cámara pequeña y se dedica a filmarlo durante meses, semanas o años. Va acumulando imágenes sueltas que tienen relación con el sujeto que a él le interesa. También filma cosas inesperadas que él no sabe para qué servirán. Incluso se impone la obligación de filmar cada día algunos minutos, igual como algunos escritores se levantan cada día para escribir una página. También le gusta retratar objetos... hace un cine intimista que inventa una manera de «conversar» con los objetos. Construye un relato en base a pequeñas frases, irónicas, que él mismo va inventando en el momento de filmar. No perfecciona su comentario. Lo hace al mismo tiempo que filma. Sus películas *El filmador* e *Irène* son obras minimalistas donde Alan Cavalier nos relata trozos, pedazos de vida... Con la cámara en la mano registra hasta su propia respiración.

BARCELONA O LA MUERTE

(Barça ou Barzakh)
Un film de Idrissa Guiro
Senegal, 51 minutos, 2008

Un joven de Dakar (*Modou*) no puede aguantar más la miseria y se embarca en una «piragua» rumbo a las islas Canarias, mientras su primo (*Talla*) decide permanecer en Senegal. A partir de la palabra de estos personajes, el director crea una historia que parece una novela. No vemos casi nada de la travesía. Sólo escuchamos las voces de estos hombres. He aquí el mérito de este documental, que elabora una historia real utilizando los recursos de la dramaturgia del cine de ficción y excluye los caminos del reportaje. La película tiene acción, nervio, intriga y culminación. Todo «pasa» sin que pase nada. Un personaje (*Talla*) dice a sus alumnos que hacer el viaje a Barcelona es un suicidio. Sin embargo, la mayoría de sus alumnos quiere irse. Mientras tanto el otro, *Modou*, narra con voz tranquila la terrible travesía que se convierte en odisea. Mientras *Talla* hace lo posible para abrir los ojos a sus compatriotas, *Modou* es devuelto a su país por la policía de Marruecos y empieza a preparar otro viaje. Idrissa Guiro nació en Senegal y fue fotógrafo en Nueva York. *Barcelona o la muerte* es su primera obra.

LA DANZA, EL BALLET DE LA ÓPERA DE PARÍS

(La danse, le ballet de l'opera de Paris)
Un film de Frederick Wiseman
Francia, Estados Unidos, 150 minutos, 2009

Lo más impresionante de esta película son sus primeros 70 minutos, cuando aparece un grupo de coreógrafos que nos revela el secreto de la danza sin preámbulos ni explicaciones. No hace entrevistas, sino muestra algunos ensayos trepidantes, veloces, exigentes. La cámara muestra el ritmo de los cuerpos, las órdenes de cada coreógrafo. Todo ocurre muy cerca de nosotros, de tal manera que tenemos el privilegio de ver de qué manera un ballet nace, delante de nuestra mirada, como nunca antes el cine lo había hecho. En estos momentos la película alcanza su máxima profundidad. Enamorado de todas las actividades humanas, Fred Wiseman, con 83 años, se ocupa de tres películas al mismo tiempo: mientras promociona activamente *La Danza*, filma con calma *Crazy Horse*, y presenta en Cannes *Boxing Gym*.

NUESTROS LUGARES PROHIBIDOS

(Nous lieux interdits)
Un film de Leïla Kilani
Marruecos, Francia, 108 minutos, 2008

Marruecos ha luchado incansablemente para construir una democracia sin conseguirlo. Este país afrancesado, dueño de una brillante elite intelectual, un pueblo cultivado por encima de otros países del Magreb, aguantó durante 38 años la terrible represión de su ex rey Hasán II ,que se opuso a la construcción de un estado de derecho... Con el paso del tiempo las fuerzas democráticas –exhaustas– se dispersaron a lo largo del combate y nunca fueron aclarados los episodios de represión y desaparición de personas. Unos crímenes fueron investigados y otros quedaron en el aire (como en España, como en Chile)... Esta película indispensable para la Historia narra el increíble choque de Marruecos con su memoria perdida, a partir del informe «Instancia de Equidad y Reconciliación», creada por el nuevo rey Mohamed IV para esclarecer el terrorismo de Estado. Aquí toman la palabra los héroes olvidados y los ciudadanos comunes y corrientes, sobre todo las mujeres, que, como ocurre casi siempre, desafiaron sin miedo al rey tirano Hasán II durante cuatro décadas. La directora Leïla Kilani nació en 1970 en Casablanca. Antes de consagrarse al cine histórico realizó estudios superiores de economía. FIDOCS ya mostró en 2006 otro filme sobresaliente que muestra otro costado del mismo drama: *Vivir en Tazmamart*, del joven director David Zylberfjan.

NOSTALGIA DE LA LUZ

(Nostalgie de la lumière)
Un film de Patricio Guzmán
Francia, Alemania, Chile, 90 minutos, 2005-2010

En Chile, a tres mil metros de altura, los astrónomos venidos de todo el mundo se reúnen en el desierto de Atacama para observar las estrellas. La transparencia del cielo permite ver hasta los confines del universo. Abajo, la sequedad del suelo preserva los restos humanos para siempre: momias, exploradores, mineros, indígenas y osamentas de los prisioneros políticos de la dictadura. Mientras los astrónomos buscan la vida extraterrestre, un grupo de mujeres remueve las piedras y busca a sus familiares.

GIMNASIO DE BOX

(Boxing gym)
Un film de Frederick Wiseman
Estados Unidos, 91 minutos, 2010

Un amigo del cineasta Fred Wiseman fue la persona que descubrió el tema de esta película: un gimnasio de Austin –la capital de Texas–. Cuando Wiseman lo visitó quedó fascinado por el ambiente humano y por la arquitectura. Es un gimnasio lleno de rincones, espejos, columnas y pequeños habitáculos unidos entre sí por donde la cámara puede moverse libremente y pasar de un personaje a otro. Los clientes son hombres de negocios, obreros, niños, mujeres, mecánicos, abogados, jueces, de todas las clases sociales y edades. Fred Wiseman entró en este espacio de mil metros cuadrados para descubrir el «planeta estadounidense»... El administrador del gimnasio, un hombre sabio, «Lord Gym», no busca la violencia sino el costado humano del boxeo: el movimiento, el baile. Hay una extraña conexión entre *Boxing Gym* y *La Danza*, la película anterior del autor. Las dos hablan del cuerpo y el ritmo. El filme fue estrenado en Venecia en 2011.

LA MUJER DE LOS CINCO ELEFANTES

(Die frau mit den 5 elefanten)
Un film de Vadin Jendreyko
Suiza, Alemania, 93 minutos, 2019

Un cineasta suizo filma a una anciana de 85 años que traduce al escritor Dostoïevski. Su nombre es Swetlana Geier y es rusa. Poco a poco esta mujer encuentra las palabras exactas para hacer una traducción impecable (es decir, un viaje perfecto de una cultura a otra). Nadie antes había traducido con tal perfección los llamados «cinco elefantes», es decir, las cinco novelas más complejas de Dostoïevski. Además, es una mujer sencilla. Cocina, lava y plancha su ropa. «Después de lavar la ropa –dice ella–, los hilos pierden su orientación. Planchándola hay que ayudar al hilo a encontrar su orientación. Es curioso que la palabra textil tenga la misma raíz que texto». Toda la película está salpicada de reflexiones como ésta. Al cumplir los 85 años decide hacer su último viaje. Acompañada de su nieta, ella toma el tren para volver a su tierra natal, Ucrania. Una obra maestra excepcional del cine documental.

TRES SOLDADOS ALEMANES

(Trois soldats allemands)
Un film de François Caillat
Francia, 75 minutos, 2001

Esta película es una lección de lenguaje documental. También es un catálogo de formas narrativas... Algunos críticos dijeron: «El realizador François Caillat inventa el libro audiovisual. Es un libro que no se lee, sino que se mira y escucha. Un procedimiento que un historiador científico rechazaría, pero que desprende una fina y verdadera fuerza poética»... El director nos coloca en medio de varias batallas sin que nosotros veamos tanques, aviones ni cañones... Sólo utiliza la elocuencia del sonido y la fuerza de las palabras. Para darnos una idea de que la guerra se desarrolla, corre a grandes zancadas con una cámara en la mano entre la maleza de un bosque. Con estas imágenes bruscas, a veces abstractas, reconstruye una batalla. Se ayuda con tarjetas postales, cartas, fotos y filmaciones en 8 milímetros. Las imágenes de François Caillat son una nebulosa de visiones fragmentadas. La película narra un enigma: la historia de tres soldados fallecidos en la frontera entre Alemania y Francia, que lucharon en los dos bandos, porque sus aldeas eran desplazadas de una frontera a otra.

LA CAVERNA DE LOS SUEÑOS OLVIDADOS

(Cave of fogotten dreams)
Un film de Werner Herzog
Estados Unidos, Alemania, 93 minutos, 2010

Esta película nos sorprende por la fluidez en su narración. El espectador entra, sin darse cuenta, en una máquina del tiempo que lo lleva a las profundidades de la Tierra para descubrir los dibujos de un grupo de hombres que vivió hace 32 mil años. Los animales dibujados aprovechan las irregularidades de las rocas para moverse, vibrar, respirar, como si estuvieran vivos, gracias a la habilidad de los pintores. La cámara nos introduce por los pasillos de piedra y nos muestra un grupo de caballos al galope cuyas patas se repiten 17 veces para dar la idea de movimiento, igual como trabajan en la actualidad los técnicos de la animación cinematográfica. El arqueólogo Jean-Michel Geneste se pregunta: «¿Estos hombres estaban realmente tan lejos de nosotros?»... La entrada de la caverna fue tapiada por un derrumbe hace 20 mil años, lo que permitió su conservación casi absoluta. Werner Herzog nos ofrece una obra sugerente con héroes ancianos. En su mayoría los científicos tienen entre 60 y 80 años que el director trata con ternura para que nos revelen los secretos de la prehistoria.

TRADUCIR

(Traduire)
Un film de Nurith Aviv
Francia, 75 minutos, 2011

¿Por qué esta película es apasionante?... Porque demuestra la verdadera incomunicación colectiva que existe en el mundo que habitamos. Durante seis años la directora de origen judío Nurith Aviv realizó una trilogía documental para demostrar que el arte de la traducción es uno de los oficios más difíciles que existen. Esta película (punto final de la trilogía) se convierte en una especie de Torre de Babel donde muchos traductores de distintos países –que hablan su propio idioma– comentan su oficio. La directora escoge un trozo de la Biblia como hilo conductor. Cada traductor habla de su experiencia con la literatura hebraica antigua y moderna.

Hablan con pasión del choque con una lengua que les obliga, de vez en cuando, a pasar por encima de algunas reglas... El entusiasmo de estos traductores nos permite acceder a la comprensión de la cultura universal. Nurith Aviv es una cineasta con mucho oficio. Ha hecho la cámara de más de cien filmes, entre los cuales hay obras de Amos Gitai, Agnès Varda y otros.

OCÉANOS

(Oceans)
Un film de Jacques Prevert y Jacques Cluzard
Francia, 103 minutos, 2010

Casi cincuenta millones de euros (el presupesto de veinte películas); más cuatro años de filmación en cincuenta y cuatro países; noventa especies filmadas, algunas de las cuales nunca antes fotografiadas; cámaras especiales, kilómetros de película para responder una sola pregunta... «¿que es el océano»?... Una interrogante que ya se la formularon el famoso capitán Cousteau y el joven Louis Malle en 1955, cuando filmaron *El Mundo del Silencio*. Desde entonces muchos otros se han sumergido como lo hizo el capitán Nemo para mostrarnos las maravillas del mundo acuático... Una de las virtudes de este filme marítimo es que solamente tiene siete minutos de comentario. Todo queda en las manos (y las aletas) de los tiburones, ballenas, delfines, congrios, atunes. La música bastante reiterativa, por desgracia llena de lugares comunes, acompaña este viaje que cada generación desea hacer.

JULIA KRISTEVA, EXTRAÑA EXTRANJERA

(Julia Kristeva, étrange étrangère)
Un film de François Caillat
Francia, 60 minutos, 2005

Se trata de un retrato de Julia Kristeva, una mujer búgara que llegó a Francia en 1961. Cayó en un grupo de escritores que rompían las reglas y fumaban hachís... Kristeva se zambulló en este idioma reinventado. Descubrió que todo texto es la transformación de otro. Se hizo famosa como una teórica de la escritura. La película muestra esto mezclando un poco el material: conferencias y momentos de la vida cotidiana sin explicaciones. Construye secuencias imaginarias en 8 milímetros, que están en la base del estilo del director... La emoción aparece cuando Kristeva llega hasta Bulgaria y es recibida como una heroína. Otro filme interesante de François Caillat.

NI OLVIDO NI PERDÓN, TLATELOLCO

Un film de Richard Dindo
Suiza, México, 70 minutos, 2002

El 12 de octubre de 1968 empezaron los Juegos Olímpicos de México bajo el lema «todo es posible por la paz»... Diez días antes el gobierno reprimió el movimiento estudiantil que pedía la democratización de la sociedad. El ejército mató a mil personas sin que sepamos hasta hoy lo que pasó exactamente. El ejército cercó la Plaza de las Tres Culturas llena de personas y disparó. Muchos sobrevivientes fueron encarcelados y torturados. Los responsables nunca fueron juzgados. *Ni olvido ni perdón* es un filme feroz contra el olvido y un homenaje a los miembros del «Movimiento del 68» que lucharon por un mundo más justo.

JMG LE CLÉZIO, ENTRE LOS MUNDOS

(JMG Le Clézio, entre les mondes)
Un film de François Caillat y Antoine Gaudemar
Francia, 52 minutos, 2009

Jean-Marie Gustave Le Clézio (Premio Nobel 2008) ha publicado más de cincuenta libros. Nació en Niza, de madre bretona y padre inglés. A los 23 años ya era un famoso escritor. He aquí algunos extractos de su pensamiento: «La única manera de conocer la diversidad del mundo es viviéndola. Los diccionarios no son suficientes. Las clases de geografía no son suficientes. Los mapas de Internet tampoco dan la respuesta... Más tarde descubrí México, el país más distinto de todos los que he visto. Descubrí otra dimensión de la vida, el pensamiento y el arte. ¿Si en lugar de aniquilar al imperio azteca los españoles hubieran desarrollado ese encuentro humano guiados por la persuasión?».

**16° FESTIVAL 2012, SALAS GAM,
SALA BLANCA UC, INSTITUTO GOETHE, LASTARRIA 90, VALPARAÍSO**

CRAZY HORSE

(Caballo loco)
Un film de Frederick Wiseman
Francia, 128 minutos, 2011

Una bailarina simula los gemidos de un orgasmo femenino. Con esta escena el director nos indica que todo lo que viene después también es una simulación: es la parodia del sexo. *Crazy Horse*, uno de los cabarets más exclusivos del mundo, se hizo famoso por cultivar un erotismo de alto nivel, a veces abstracto, con un equipo competente. El director toma distancia al principio, pero va cayendo embrujado por los hermosos cuerpos y al final su película roza el homenaje. Frederick Wiseman es uno de los directores que tienen la mirada más crítica, pero aquí aparece más ligero. Puede vislumbrarse que para él este cabaret sigue siendo un comercio, pero también está la mirada de un hombre octogenario sobre los mejores cuerpos femeninos del mundo. «Ha sido un gran placer trabajar junto a estas bellas criaturas», dijo al terminar el rodaje, con la sonrisa irónica que lo caracteriza.

LA SINFONÍA DE KINSHASA

(La synphonie de Kinshasa)
Un film de Martin Bauer y Claus Wischmann
Alemania, 95 minutos, 2010

Kinshasa, la capital de la República Democrática del Congo, tiene diez millones de habitantes y es la tercera ciudad más grande del continente. Posee una orquesta sinfónica y un coro de polifónico que interpreta a Haendel, Beethoven y los principales maestros de la música clásica. ¿Cómo hicieron los habitantes de esta ciudad pobre para conseguir a los músicos y los técnicos en medio de un continente asolado por las guerras?... Es un gran misterio que ellos tratan de explicar. Parece que la vida de la orquesta es una sinfonía de milagros. En quince años de existencia, la agrupación ha superado varios golpes de Estado y una guerra civil. Pero la *Sinfonía de Kinshasa* sigue tocando. He aquí una película con mucha ternura y personajes que emocionan.

MERCADO DE FUTUROS

Un film de Mercedes Álvarez
España, 110 minutos, 2011

Esta directora muestra con detalle de qué manera una gran casa antigua, una hermosa casa que tal vez pertenecía a la clase alta, es abierta por última vez después que sus propietarios han desaparecido. La casa es desmontada paso a paso, mueble a mueble, libro a libro, por un equipo de obreros especializados que trabajan con exactitud, llegando hasta los últimos rincones, hasta que la casa va quedando reducida a un espacio muerto. La mansión está filmada como si fuera un cuerpo humano. Las habitaciones van quedando vacías, con sus muros abandonados y los rincones silenciosos. Poco a poco aparece una suma de objetos hermosos, delicados, que van apareciendo sin cesar, que son empaquetados para ser puestos a la venta en el mercado persa... Con esta brillante secuencia de apertura, el filme alcanza una profundidad única. Después nos conduce hacia el mundo comercial de la vivienda en el «Salón de la Casa Nueva», donde miles de personas miran las maquetas de los futuros edificios con jardines de plástico, acosadas por vendedores agresivos. Mercedes Álvarez no hace comentarios. Ella construye lentamente una gran película documental de observación y misterio, sobre todo en la primera parte.

NUEVE MUSAS

Un film de John Akomfrah
Reino Unido, 91 minutos, 2012

Esta película es bastante compleja de explicar con palabras. Se trata de un poema formado por fragmentos de música y paisajes de todo tipo. Hay grandes lagos y montañas polares, donde los inmigrantes negros van llegando al puerto de Londres, donde aparecen témpanos azules flotando en el agua y grupos de caballos que galopan en libertad...

En resumen: *Nueve Musas* es una crónica de la inmigración negra, pero se aparta de toda forma de realismo. Estamos delante de una fábula alegórica intemporal, formada por secuencias de ficción, secuencias de archivo y otras visiones abstractas; historias que aparecen y se esfuman en el tiempo sin ninguna explicación. Los textos que oímos provienen de poetas ingleses y trozos de Homero. Los efectos de sonido nos transportan hacia una región mágica de la memoria. Tal vez *Nueve Musas* representa el cine del futuro.

TRAS LAS HUELLAS DE MARGARITA YOURCENAR

(Sur le traces de Marguerite Yourcenar)
Un film de María Luisa Mallet
Canadá, 83 minutos, 2011

Margarita Yourcenar es la primera mujer que formó parte de la Academia Francesa. Es una leyenda de la literatura del siglo XX. Dueña de una cultura clásica, analizó el mundo a través de los mitos antiguos. María Luisa Mallet logró desarrollar un filme hondo y elegante con los detalles más importantes y las ideas claves de la gran escritora. El dispositivo que despliega la realizadora es un largo viaje en tren que hizo la escritora hace cincuenta años, en 1957, cuando recorrió el territorio del Canadá. Es también un diario ilustrado con entrevistas y paisajes de excepción. La calidad de la música pone en relieve el tratamiento impresionista de María Luisa Mallet, que pone en escena a una escritora que vivió fuera del tiempo.

TAHRIR

(Tahrir)
Un film de Stefano Savona
Francia, Italia, 90 minutos, 2011

Ha estallado la revuelta en El Cairo en febrero de 2011. La cámara sigue a tres jóvenes egipcios que ocupan la plaza Tahrir. Sus nombres son Noha, Elsayed y Ahmed. Ellos hablan y cantan hasta la extenuación junto con millares de otros egipcios. Es el primer momento de libertad. Es la primera puerta que se abre. Es la primera ráfaga de aire libre después de décadas de dictadura. Ellos denuncian la represión sanguinaria, la amenaza, el miedo, la censura, que en ese momento aún sostiene al gobierno arcaico. Ellos gritan invitando a sumarse a la rebelión. Con esta película uno aprende a discutir, a lanzar piedras y a inventar frases contra el sistema. Una película escrita con los rostros, los ojos, las manos y las voces de quienes vivieron estas jornadas legendarias.

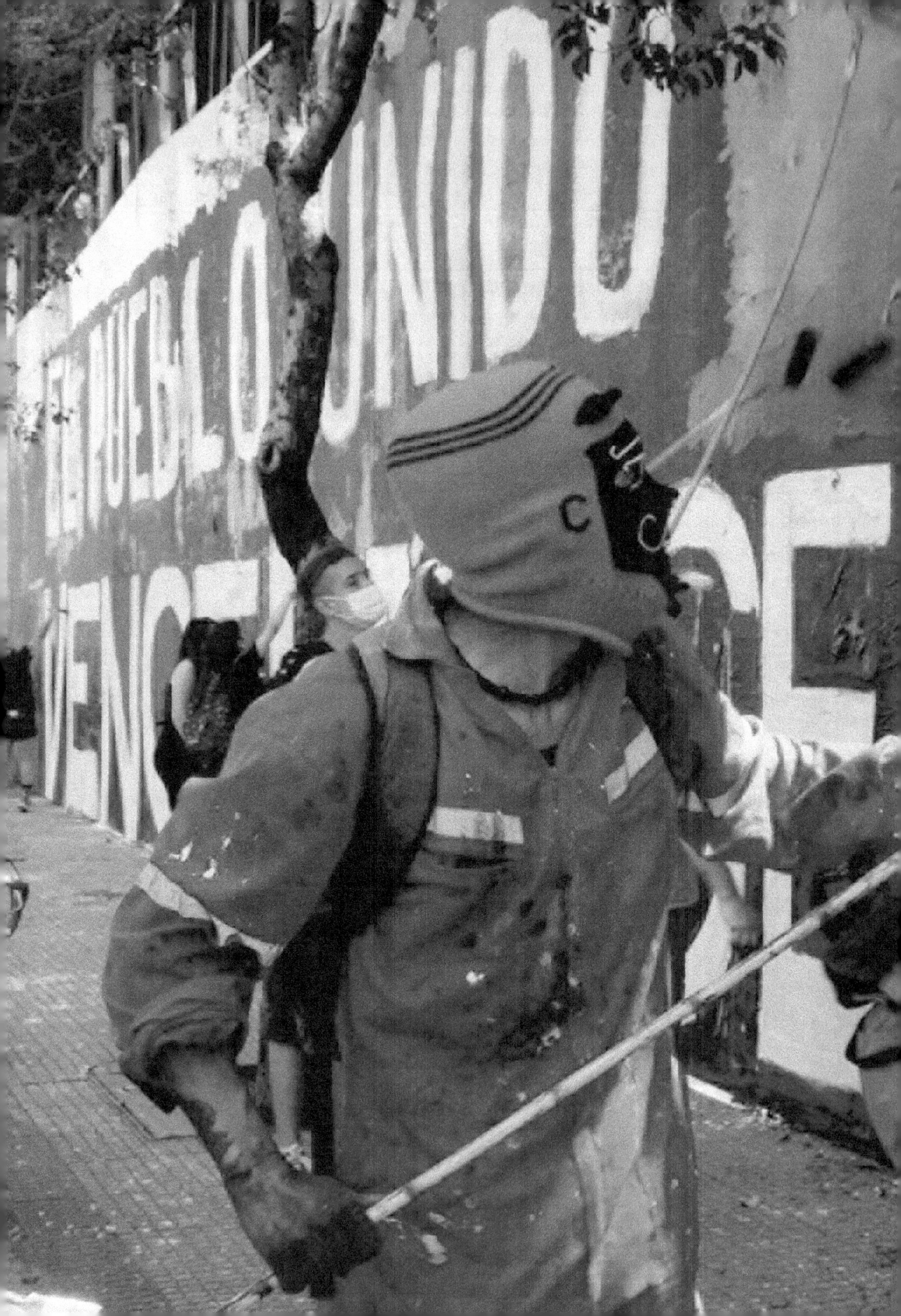
PUEBLO UNIDO
VENCE

ESTE LIBRO HA SIDO POSIBLE POR EL TRABAJO DE

COMITÉ EDITORIAL
Silvia Aguilera, Michel
Bonnefoy, Ramón Díaz Eterovic, Mario
Garcés, Jorge Guzmán, Tomás Moulian, Naín Nómez,
Julio Pinto, Paulo Slachevsky, María Emilia Tijoux, Ximena
Valdés, Verónica Zondek **SECRETARIA EDITORIAL** Marcela Vergara
PRODUCCIÓN EDITORIAL Guillermo Bustamante **PROYECTOS** Ignacio
Aguilera **PRENSA Y REDES** Anet González **DISEÑO Y DIAGRAMACIÓN EDITORIAL**
Leonardo Flores **CORRECCIÓN DE PRUEBAS** Raúl Cáceres **VENTAS** Elba Blamey,
Olga Herrera, Ilva Calderón, Francisco Cerda **BODEGA** Paola Estévez, Hugo
Jiménez, Juan Huenuman **COMERCIAL GRÁFICA LOM** Elizardo Aguilera, Eduardo
Yáñez **PRODUCCIÓN GRÁFICA** Débora Ramírez **DISEÑO Y DIAGRAMACIÓN** Luis
Ugalde **PRODUCCIÓN IMPRENTA** Carlos Aguilera **SECRETARIA IMPRENTA** Jasmín
Alfaro **IMPRESIÓN DIGITAL** Alexander Barrios **IMPRESIÓN OFFSET** Francisco
Villaseca, Eduardo Cartagena **ENCUADERNACIÓN** Rosa Abarca, Edith
Zapata, Carla Díaz, Angélica Oporto, Gonzalo Narváez, Yolene
Fleuridor, Carlos Muñoz, Juanita Rubilar, Luis Herrera, Javiera
Narváez **DESPACHO** Susana Garfias **MENSAJERÍA** Juan Flores
MANTENCIÓN Jaime Arel **ADMINISTRACIÓN** César
Delgado, María Paz Hernández.

LOM EDICIONES